"营改增"理论研究与实践

——基于商业银行视角的热点、难点及案例分析

刘亚干　等编著

中国金融出版社

责任编辑：肖　炜
责任校对：刘　明
责任印制：丁淮宾

图书在版编目（CIP）数据

"营改增"理论研究与实践（"Yinggaizeng" Lilun Yanjiu yu Shijian）：
基于商业银行视角的热点、难点及案例分析/刘亚干等编著 . —北京：
中国金融出版社，2016.2

ISBN 978 – 7 – 5049 – 8316 – 9

Ⅰ.①营…　Ⅱ.①刘…　Ⅲ.①商业银行—增值税—税收管理—研
究—中国　Ⅳ.①F812.424

中国版本图书馆 CIP 数据核字（2015）第 320642 号

出版
发行　**中国金融出版社**

社址　北京市丰台区益泽路 2 号
市场开发部　（010）63266347，63805472，63439533（传真）
网 上 书 店　http://www.chinafph.com
　　　　　　（010）63286832，63365686（传真）
读者服务部　（010）66070833，62568380
邮编　100071
经销　新华书店
印刷　保利达印务有限公司
尺寸　169 毫米 ×239 毫米
印张　21.5
字数　320 千
版次　2016 年 2 月第 1 版
印次　2016 年 2 月第 1 次印刷
定价　45.00 元
ISBN 978 – 7 – 5049 – 8316 – 9/F. 7876
如出现印装错误本社负责调换　联系电话（010）63263947

编写小组

组　　长：刘亚干

副组长：王　刚

编写人员：余　军　彭采云　李颖超　马　明

　　　　　王　勇　于旭佳　魏　然　张　洋

　　　　　陈宇婷　李延正　陈　悦

前　　言

　　"营改增"是"十二五"期间国家财税体制改革的一项重要内容，贯穿多行业构成的价值链条、牵涉到企业与个人、财政与税收、中央与地方等方方面面利益。党的十八大对深化财税体制改革提出了明确要求，一方面要健全有利于结构优化、社会公平的税收制度，另一方面要健全地方财力和事权相匹配的财政体制。增值税征收国际经验表明，绝大多数征收增值税的国家，均对货物和劳务（服务）共同征收增值税。在税制改革新形势下，逐步将增值税征税范围扩大至全部的货物和劳务（服务），增值税改征营业税，契合了国际实践经验，是深化我国税制改革的必然选择。

　　"营改增"自 2012 年在上海试点起已近 4 年，目前全国的交通运输业、邮政业、电信业和部分现代服务业等行业的"营改增"已经全面推开。从前期"营改增"的宏观效应来看，可以肯定的是"营改增"对于整个社会发展是极其有利的，打通了增值税抵扣链条，避免了重复征税。国家将让利于民真正地融入到国民经济链条中，企业因抵扣链条的打通而促进更为精细化行业分工，令整个社会的经济发展更具有活力。作为经济生活和资本市场关系最为直接的税制改革核心，金融业、房地产业、建筑业和生活服务业四大行业"营改增"尚在稳步推进。财政部部长楼继伟在全国财政工作会议上明确表示，2016 年将把金融业、房地产业、建筑业和生活服务业四大行业纳入"营改增"试点范围。四大行业是我国国民经济支柱产业的重要组成部分，有着重要的地位与作用。首先，四大行业与人民的生产生活息息相关，是国民经济发展的基本保证；其次，四大行业产业直接或间接地引导、关联很多相关产业的发展，是经济发展的重要纽带和驱动力量；最后，四大行业提供了大量就业岗位，同时是各级财政税收的重要来源。四大行业入围"营改增"，表面上仅仅是两个税种的转变，实质上是一项牵一发而动全身的重大变革，对财政体系、税收制度、税收征管模式以及企业经营管理等，都将产生重大影响。

"营改增"对四大行业尤其是银行业来讲，机遇与挑战并存，对商业银行的影响有利有弊。其对商业银行的积极影响主要体现在税收政策上实现了增值税完整的抵扣链条，有利于商业银行在公平竞争中做大做强。对商业银行带来的挑战主要是短期内对企业的经营和业绩可能有负面影响，增加了商业银行的税务管理成本。针对"营改增"所带来的挑战，商业银行应该加强自身管理能力，加强企业税务统筹管理并结合企业自身优势积极转型，保证企业朝更加长远的方向发展。

目前尚没有任何国家在银行业全面征收增值税，因此没有参考先例。从技术角度来看，由于商业银行业务复杂程度高，在金融业推行"营改增"面临着诸多挑战。同时可以预见，未来中国银行业将出现重大调整和深刻变革，外部经营环境也将更加复杂多变，经营转型是商业银行发展的内在要求。由于目前较高的存贷利差水平，一旦利率管制完全放开，中国银行业必将出现存贷利差缩窄的问题，与这个过程相伴随的则是银行业痛苦的转型和变革过程。"营改增"作为国家财税体制改革的一项重要内容，与商业银行深化金融改革相互融合，必将在银行业发展进程中产生巨大的综合效应。银行业转型和变革的进程也是银行业格局重构的过程，必须把握好改革的进度和力度，保障银行业稳健经营和金融市场平稳运行，促进国民经济健康可持续发展。

本书共分九章，首先在第一章到第三章介绍了有关"营改增"的基本理论知识，以供业界同仁和关注"营改增"进程的人士借鉴。然后从第四章到第五章剖析"营改增"政策设计及其对商业银行的业务各方面影响，从第六章到第九章从商业银行实践介绍"营改增"整体工作组织、内容、方法、步骤，商业银行"营改增"系统改造、相关流程设计及风险管控，并就商业银行"营改增"涉及的产品定价、业务外包、电子商务等进行了案例分析。本书具有以下特点：

1. 系统性。本书从金融业等四大待入围行业入手，以商业银行具体实践为抓手，从增值税原理、国际实践经验、商业银行工作内容、系统改造、经营管理、风险管控等层面进行了研究与阐述，充分吸收了实践过程中的经验，以供业界同仁结合自身情况提前部署应对，减少负面影响。

2. 理论性。本书以"营改增"的基本理论与背景为起点，以现行增值税政策为主线，以商业银行的具体实践和操作为覆盖面，形成商业银行"营改增"工作的整体框架。在阐述"营改增"基本理论的同时，结合在商业银行的企业实践，深入挖掘在管理实践背后的理论观点和思想内涵，使读者既能掌握"营改增"理念，又能增强解决实际问题的能力。

3. 实践性。本书重点结合商业银行的经营实践，对"营改增"工作涉及的经营环节、系统架构、风险管控等方面进行了全方位的论述，可以使读者从商业银行角度透彻地理解"营改增"的难点和盲区，对"营改增"涉及的各个行业都有一定的启发和借鉴。

"营改增"的稳步推进需要业内同仁继续勇于探索、勤于思考，共同面对和解决改革中出现的新情况、新问题。值此"营改增"已进入最后攻坚阶段之际，我们希望通过本书对未来待入围行业"营改增"的展望，使得业界同仁和财税专家、学者、官员全面了解"营改增"中的难点和热点问题，为经济新常态下的改革发展营造更加积极的氛围。

目　　录

第一章 "营改增"的来龙去脉

第一节 "营改增"的税收基本理论

增值税和营业税都是流转税，是营业税改征增值税这一税制转换涉及的两个主要税种，两者与商品经济活动有着密切的联系，对经济有调控作用。为使读者了解"营改增"的相关背景，第一节首先对营业税和增值税的基本理论进行简单介绍。

一、营业税的基本理论

（一）什么是营业税

营业税是对我国境内提供应税劳务、转让无形资产或销售不动产的单位和个人，就其从事经营活动所取得的营业额征收的一种流转税。

（二）营业税的历史

我国营业税起源甚早，可以追溯到周代"关市之征"和"商贾虞衡"，之后的历朝历代都开征过类似的税种，如汉代的"算缗钱"，明代的"门摊"、"课铁"，清代的"铺间房税"和"牙当"等税，都属于营业税性质。欧洲中世纪政府对商户每年征收一定金额许可金以准许其营业，可以说是营业税的雏形，但许可金无论商户规模大小均无区别，这一点与营业税有本质区别。1791 年法国改许可金为营业税，以营业额为计税依据进行课税，引起其他各国相继仿效。

我国较为正式的营业税制度出现在民国时期。1931 年，时任民国政府制定营业税法，开征营业税。营业税征收对象主要有 19 个行业，包括工商、劳务、交通运输、金融保险等。新中国成立后，于 1950 年发布《工商业税暂行条例》，废止旧的营业税，规定凡在中国境内的工商营利事业，均应按营业额于营业行为所在地申报纳税。1958 年工商业税中的营业税部分并入工商统一税，1973 年工商统一税同其他几个税种又合并为工商税。虽然营业税不再作为独立的税种，但是按营业额课税的制度仍然存在。1984 年营业税又从工商税中分离出来，恢复成为独立税种。随着社会主义市场经济体制的建立和发展，原有的营业税征收制度在一定程度上已不能适应新形势的需要。1993 年 12 月 13 日，国务院发布了《中华人民共和国营业税暂行条例》（第 136 号令），同年 12 月 25 日，财政部、国家税务总局发布了《中华人民共和国营业税暂行条例实施细则》（第 52 号令），自 1994 年 1 月 1 日起，对几乎所有劳务（除加工修理修配劳务以外）、转让无形资产或销售不动产征收营业税。

（三）营业税的特点

从我国的营业税实践来看，营业税主要具备以下特点：

（1）税源普遍，征收范围较广。凡是在我国境内提供应税劳务、转让无形资产或销售不动产的单位和个人，不论其经济性质、经营方式等情形如何，都要按照规定缴纳营业税。

（2）计算简便，税收成本较低。营业税以营业额为计税依据，营业额乘以适用税率就可以计算出应纳税额，便于纳税人掌握和遵守，税务机关征税也相对较为容易，从而使营业税的税收遵循成本和征管成本较小。

（3）税收收入比较稳定可靠。营业税是依据营业额计算征收的，纳税人一旦取得营业收入，不论成本高低、盈亏与否，均应按规定税率计征纳税，营业税额不受纳税人成本费用的影响，对于保证财政收入的稳定增长具有重要意义。

二、增值税的基本理论

（一）什么是增值税

增值税是对销售货物或提供加工、修理修配劳务及进口货物的单位和个人，就其实现的增值额征收的一种流转税。

对于增值税的理解，关键在于增值额。从理论上看，增值额是纳税人经济活动中新创造的价值，其计算方式有两种：加法和减法。从加法的角

度来看,增值额相当于利润加上工资;从减法的角度来看,增值额相当于产出减去投入。其计算公式如下:

增值额 = 工资 + 利润 = 产出 − 投入

从宏观层面来看,增加值是各生产单位从总产出价值扣除其中所包含的货物劳务消耗价值之后的余额,代表该生产单位汇集各种生产要素在生产过程中新创造的价值。增加值可以分为总增加值和净增加值两种。总增加值是总产出扣除中间投入价值的余额;净增加值是要在总增加值基础上扣除固定资本消耗。国民经济各产业的总增加值之和,即为国内生产总值;国民经济各产业的净增加值之和,即为国内生产净值。

从微观层面来看,增值额可以看做是某一个生产经营个人或单位购销差价,即因提供货物或劳务而取得的收入(不包括该货物或劳务的购买者付出的增值税)与该货物或劳务外购成本(不包括为购进该货物或劳务付出的增值税)之间的差额。增值税以增值额为计税依据,实际上就是以购销的差额为税基来征收的,这个差额大体上相当于该生产经营单位在经济活动中创造的价值额。

(二)增值税的类型①

根据对外购固定资产所含税额扣除方式的不同,增值税可以分为以下几种类型。

(1)生产型增值税。生产型增值税是指在征收增值税时,只能扣除属于非固定资产项目的那部分生产资料的税额,不允许扣除固定资产价值中所包含的税额。该类型增值税的征税范围在统计上相当于国民生产总值,因此将这种类型的增值税称为生产型增值税。

(2)收入型增值税。收入型增值税是指在征收增值税时,只允许扣除固定资产折旧部分所含的税款,未提折旧部分不得计入扣除项目。该类型增值税的征税范围在统计上相当于国民生产净值,因此将这种类型的增值税称为收入型增值税。

(3)消费型增值税。消费型增值税是指在征收增值税时,允许将固定

---

① 周甜甜:《增值税转型对高新技术企业的影响及对策》,对外经济贸易大学财政学硕士论文,2012。

3

资产价值所含的税款全部一次性扣除。这样，就整个社会而言，生产资料都排除在征税范围之外。由于其征税范围在统计上相当于国民收入中用于消费性支出的部分，因此将这种类型的增值税称为消费型增值税。

我国采用消费型增值税，可以将用于生产、经营的外购原材料、燃料、购置固定资产等物质和非物质资料价值所含增值税税款全部一次性扣除。

（三）增值税的特点

增值税以其税收中性、设计科学、计算简明而被称为"良税"。从世界各国的增值税实践来看，增值税主要具备以下特点：

（1）税收中性

税收中性是指税收不影响纳税人按市场取向做出的投资和消费决策，不产生税收之外的额外负担，目的在于使税收超额负担最小化。

根据亚当·斯密"看不见的手"理论，市场机制中个体的行为是有效率的，税收作为政府管理国民经济的一种手段，很难避免对市场机制效率构成损害，因而政府征税应尽量减少对经济个体行为的不正常干扰，即政府征税应对市场资源配置作用保持中性。

增值税避免了许多形式的销售税多阶段征税的特点，即消除了在流转的中间环节和最终消费环节对同样的投入重复征税。增值税不仅使企业在税负方面更为平等，而且可以促进企业提高经营和管理效率，同时更能促进经济的增长和保持国际收支的稳定。增值税的内在优势，与税收中性所要求的效率原则和普遍原则是不谋而合的。

（2）差额征税，避免重复征缴

增值税只就货物或劳务销售额中的增值部分征税，避免了征收的重复性。这是增值税最本质的特征，也是增值税区别于其他流转税的一个最显著的特征。这说明了增值税的征收，对任何缴纳增值税的人来说，只就本纳税人在生产经营过程中新创造的价值征税。但在各国实际运用中，由于各国税收政策的不同，增值税仍然带有一定的征税重复因素。随着征税范围和允许抵扣范围的扩大，征税的重复性就越来越小，或完全消除。

（3）税源广泛，连续征收

增值税具有征收的广泛性和连续性。这一特征具有流转税的基本特征，和其他流转税相类似，凡是纳入增值税征收范围的，只要流转过程产生了增值额就应征收，实行了普遍征收的原则。从征收面来看，增值税具有征收范围广、纳税人数量多、征收普遍的特征。从连续性来看，货物或劳务的生产、流通和消费是一个连续过程，增值税能对这一连续过程中的每一环节实行征税，使每一环节的增值部分紧密地联系在一起，形成完整的抵扣链条。

（4）征缴一致性、公平性

增值税的征收不因生产或流转环节的变化而影响税收负担，同一货物或劳务只要最后销售的价格相同，不受生产经营环节多少的影响，税收负担始终保持一致。增值税的这种特征，被称为"同一货物或劳务税负的一致性"。

三、营业税与增值税的差异分析

（一）纳税人

营业税规定，在中华人民共和国境内提供营业税暂行条例规定的劳务、转让无形资产或者销售不动产的单位和个人，为营业税的纳税义务人。

增值税规定，在中华人民共和国境内销售货物或者提供加工、修理修配劳务、进口货物以及提供交通运输业和部分现代服务业劳务的单位和个人，为增值税的纳税义务人。按销售额大小、会计核算水平，认定纳税人资格。

（二）税率

营业税税率主要从应税劳务的经营特点出发，按照不同行业设计，同一行业的税率基本相同，税率多样化，有利于相同行业税负公平。

增值税税率主要以税收对象的特点，按照不同的税收对象进行设计，根据国家对宏观经济的调控，分为多档税率，平衡各税收对象的税负。

（三）计税依据

营业税应税营业额为纳税人提供应税劳务、转让无形资产或者销售不动产收取的全部价款和价外费用。

增值税应税销售额为纳税人销售货物、提供应税劳务或应税服务，向购买方收取的全部价款和价外费用，但是不包括收取的销项税额。

（四）计税原理

营业税实行价内税，按营业收入全额计税，不得扣除相关的成本、费用和税金等。

增值税实行价外税，对货物生产、流通、劳务中多个环节的新增价值或货物的附加值征收的一种流转税，有增值才征税，没增值不征税。

（五）应纳税额的计算方式

营业税的应纳税额计算：将纳税人提供应税劳务、转让无形资产或销售不动产收取的全部价款和价外费用，作为营业税的计税营业额；应纳税额＝营业额×税率。

增值税的应纳税额计算：

1. 一般纳税人的应纳税额＝当期销项税额－当期进项税额。

2. 小规模纳税人的应纳税额＝含税销售额÷（1＋征收率）×征收率

3. 进口货物的应纳税额＝（关税完税价格＋关税＋消费税）×税率

（六）发票的领购、管理和使用

增值专用税发票与营业税发票领取地点是不同的，营业税发票在地方税务局领取，增值税发票在国家税务局领取。领用增值税专用发票必须先通过税务机关认定为一般纳税人，专用发票实行验旧供新和差额领购管理，即原领购的专用发票未使用完而再领购的，主管税务机关发售专用发票的份数不得超过核定的月（次）购票限量份数与未使用完的专用发票份数的差额。

"营改增"之前，实行营业税征收的各单位取得的发票由于不存在抵扣的问题，因此只要票据合理合法即可，与营业税金的缴纳不相关；"营改增"以后，增值税是凭票抵扣。取得防伪税控系统开具的增值税专用发票和货物运输发票后，必须自该发票开具之日起 180 日内进行认证，认证相符的增值税专用发票和货物运输发票才可在认证次月纳税申报期申报抵扣。因此进项税额能否抵扣，关键取决于是否取得了属于增值税抵扣范围的发票，否则不予抵扣，将造成企业增值税税负增加。

（七）征管机构

营业税规定，纳税人提供应税劳务和转让无形资产，应当向其机构所在地或者居住地的主管税务机关申报纳税；提供建筑业劳务，应当向应税劳务发生地的主管税务机关申报纳税；转让、出租土地使用权，应当向土地所在地的主管税务机关申报纳税；销售、出租不动产应向不动产所在地的主管税务机关申报纳税。

增值税规定，固定业户应当向其机构所在地或者居住地主管税务机关申报纳税。总机构和分支机构不在同一县（市）的，应当分别向各自所在地的主管税务机关申报纳税；经财政部和国家税务总局或者其授权的财政和税务机关批准，可以由总机构合并向总机构所在地的主管税务机关申报纳税。

四、营业税与增值税并存的弊端

我国现行的流转税制度中，营业税与增值税并存，与国际上对货物和劳务统一征收增值税的流转税制度相比，显得不尽合理。营业税与增值税并存主要有以下弊端：

（一）不利于社会专业化分工，不符合市场经济发展的根本要求。根据社会化大生产及市场经济发展的要求，社会生产分工应趋于专业化和精细化，以降低生产成本、提高生产效率。增值税和营业税并行，使得增值税的进项税额抵扣仅仅局限于适用增值税的货物和极少部分服务（交通业、批发零售业），从而导致大部分服务投入在税款扣除上的歧视性待遇，这种差异性待遇必然带来生产企业或者自行生产服务（服务内置），或者减少服务投入，不利于社会生产专业化和精细化分工。

（二）不利于现代服务业发展，不利于产业结构的升级和优化。中国目前已处于经济增长减速的转型发展期，以服务业为主的第三产业成为经济增长的主要源泉力量之一，产业结构的升级和优化已成为当前经济发展的重要任务。传统服务业以生活性服务业为主，服务对象主要是消费者，服务行业之间边界清晰，营业税与增值税并存导致的产业和税收矛盾并不突出。而现代服务业以生产性服务业为主，服务业与其他产业之间的边界越来越模糊，但现行税制仍要求明确区分产品和服务，分别征收增值税和营业税，同时不同服务业分别适用高税率和低税率，扭曲了不同服务的相对价格，严重制约了服务业的转型与发展。

（三）不利于货物和劳务的出口实行零税率，削弱了中国企业商品和劳务在国际市场上的竞争力。增值税在短短 60 年能够风靡全球，一个很重要的原因就是，增值税税制中的零税率法可以实现税负为零，因而被各国广泛运用于出口货物和劳务中。对外，有利于确保本国货物和劳务在国际市场上的价格优势；对内，有利于形成国际公平竞争的税收机制。因为"出口退税、进口征税"的机制可以确保来自不同国家和地区的货物和劳务面对相同的税负，即都按输入国的税制征税[①]。换言之，增值税是一个与经济全球化趋势相适应的流转税税种。

第二节　国家增值税改革发展历程

我国的增值税税制体系已经有 30 多年的改革发展历史，并可以划分为引入实施（1979～1984 年）、框架建立（1992～1994 年）、转型改革（2004～2009 年）、"营改增"（2011 年至今）四个阶段。为帮助读者理解"营改增"税制改革的历史进程，本节对国家增值税改革发展历程的前三个阶段进行了回顾，"营改增"的相关知识将在第三节进行介绍。

一、引入实施

我国在引入增值税税制之前，对商品和劳务征收工商税。工商税是指对一切从事工商业经营的单位和个人，就其销售收入和经营业务收入征收的一种流转税。工商税性质类似于营业税，存在重复征税的弊端，税制过于简单且覆盖面窄（不覆盖批发环节），与当时实行社会主义有计划的商品经济的要求不相适应。

---

① 刘佳：《营业税改征增值税的相关问题思考》，载《现代经济信息》，2012（22）。

1979 年，我国开始在全国广泛开展增值税调查研究，并先后在长沙、上海、柳州等城市，选择重复征税问题最为突出的机器机械和农业机具两个行业进行增值税的试点。1982 年，财政部制定了《增值税暂行办法》决定将对上述两个行业以及电风扇、缝纫机、自行车三项产品在全国范围实行增值税。1984 年前，在全国仍实行工商税的条件下，增值税从部分地区试点到全国分步试行。

1984 年，我国进行国营企业"利改税"第二步改革和工商税制改革，国务院颁布了《中华人民共和国增值税条例（草案）》，增值税正式成为我国税制体系中的一个独立税种，与产品税、营业税并行成为流转税的三大税种之一。增值税的征税范围扩大到 12 个税目，税率从 6% ~ 16% 不等；在计税方法上，分甲乙两类商品分别实行"扣额法"或者"扣税法"计算纳税；进口的应税产品，一律按照组成计税价格和适用税率直接计算应纳税额；国家鼓励出口的产品，可以免征增值税或者退还已经征收的增值税。

二、体系建立

1992 年初，邓小平的"南巡讲话"给我国经济发展与改革指明了方向，为了促进社会主义市场经济的健康发展，新一轮的税制改革呼之欲出。

1993 年 12 月 13 日，国务院颁布了《中华人民共和国增值税暂行条例》（第 136 号令），规定从 1994 年 1 月 1 日起，增值税征税范围扩大到所有货物和加工修理修配劳务，标志着我国的增值税体系框架的正式建立，从此我国对货物和加工修理修配劳务实行统一的生产型增值税。

1994 年的增值税改革除了扩大征税范围之外，还对税率和征收率、抵扣制度等内容进行了规定：对一般纳税人采用一般计税法，同时设置三档税率，包括基本税率 17%、对部分产品适用的低税率 13%、出口货物适用的零税率；对小规模纳税人采用简易征收法，同时设置 6% 和 4% 两档征收率；实行发票注明税额抵扣制度。

受当时的一些条件制约，与其他国家实行的增值税相比，1994 年的增值税改革在深度和广度上尚未完全到位。在深度上，主要是增值税进项税额抵扣不彻底，固定资产没有纳入抵扣范围，在增值税类型上仍属于生产型增值税，不利于鼓励企业设备投资和技术进步；在广度上，主要是增值税覆盖不全面，征税范围仅限于货物和加工修理修配劳务，对其他劳务、不动产销售等仍实行营业税制度，重复征税问题仍然存在，不利于打通抵扣链条和优化产业结构①。

三、转型改革

增值税转型就是将生产型增值税转为消费型增值税，允许企业将外购原料、固定资产等所含税金扣除。

增值税转型从 2004 年在东北地区的部分行业开始试点，到 2009 年在全国范围铺开，转型改革用了 5 年时间。

（一）试点阶段

2003 年 10 月十六届三中全会通过的《中共中央关于完善社会主义市场经济体制若干问题的决定》首先提出"逐步推行增值税由生产型向消费型转变，在东北地区部分行业先行试点"。2004 年下半年，我国增值税的转型改革试点正式开始启动，东北地区的八大行业率先进行了增值税转型改革的试点；从 2007 年 5 月开始，增值税转型改革试点范围逐渐扩大至其他地区。

（二）全面展开

2008 年 11 月 5 日，国务院第 34 次常务会议决定自 2009 年 1 月 1 日起在全国范围内实施增值税转型改革。将在全国所有地区、所有行业全面实施增值税转型改革。

2008 年 12 月 19 日，财政部、国家税务总局联合下发《关于全国实施增值税转型改革若干问题的通知》（财税〔2008〕170 号），规定：自 2009 年 1 月 1 日起，全国所有增值税一般纳税人新购进设备所含的进项税额可以计算抵扣；购进的应征消费税的小汽车、摩托车和游艇不得抵扣进项

---

① 肖捷：《继续推进增值税制度改革——完善有利于结构调整的税收制度》，载《中国中小企业》，2012（5）。

税；取消进口设备增值税免税政策和外商投资企业采购国产设备增值税退税政策；小规模纳税人征收率降为3%；将矿产品增值税税率从13%恢复到17%。

第三节 "营改增"概述

一、什么是"营改增"

"营改增"，全称是营业税改征增值税，即把现行征收营业税的行业和企业改为征收增值税，申报缴纳营业税的纳税人改为增值税的纳税人。"营改增"是继2009年全面实施增值税转型之后，增值税税收制度的又一重大改革，同时也是当前我国结构性减税政策的重要组成部分。看似仅仅涉及两个税种的转变，实际上是一项牵一发而动全身的重大改革，对财政体系、税收制度、税收征管模式以及企业经营管理等，都将产生重大影响。

二、"营改增"背景

2008年世界金融危机爆发，欧洲主权债务危机的持续恶化反映出这次金融危机的深远影响。近年来，全球贸易增速大减，各大经济体增长放缓。资源类大宗商品价格持续走低，一些大宗商品出口国甚至陷入了衰退的困境。

经过三十多年改革开放，我国经济高速增长，经济总量跃居世界第二位，步入中等收入国家行列。但受外需环境恶化、生产成本增加以及人民币升值等因素的影响，我国的出口优势已大不如前。大规模投资虽然可以在短期内刺激经济增长，但是带来房地产、重工业等产业的投资过度和产能过剩。消费层面也是喜忧参半，13亿中国人中只有3亿左右是中等收入水平人群，其消费又有相当比例转移到海外市场，造成服务贸易的逆差。在出口、投资和消费"三驾马车"动力不足的情况下，我国经济增长出现放缓的现象，2012年GDP增速为7.8%，2013年GDP增速为7.7%，2014

年 GDP 增速为 7.4%，2015 年三季报显示，GDP 增速季度值 6 年来首次"破 7"，降为 6.9%。

"十二五"时期（2011～2015 年）是全面建成小康社会的关键时期，是深化改革开放、加速经济转型的攻坚时期。为推动生产力发展和经济结构优化，需建立与经济转型相配套的财税制度。为此，中央政府坚持稳中求进的总基调，坚决贯彻实施积极的财政政策，落实和完善结构性减税措施，推进财税改革重点发展。2010 年 10 月，十七届五中全会通过的《中共中央关于制定国民经济和社会发展第十二个五年规划的建议》，明确提出"扩大增值税征收范围，相应调减营业税等税收"，实质上是将增值税改革作为国家财税体制改革的重要组成部分，以此来构建有利于经济转型发展的财税体制框架。2013 年 12 月，十八届三中全会通过的《中共中央关于全面深化改革若干重大问题的决定》，提出"推进增值税改革，适当简化税率"，并将"营改增"作为增值税改革的重要内容，在全行业逐步进行推广。

三、"营改增"意义①

"营改增"是继增值税转型之后我国流转税制度的又一次重大改革。1994 年的财税体制改革，初步构建了适应社会主义市场经济体制的财税制度框架，并形成了增值税主要对货物征收、营业税主要对劳务及不动产征收、消费税对部分货物进行调节的流转税制度。这一制度在有效保障财政收入、促进社会经济发展等方面发挥了十分重要的作用。然而，1994 年税制改革对流转税制度而言是过渡性的安排，随着社会生产力的进一步发展，这一制度逐渐表现出诸多不足之处，有必要进行深化改革。

（一）从税制完善性的角度看，增值税和营业税并行，破坏了增值税的抵扣链条，影响了增值税作用的发挥。增值税具有"中性"的优点（即在筹集政府收入的同时并不对经济主体施加"区别对待"的影响，因而客观上有利于引导和鼓励企业在公平竞争中做大做强），但是要充分发挥增

---

① 贾康：《为何营业税要改征增值税》，载《人民论坛》，2012（17）。

值税的这种中性效应，前提之一就是增值税的税基应尽可能宽广，最好包含所有的货物和劳务。现行税制中增值税征税范围不全面，导致经济运行中增值税的抵扣链条被打断，中性效应便大打折扣。

（二）从产业发展和经济结构调整的角度来看，将我国大部分第三产业排除在增值税的征税范围之外，对服务业的发展造成了不利影响。这种影响主要表现在由于营业税是对营业额全额征税，且无法抵扣，不可避免地会使企业为避免重复征税而倾向于"小而全"、"大而全"模式，进而扭曲企业竞争中的生产和投资决策。比如，由于企业外购劳务所含营业税无法得到抵扣，企业更愿意自行提供所需劳务而非外购劳务，导致劳务生产内部化，不利于服务业的专业化细分和劳务外包的发展。同时，出口适用零税率是国际通行的做法，但由于我国服务业适用营业税，在出口时无法退税，导致劳务含税出口。与其他对服务业课征增值税的国家相比，我国的劳务出口因此易在国际竞争中处于劣势。

（三）从税收征管的角度看，两套税制并行造成了税收征管实践中的一些困境。随着多样化经营和新的经济样式不断出现，税收征管也面临着新的难题。比如，在现代市场经济中，货物和劳务捆绑销售的行为越来越多，形势越来越复杂，要准确划分货物和劳务各自的比例也越来越难，这给两税的划分标准提出了挑战。再如，随着互联网经济的发展，传统货物和劳务的界定逐渐模糊，因而适用增值税还是营业税的问题也就随之产生，造成对企业重复征税。

国际经验也表明，绝大多数实行增值税的国家，都是对货物和劳务共同征收增值税。在新形势下，逐步将增值税征税范围扩大至全部的货物和劳务，以增值税取代营业税，符合国际惯例，是深化我国税制改革的必然选择。

四、"营改增"进程

"营改增"是国家财税体制改革的一项重要内容。从 2011 年起，正式启动"营改增"工作，按照中央的部署，采用分步推进的方式完成"营改增"推广工作。具体而言，"营改增"进程可划分为以下三个阶段：

（一）第一阶段，在部分行业部分地区进行"营改增"试点。经国务院批准的《营业税改征增值税试点方案》以财税〔2011〕110号文正式公布，上海市率先在交通运输业和部分现代服务业进行试点。2012年7月31日，财政部、国家税务总局联合下发通知，明确将交通运输业和部分现代服务业营业税改征增值税试点范围分批扩大至北京市、天津市、江苏省、浙江省（含宁波市）、安徽省、福建省（含厦门市）、湖北省、广东省（含深圳市）等8个省（直辖市）。

（二）第二阶段，选择部分行业在全国范围内进行试点。2013年4月10日召开的国务院常务会议决定进一步扩大"营改增"试点，扩大范围从地区和行业两方面展开：一方面，从2013年8月1日起，将交通运输业和部分现代服务业"营改增"试点在全国范围内推开；另一方面，适当扩大现代服务业范围，将广播影视作品的制作、播映、发行纳入试点，择机将铁路运输和邮电通信等行业纳入"营改增"试点。2013年8月1日财政部、国家税务总局联合发布《关于在全国开展交通运输业和部分现代服务业营业税改征增值税试点税收政策的通知》（财税〔2013〕37号），标志着"营改增"地区性试点全部结束，推进方式由地区性试点向按行业逐步推进转变。

（三）第三阶段，在全国范围和所有行业内全面实现"营改增"，即取消营业税。从2014年开始，根据统筹设计、分步实施的原则，先行选择与生产流通联系紧密、征管基础条件较好的生产性服务业实施"营改增"试点，最终将所有行业纳入试点范围。2014年1月1日，铁路运输和邮政业纳入试点范围。6月1日，电信业纳入试点范围。目前财税部门正在积极研究未入围行业的"营改增"方案，根据工作规划，房地产业、建筑安装业、金融保险业和生活服务业四大行业将在2016年纳入"营改增"试点范围。由于这些行业自身的特点和在国民经济中所起到的重要作用，其"营改增"能否有序推进，并达到预期效果，是整个"营改增"税制改革能否最终取得成功的关键。

从已试点的行业来看，"营改增"对于减少企业的税收负担、消除重复征税、完善增值税征收链条等方面均有明显的促进作用。根据国家税务总局公布的数据，截至 2015 年 6 月底，全国纳入"营改增"试点的纳税人共计 509 万户，其中，一般纳税人 94 万户，占 18.47%，小规模纳税人 415 万户，占 81.53%。上半年，"营改增"共减税 1102 亿元，其中试点纳税人直接减税 600 亿元，原增值税一般纳税人因增加抵扣减税 502 亿元。从 2012 年实施"营改增"以来，已累计减税 4848 亿元。

第四节 待入围行业的共性与个性

一、待入围行业的共性特征

(一)经济地位重要

"营改增"待入围行业主要有金融保险业、房地产业、建筑安装业和生活服务业四大行业。根据表 1.1 的数据显示，这四大行业的年生产总值约占我国国民经济生产总值的五分之一，是我国国民经济支柱产业的重要组成部分。2010 ~ 2012 年，四大行业的生产总值同比增长速度分别为 19.04%、18.30%、12.04%，高于全行业生产总值同比增长速度约 2 个至 3 个百分点，这四大行业是中国经济增长的重要源泉力量。

表 1.1　　　　　　　　四大行业近年来的生产总值和增长速度　　单位：万亿元、%

行业	生产总值				增长速度		
	2009 年	2010 年	2011 年	2012 年	2010 年	2011 年	2012 年
总计	340902.80	401512.80	473104.00	519470.10	17.78	17.83	9.80
四大行业	65939.40	78492.10	92857.70	104037.90	19.04	18.30	12.04
其中：建筑业	22398.80	26661.00	31942.70	35491.30	19.03	19.81	11.11
生活服务业	7118.20	8068.50	9172.80	10464.20	13.35	13.69	14.08
金融业	17767.50	20980.60	24958.30	28722.70	18.08	18.96	15.08
房地产业	18654.90	22782.00	26783.90	29359.70	22.12	17.57	9.62
四大行业占比	19.34	19.55	19.63	20.03	—	—	—

这四大行业的经济地位举足轻重，其稳定发展直接关系到国民经济能否健康、安全的运行。首先，四大行业与人民的生产生活活动息息相关，是国民经济发展的基本保证；其次，四大行业产业直接或间接地引导、关

联很多相关产业的发展，是经济发展的重要纽带和驱动力量；再次，四大行业提供了大量就业岗位，同时是各级财政税收的重要来源，根据国家税务总局统计，四大行业涉及营业税税额约为1.6万亿元，约占营业税税收总额的67%。综上所述，目前尚未入围"营改增"的金融业、建筑安装业、房地产业、生活服务业在我国国民经济中占有极其重要的经济地位，将其纳入"营改增"试点时，需要谨慎考虑税制转换对经济发展和上下游产业所造成的影响。

（二）客户覆盖面广

四大行业客户群具有客户量大、覆盖面广、客户类型复杂等特点。其客户群覆盖了国民经济中各行各业，其客户可能是政府机构、企业客户或自然人；其客户可能是增值税的一般纳税人，可能是增值税的小规模纳税人，也有可能是产品服务的最终消费者。随着社会、经济的发展，客户分布往往突破了地域的限制，广泛分布于世界各个角落。

（三）经济活动复杂

四大行业经济活动的种类、形式复杂。比如金融保险业包含银行业、保险业、证券业、信托业等多个行业，其业务种类、经营形式、核算方式千差万别，收入实现与确认方式也不尽相同。以银行业为例，常见收入包括利息收入、手续费及佣金收入、同业往来收入、人民银行往来收入、投资损益、汇兑损益，等等。各大类往往包括数十个科目，各科目往往又对应数十个能带来收入的不同交易行为。这就需要区分不同经济活动的种类与形式，准确地识别其税务信息。

（四）进项抵扣困难

四大行业由于其各自行业特点，普遍存在其主营成本难以获得进项税额抵扣的问题。如商业银行成本构成中主要是利息支出，显然不可能获得进项发票据以抵扣。又如建筑安装业大量材料如沙石、砖木料等一般由建筑企业在施工地就近采购，其上游供应商多为小规模纳税人，难以取得抵扣所用的增值税发票。同时，人力资源费用也是四大行业的成本费用中的重要组成部分，这一类费用难以取得可抵扣的进项。

（五）发票管理风险高

四大行业中，金融业、房地产业、建筑安装业由于其业务具有规模大、金额高、交易频繁的特点，其交易的种类与形式又多种多样，收入的确认方式又各有不同，其发票管理具有业务量大、金额高、管理复杂的特点。

而生活服务业的业务活动具有数量大、金额小、交易频繁的特征，且生活服务业企业管理水平参差不齐。对众多中小型生活服务业企业而言，如此大量频繁的票据流转规模，会存在较大的发票管理风险。

二、待入围行业的特殊性

由于金融保险业、房地产业、建筑安装业和生活服务业具有一定的行业特殊性，因而成为"营改增"过程中最难啃的"骨头"。这些领域的交易形式和利益构成相当复杂，改革方案设计应当谨慎对待。政策制定者应当针对各行业不同特点和情况，密切关注这些行业"营改增"对上下游产业和财政税收的潜在影响，确保改革平稳落地、有序推进，为经济转型再添动力。

（一）金融保险业

金融保险业是指经营金融产品的特殊行业，主要包括银行业、保险业、信托业和证券业，这些行业又有各自不同的业务特点。

金融保险业提供金融服务的方式多种多样，支付形式也各不相同，这就造成增值税计税依据在界定和计量上的困难。以银行业为例，从资产负债表的构成出发，银行业务可以分为三大类：资产业务、负债业务和中间业务。资产业务主要由贷款业务、投资业务、现金资产业务等构成。负债业务主要由存款业务、借款业务、同业业务等构成。中间业务是指不构成商业银行表内资产和负债，并形成银行非利息收入的业务，包括交易业务、代理业务、清算业务、结算业务、托管业务、银行卡业务、担保业务、承诺业务、理财业务等。此外，银行业收取的价款不仅包含本身的增值额，还有其他许多风险因素的影响，如利率风险、汇率风险、流动性风险、信用风险等。按照这种课税基础，无法准确衡量金融服务的增值额，银行业增值税征收范围和税基也就难以确定。

随着计算机及信息技术的高速发展，金融业为了应对激烈的竞争形势不断推出各种新的金融服务产品及其衍生产品，也不断地提高自身会计核算的信息化水平，普遍采用了业务数据集中到大型计算机进行集中核算与分析的做法，大大提高了会计核算的效率。由此得出，金融业属于信息化程度相对较高、内部控制制度较为完善的生产性服务部门，与其他现代服务业相比具有更加健全的会计核算体系作为技术支持，也更加具备纳入增值税网络化管理的内在动力和外在条件。

此外，待入围行业中金融保险业与房地产业、建筑安装业三者的关系非常紧密，金融业为房地产业和建筑安装业提供资金支持，同时又从这两个行业购置不动产和建筑安装劳务，应当把这三个行业同时纳入"营改增"试点范围，以减少"营改增"对这三个行业产生的时间性差异。

（二）房地产业

伴随着城市化进程的推进，房地产企业的土地使用权取得成本也节节攀升。随着房地产项目的地点不同，平均土地成本已占到房地产开发项目总成本的30%以上。对于一二线城市的地产项目而言，由于城市地块日益稀缺，该比例更可能高达项目总成本的40%～50%。同时，随着国家新型城镇化战略的提出和逐渐实施，未来的房地产项目涉及大量的旧改项目，当中涉及的拆迁成本也日益高涨，平均拆迁成本已占到总开发成本的10%以上，主要是按照国家规定向拆迁户支付的补偿金。

营业税税制下，房产销售适用5%的营业税税率，相关土地、拆迁支出不能扣除；"营改增"后，若房产销售的增值税税率为11%，升幅较大。在消费水平有限，下游消费者、企业难以承受房价或租金持续上涨的现实情况下，无法转嫁的增值税将最终成为房地产企业的税负，可能会对房地产业的利润水平产生较大影响。

（三）建筑安装业

建筑安装业是专门从事土木工程、房屋建设和设备安装以及工程勘察设计工作的生产部门，其产品是各种工厂、铁路、桥梁、管道、住宅等建筑物、构筑物和设施。建筑安装业属于第二产业，也是第二产业中唯一不征收增值税的行业。建筑安装业作为国家的重要产业，又处于社会再生产的中间环节，对于上下游产业链具有极强的纽带作用。

建筑企业为降低采购成本，一般由法人单位对物资、设备进行集中采购、统一调配的管理模式，以提高资源使用效率。由此造成集中采购、统一调配资源的进项税额集中在法人单位本部，销项税额分散在各项目部，若不以法人单位进行汇总纳税，将造成纳税主体的进项和销项税额严重不匹配，形成留抵税额较大，将影响大型建筑集团资源的统一配置，从而会造成社会资源的浪费，不利于发挥集团化管理优势。

项目部作为内部机构，以企业法人名义对外经营。如参照目前已入围行业的增值税汇总缴纳政策，增值税汇总范围企业应在项目所在地申请办理增值税一般纳税人资格，按提供建筑业应税收入的一定比例计算预缴增值税。同时项目部所取得的增值税进项税额应进行认证抵扣，月末对项目部应税收入、预征税额、进项税认证取得情况等分别归集汇总，向总公司传递，总公司申报时应先取得汇总范围成员企业申报数据，操作环节较多，管理难度加大。

（四）生活服务业

生活服务业包括旅店业、饮食业、娱乐业、旅游业等与民生密切相关的行业，生活服务业门类复杂，点多面广，以小微企业和个体工商户居多。生活服务业一方面解决人民群众的生活需求，另一方面解决大量的劳动就业。生活服务企业的会计核算和税务处理相对较为简单，且其提供的产品和服务通常是面向终端消费者，若采用简易征收法，同时允许一般纳税人的生活服务企业开具专用发票，能够在尽量保持抵扣链条完整的同时，降低税务机关的征管成本和纳税人的遵循成本，并有利于促进行业发展，便利民众生活。

若采用一般计税法，则应明确进项税额抵扣范围。以餐饮业为例，规模餐饮的成本率在40%左右，即食品、饮品原材料的采购量占到营业收入的40%。餐饮企业食品原材料具有品类多、品种多、供应商分散且小型化的特点，据统计大概占到总成本15%的鲜鱼水菜等品种目前难以取得增值税发票，特别是现在鼓励的农餐对接，这类原料的采购多来源于农户，更增加了取得增值税专用发票的难度。餐饮企业的饮品类产品可以分为标准灌装产品以及茶水和鲜榨果汁。茶水和鲜榨果汁多采取外包方式，由第三方进场提供产品和服务，企业与其采取分成制，基本上采取费用列支的方式结算，更是无法取得增值税发票。因而有必要对较难取得进项税发票的原材料明确抵扣细则，以免纳税人因抵扣不充分而压缩其盈利空间。

三、待入围行业流转税征管现状

（一）金融保险业

从 1984 年起，我国对金融机构改征营业税和所得税。1994 年税制改革制定了《营业税暂行条例》及其实施细则，正式确立了当前实施的金融业营业税制度。征税范围包括贷款、融资租赁、金融商品转让、金融经纪和其他金融业务。税基为经营金融业务的计税营业额，税率为 5%。之后，根据经济金融形势需要对金融保险业税率又进行了多次调整。如从 1997 年起将金融、保险业的营业税税率提高到 8%；从 2001 年起，我国金融和保险企业营业税税率每年下调一个百分点，分三年从 8% 降低到 5%。2009年 1 月 1 日起，我国实施了新修订的《营业税暂行条例》及《营业税暂行条例实施细则》。

1. 现行金融业营业税征收规定

我国金融业营业税的征收范围包括金融、保险两类，其中金融指经营货币资金融通活动的业务，包括贷款、融资租赁、金融商品转让、金融经纪业和其他金融业务；保险指将通过契约形式集中起来的资金，用于补偿被保险人的经济利益的业务。

（1）纳税人

金融保险业纳税人指：银行、信用合作社、证券公司、金融租赁公司、证券基金管理公司、财务公司、信托投资公司、证券投资基金、保险公司和其他经中国银监会、中国证监会、中国保监会批准成立且经营金融保险业务的机构。

（2）征税范围和营业额的确定

课税范围：我国金融机构营业税征收范围包括以下几类：一是贷款业务利息收入全额；二是融资租赁取得的全部价款和价外费用减去承租方实际成本后的余额；三是买卖金融商品的价差收入；四是银行业中间业务收

取的手续费与佣金等；五是保险业务的全部保费收入。

不征税与免税范围，主要有：存款或购入金融商品行为，不征收营业税；对金融企业联行、金融企业与人民银行及同业之间的资金往来业务取得的利息收入免征营业税；对保险公司开办的一年期以上返还性人身保险产品取得的保费收入免征营业税。

（3）税率

金融保险业营业税税率为5%。

2. 金融业营业税征收状况

我国金融业营业税征收呈现以下特点：一是金融保险业营业税总额保持高速增长；二是金融保险业营业税总额在营业税总额占比中，对地方财政收入贡献举足轻重。如2014年金融业营业税3817亿元，较上年增长20.3%，占营业税总额的21.5%，是营业税各应税行业中增长速度最快的行业。

（二）房地产业

1. 现行房地产业营业税征收规定

（1）纳税人

在中华人民共和国境内提供《中华人民共和国营业税暂行条例》规定的劳务、转让无形资产或者销售不动产的单位和个人，为营业税的纳税人，应当依照本条例缴纳营业税。

（2）征税范围和营业额的确定

房地产交易活动应税行为包括销售不动产和转让土地使用权。销售不动产的征税范围包括销售建筑物或构筑物和销售其他土地附着物。转让土地使用权的行为按照转让无形资产的税目征税，但如果销售不动产时连同不动产所占土地的使用权一并转让的话，则比照销售不动产征税。

一般来说，销售不动产和转让土地使用权的计税依据为取得的全部价款和价外费用，适用税率为5%。但有一些例外情况，如销售或转让购进和抵债所得的不动产或土地使用权可差额征税；个人转让购买超过（含）5年的非普通住房也可差额征税，个人转让购买超过（含）5年的普通住房则可免征营业税。

随着我国房地产市场的发展，房地产营业税成了我国营业税中最为重要的一个部分。

（3）税率

表 1.2 房地产税率

涉税行为	税率
开发商转让不动产或土地使用权	5% ×（销售价格 − 购买价格）
开发商预售住宅	5% × 收入总额
公众转售住宅	5% ×（销售价格 − 购买价格）
单位出租住宅	5%
个人出租住宅	3%，减按 1.5%

2. 房地产业营业税征收状况

2014 年房地产营业税为 5627 亿元，较上年增长 4%，占营业税总额的 31.6%，在营业税各应税行业中占比第一，是地方财政收入最重要的支柱。

（三）建筑安装业

1. 现行建筑安装业营业税征收规定

（1）纳税人

建筑业纳税义务人为在中华人民共和国境内建筑业应税劳务的单位和个人。

（2）征税范围和营业额的确定

《营业税暂行条例》规定，建筑业营业税的征收范围包括建筑、安装、修缮、装饰和其他工程作业。

建筑业营业税按照营业额全额征税，包括纳税人提供建筑与劳务收取的全部价款和价外费用。但为了避免重复征税，对建筑分包行为实行差额征税方法，即对纳税人将建筑工程分包给其他单位的以其取得的全部价款和价外费用扣除其支付给其他单位的分包款后的余额为营业额计征营业税。

（3）税率

按照工程收入的 3% 计算缴纳营业税。

2. 建筑安装业营业税征收状况

2014 年建筑安装业上缴营业税 4789 亿元，较上年增长 11%，占营业税总额的 26.9%，与房地产业相似，建筑安装业也是地方财政收入的重要支柱之一。

（四）生活服务业

生活服务业包括旅店业、饮食业、娱乐业、旅游业等与民生密切相关的行业，生活服务业门类复杂，点多面广，以小微企业和个体工商户居多。其现行会计核算和税务处理相对较为简单，不再一一赘述。

第五节　本章小结

本章首先从营业税和增值税的基本理论入手，对两种税制的区别和并存的弊端进行了分析和描述，从税制涉及内容来看，增值税比营业税更为复杂，但是克服了营业税重复征税的弊端。随后，我们回顾了我国增值税的改革和发展历程，并重点分析了"营改增"的时空背景、进程及意义。从"营改增"试点的实际情况来看，其减税效应是相当明显的，同时能够促进产业和企业转型发展，随着"营改增"不断扩围，上述效应将会更加明显。最后，对金融业、房地产业、建筑安装业、生活服务业这四个未入围行业的共性、特殊性、流转税征管现状内容进行了梳理和总结，待入围行业重要的经济地位，广泛的客户群体，复杂多样的经济交易模式等决定了"营改增"任务之艰巨。在改革过程中，应密切关注这些行业"营改增"对上下游产业和财政税收的潜在影响，确保改革平稳落地、有序推进，为经济转型再添动力。

第二章　增值税纳税实务

"营改增"是一项涉及面广的系统工程，各行业人员应当对增值税纳税原理与方法、应税管理实务等内容有一定的了解和掌握。本节主要从现行增值税税制和"营改增"相关政策规定出发，对增值税纳税实务经验进行归纳和介绍。

第一节　增值税税收制度的相关内容

一、纳税人和扣缴义务人

（一）纳税人

根据现行的《中华人民共和国增值税暂行条例》（以下简称《暂行条例》）及《中华人民共和国增值税暂行条例实施细则》（以下简称《实施细则》），在中华人民共和国境内销售货物或者提供加工、修理修配劳务以及进口货物的单位和个人，为增值税的纳税人。

根据财政部、国家税务总局 2013 年 12 月 12 日发布的《营业税改征增值税试点实施办法》（以下简称《实施办法》），在中华人民共和国境内提供交通运输业、邮政业和部分现代服务业服务（以下简称应税服务）的单位和个人，为增值税纳税人。纳税人提供应税服务，应当依法缴纳增值税，不再缴纳营业税。

增值税纳税人的单位是指企业、行政单位、事业单位、军事单位、社会团体及其他单位；个人是指个体工商户和其他个人。

（二）扣缴义务人

中华人民共和国境外的单位或者个人在境内提供应税服务，在境内设有经营机构的，以其代理人为增值税扣缴义务人；在境内没有代理人的，以接受方为增值税扣缴义务人。

1. 对境内的理解

在境内提供应税服务是指应税服务提供方或者接受方在境内。下列情形不属于在境内提供应税服务：

（1）境外单位或者个人向境内单位或者个人提供完全在境外消费的应税服务；

（2）境外单位或者个人向境内单位或者个人出租完全在境外使用的有形动产；

（3）财政部和国家税务总局规定的其他情形。

判断境内外收入要坚持两个原则：

（1）属人原则。将境内的单位或者个人提供的应税服务都纳入了境内应税服务的范围，即境内的单位或者个人提供的应税服务无论是否发生在境内、境外都属于境内提供应税服务。

（2）属地原则。只要应税服务接受方在境内，无论提供方是否在境内提供，都属于境内应税服务，即单位或者个人在境内接受应税服务，包括境内单位或者个人在境内接受应税服务（含境内单位和个人在境内接受境外单位或者个人在境外提供的应税服务）和境外单位或者个人在境内接受应税服务。

2. 代扣代缴增值税的情形

（1）以境内代理人为扣缴义务人的，境内代理人和接受方的机构所在地或者居住地均在试点地区。

（2）以接受方为代扣代缴义务人的，接受方的机构所在地或者居住地在试点地区。

（三）纳税人的分类和认定

1. 一般纳税人和小规模纳税人的划分标准

增值税纳税人划分为一般纳税人和小规模纳税人，其划分标准和具体认定如表2.1所示。

表 2.1   增值税一般纳税人和小规模纳税人的划分标准

划分标准		具体认定
基本划分标准	年销售额的大小	（1）应税服务的年应征增值税销售额（以下简称应税服务年销售额）超过 500 万元的纳税人为一般纳税人。财政部和国家税务总局可以根据试点情况对应税服务年销售额标准进行调整。 （2）应税服务年销售额未超过 500 万元的纳税人为小规模纳税人。 上述应税服务的年销售额是指纳税人在连续不超过 12 个月的经营期内提供应税服务累计取得的销售额，包括减、免税销售额和提供境外服务销售额。
	会计核算水平	未超过规定标准的纳税人会计核算健全，能够提供准确税务资料的，可以向主管税务机关申请一般纳税人资格认定，成为一般纳税人。 会计核算健全，是指能够按照国家统一的会计制度规定设置账簿，根据合法、有效凭证核算。
特殊划分标准		（1）应税服务年销售额超过规定标准的其他个人不属于一般纳税人； （2）应税服务年销售额超过规定标准但不经常提供应税服务的单位和个体工商户可选择按照小规模纳税人纳税。

2. 一般纳税人认定的特殊规定

（1）"营改增"的纳税人如果是一般纳税人，可以直接申请使用增值税专用发票。

（2）在试点实施前已取得一般纳税人资格并兼有应税服务的试点纳税人，无须重新申请认定，由主管税务机关制作、送达《税务事项通知书》，告知纳税人。

（3）试点实施前应税服务年销售额未超过 500 万元的试点纳税人，如果其财务制度健全，仍然可以向主管税务机关申请一般纳税人资格认定。

（4）试点范围内取得一般纳税人资格的纳税人，发生增值税偷税、骗取退税和虚开增值税扣税凭证等行为的，将由主管税务机关对其实行不少于 6 个月的纳税辅导期管理。

（5）除国家税务总局另有规定外，一经认定为一般纳税人后，不得转为小规模纳税人。

3. 一般纳税人认定的程序

符合一般纳税人条件的纳税人应当向主管税务机关申请一般纳税人资

格认定。一般纳税人资格认定权限，在县（市、区）国家税务局或者同级别的税务分局。办理增值税一般纳税人认定的程序如下：

（1）纳税人年应税销售额超过小规模纳税人，纳税人应当在申报期结束后40日（工作日）内向主管税务机关报送《增值税一般纳税人申请认定表》，申请一般纳税人资格认定。纳税人年应税销售额未超过小规模纳税人标准以及新开业的纳税人，应当向税务机关填报申请表，并提供《税务登记证》副本、财务负责人和办税人员的身份证明及其复印件、会计人员从业资格证明或者与中介机构签订的代理记账协议，或者其他可便用场地证明等国家税务总局规定的其他有关资料，申请办理一般纳税人资格认定。

表 2.2　　　　　　　　　增值税一般纳税人申请认定表

纳税人名称				纳税人识别号	
法定代表人 （负责人、业主）		证件名称及号码		联系电话	
财务负责人		证件名称及号码		联系电话	
办税人员		证件名称及号码		联系电话	
生产经营地址					
核算地址					
纳税人类别：企业、企业性单位□ 非企业性单位□ 个体工商户□ 其他□					
纳税人主业：工业□ 商业□ 其他□					
认定前累计应税销售额 （连续不超过 12 个月的经营期内）			年　月至　　年　月共　　万元。		
纳税人声明	上述各项内容真实、可靠、完整。如有虚假，本纳税人愿意承担相关法律责任。 　　　　　　　　　　　　　　　　　　（签章）： 　　　　　　　　　　　　　　　　　　　年　月　日				
税务机关					
受理意见	受理人签名： 　　　　　　　　　　年　月　日				
查验意见	查验人签名： 　　　　　　　　　　年　月　日				
主管税务 机关意见	（签章）： 　　　　　　　　　　年　月　日				
认定机关意见	（签章）： 　　　　　　　　　　年　月　日				

（2）认定机关完成资格认证，时间为自主管税务机关受理申请之日起的20个工作日内。

（3）由主管税务机关制作、送达《税务事项通知书》，并告知纳税人申请认定资格的确认时间。

纳税人自认定机关认定为一般纳税人的次月起（新开业纳税人自认定机关认定为一般纳税人的当月起），按照税法的有关规定计算应纳税额，并按照规定领购、使用增值税专用发票。

二、征税范围、税率（征收率）与计税方法

（一）征税范围

1. 货物与劳务、应税服务征税范围

（1）销售货物

"货物"，是指除土地、房屋和其他建筑物等不动产之外的有形动产，包括电力、热力、气体在内。

（2）提供加工修理修配劳务

"加工"，是指接受来料承做货物，加工后的货物所有权仍属于委托者的业务，即通常所说的委托加工业务。

"修理修配"，是指受托对损伤和丧失功能的货物进行修复，使其恢复原状和功能的业务。

（3）进口货物

进口货物是指进入我国海关境内的货物。

（4）应税服务

根据《实施办法》，应税服务是指陆路运输服务、水路运输服务、航空运输服务、管道运输服务、邮政普遍服务、邮政特殊服务、其他邮政服务、研发和技术服务、信息技术服务、文化创意服务、物流辅助服务、有形动产租赁服务、鉴证咨询服务、广播影视服务。应税服务的具体范围按照该办法所附的《应税服务范围注释》执行。

2. 有偿与非经营活动的规定

提供应税服务，是指有偿提供应税服务，但不包括非营业活动中提供

的应税服务。

（1）有偿的含义

有偿是指纳税人在提供应税服务时取得货币、货物或其他经济利益。有偿是确定销售货物，提供加工、修理修配劳务，以及提供应税服务是否需要缴纳增值税的前提条件之一，未来也很有可能用于判定纳税人提供的金融服务是否需要增值税。

判定一项应税服务是否征税，要看其有偿的范围界定。其中货物有偿形式包括现金、银行存款、应收账款、应收票据、持有至到期的债券投资及债务豁免等。非货币有偿形式包括存货、固定资产、无形资产、生物资产、股权投资、不准备持有至到期的债券投资、劳务及有关权益等。其他经济利益是纳税人获取了一项具有控制权的潜在经济利益，但该经济利益在当期并不能体现，而是要在未来才会予以兑现。

【案例分析】

2016 年 1 月（假设此时银行业与房地产业都已经纳入"营改增"试点，贷款业务属于增值税征税范围，且有偿提供的金融服务需要缴纳增值税），北京 A 银行向 B 房地产公司提供为期 5 年的住房开发贷款。双方签订的合同约定，B 房地产公司需要在 5 年之内，按月支付 A 银行的住房开发贷款利息，然而到 2017 年，B 房地产公司由于资金紧张，无法按期支付利息。双方协商之后签订了抵偿协议，A 银行免除 B 房地产公司余下 4 年的住房开发贷款利息，B 房地产公司将某商铺租给 A 银行作为营业网点经营场所 2 年，并免除该期间 A 银行的租金。

A 纳税人提供的住房开发贷款属于贷款业务，虽然在 2017 年之后没有取得货币或货物收入，但是取得了某商铺 2 年的使用权，该行为属于取得其他经济利益的有偿提供应税服务行为，仍需要计算缴纳增值税。同时该交易双方只是将价款相互抵消，仍需各自确定收入。

（2）非经营活动的含义

非经营活动是判定有偿提供应税服务不需要缴纳增值税的例外原则。

由于非经营活动提供的服务不是以经营为目的，一般是为履行国家行政管理和公共服务职能的需要而提供的服务，包括：

①非企业性单位按照法律和行政法规的规定，收取政府性基金或行政事业性收费的活动；

②单位或个体工商户聘用的员工为本单位或雇主提供非经营活动；

③单位或个体工商户为员工提供的非经营活动；

④由财政部和国家税务总局规定的其他情形。

上述属于非经营活动中有偿提供的应税服务，不在应税服务的范围内，故不征增值税。

3. 视同销售及视同提供应税服务的规定

（1）视同销售

下列视同销售行为应征收增值税：

①将货物交付其他单位或者个人代销；

②销售代销货物；

③设有两个以上机构并实行统一核算的纳税人，将货物从一个机构移送其他机构用于销售，但相关机构在同一县（市）的除外；

④将自产或委托加工的货物用于非应税项目；

⑤将自产、委托加工的货物用于集体福利或个人消费；

⑥将自产、委托加工或购买的货物作为投资，提供给其他单位或个体工商户；

⑦将自产、委托加工或购买的货物分配给股东或投资者；

⑧将自产、委托加工或购买的货物无偿赠送其他单位或者个人。

（2）视同提供应税服务

单位和个体工商户的下列情形，视同提供应税服务：

①向其他单位或者个人无偿提供交通运输业、邮政业和部分现代服务业服务，但以公益活动为目的或者以社会公众为对象的除外。

②财政部和国家税务总局规定的其他情形。

【案例分析】

2016 年，我国某县由于遭受地震灾害，居民房屋受损严重。某帐篷制造企业 A 公司向该县无偿捐赠了一批帐篷，由 B 运输公司承担了运输服务，并免收全部费用。

根据现行增值税税制对于视同销售和视同提供应税服务的规定：A 公司将自产的货物（帐篷）无偿赠送其他个人，属于视同销售行为，应正常计算缴纳增值税；B 公司提供的运输服务是以公益活动为目的，不属于视同提供应税服务行为，不需要缴纳增值税。

4. 兼营与混业经营规定

表 2.3　　　　　　　　兼营与混业经营行为的征税规定

经营行为	分类和特点	税务处理原则
兼营	纳税人兼营增值税应税项目与非应税项目	要划清收入，按各收入对应的税种、税率计算税额；对划分不清的，由主管税务机关核定货物或者应税劳务的销售额
	纳税人兼营免税、减税项目	应当分别核算免税、减税项目的销售额；未分别核算销售额的，不得免税、减税
混业经营	兼有不同税率的销售货物、提供加工修理修配劳务或者应税服务的	要分别核算销售收入，未分别核算的，从高适用税率
	兼有不同征收率的销售货物、提供加工修理修配劳务或者应税服务的	要分别核算销售收入，未分别核算的，从高适用征收率
	兼有不同税率和征收率的销售货物、提供加工修理修配劳务或者应税服务的	要分别核算销售收入，未分别核算的，从高适用税率

兼营与混业经营的异同：

（1）相同：两种行为的经营范围都有销售货物和提供劳务这两类经营项目。

（2）区别：兼营强调的是在同一纳税人的经营活动中存在着两类应税项目与非应税项目，免税、减税项目。混业经营强调的是销售货物和提供劳务涉及的应税项目分别适用不同的税率或征收率。

（二）税率和征收率

1. 税率

"营改增"之后，我国增值税共设五档税率，除原增值税下的17%、13%和零税率之外，新增两档税率11%和6%。

（1）基本税率：纳税人销售或进口货物，除列举的外，税率均为17%；提供加工、修理修配劳务的，有形动产租赁服务的，税率也为17%；

（2）低税率：纳税人销售农业产品、粮油等特定货物的，适用税率为13%；提供交通运输服务和邮政服务的，适用税率为11%；提供部分现代服务（有形动产租赁除外）的，适用税率为6%；

（3）零税率：纳税人出口货物和部分应税服务税率为零，但国务院另有规定的除外。

表2.4　　　　　　　　增值税税率的种类及其适用范围

税率		具体内容
17%	《暂行条例》规定	销售或进口货物
		提供加工、修理修配劳务的
	《实施办法》规定	提供有形动产租赁服务
	特殊规定	个体工商户以外的其他个人销售自己使用过的物品免税
		残疾人组织直接进口供残疾人专用的物品免税
	不属于农产品的产品	薄荷油、麦芽、人发、复合胶
13%	《暂行条例》规定	粮食、食用植物油
		自来水、暖气、冷去、热水、煤气、石油液化气、天然气、沼气、居民用煤炭制品
		图书、报纸、杂志
		饲料、化肥、农药、农机、农膜
	财政部明确规定适用范围	二甲醚、音像制品、电子出版物、农产品
	农产品的特殊规定	边销茶、自产农产品免税
		蔬菜、鲜活肉蛋产品免征流通环节的增值税

税率	具体内容	
11%	《实施办法》规定	交通运输业服务
		航空运输企业从事湿租业务而取得的收入
		远洋运输企业从事程租、期租业务取得的收入
	对电信业的规定	电信业的基础服务
6%	《实施办法》规定	物流辅助服务
		研发和技术服务
		信息技术服务
	对电信业的规定	电信业的增值服务
零税率	《实施细则》	出口货物和部分应税服务

2. 征收率

征收率是指应税服务在某一征税环节的应纳税额与计税依据的比率。根据财政部、国家税务总局《关于简并增值税征收率政策的通知》（财税〔2014〕57号），增值税的征收率为3%，同时存在减按2%征收的情况（如表2.5和表2.6所示）。适用征收率计税就要求纳税人采用简易计税法征税，不能抵扣该项目相关的进项税额。

征收率为3%，主要适用于以下两种纳税人：

（1）小规模纳税人；

（2）一般纳税人提供公共交通运输服务，选择按简易计税方法计算缴纳增值税的。

表 2.5　　　　　　　　　　　　适用 3% 征收率的征税范围

纳税人身份	业务类型	特定货物或劳务种类
小规模纳税人	销售货物和应税劳务、提供应税服务	无特定
小规模纳税人	销售使用过的除固定资产、旧货以外的物品（包括旧货）	固定资产、旧货以外的物品
一般纳税人	提供公共交通运输服务	包括轮客渡、公交客运、轨道交通、出租车等

纳税人身份	业务类型	特定货物或劳务种类
一般纳税人	销售自产货物	县以下小型水力发电单位生产的电力；建筑用和生产建筑材料用的砂、土、石料；自己采掘的砂、土、石料或者其他矿物连续生产的砖、瓦、石灰；用微生物、微生物代谢产物、动物毒素、人或动物的血液或组织制成的生物制品；自来水；商品混凝土
一般纳税人	销售特定货物	寄售商店代销寄售物品；典当业销售死当物品；经国务院或国务院授权机关批准的免税商店零售的免税品

表2.6　　　　　　　　适用3%征收率减按2%征收的征税范围

纳税人身份	业务类型	特定货物或劳务种类
小规模纳税人	销售自己使用过的固定资产	固定资产
小规模纳税人	销售使用过的旧货	二次流通的具有部分使用价值的货物（含旧汽车、旧摩托车和旧游艇）
一般纳税人	销售自己使用过的固定资产和旧货	固定资产和旧货（范围同上）

（三）计税方法

增值税的计税方法包括一般计税方法和简易计税方法，如图2.1所示。

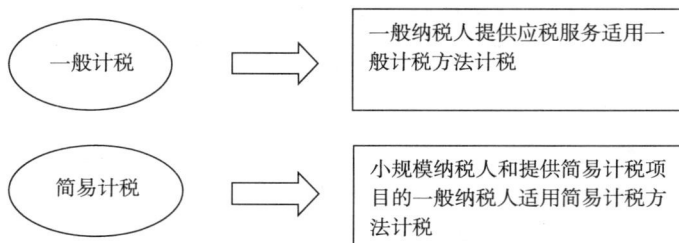

图2.1　两种不同计税方法的比较

34

三、增值税一般纳税人应纳税额计算

纳税人销售货物或提供应税劳务，其应纳税额为当期销项税额抵扣当期进项税额后的余额。

基本计算公式为：

应纳税额 = 当期销项税额 − 当期进项税额

　　　　 = 销售额 × 适用税率 − 当期准予抵扣的进项税额

（公式2.1）

（一）销项税额

销项税额，是指纳税人销售货物或提供应税劳务、应税服务，按照销售额和增值税税率计算的增值税额。

其计算公式为：

销项税额 = 销售额 × 税率　　　（公式2.2）

销售额为纳税人销售货物或提供应税劳务、应税服务向购买方收取的全部价款和价外费用。

价外费用，是指价外向购买方收取的各种性质的费用，包括：手续费、补贴、基金、集资费、返还利润、奖励费、违约金、延期付款利息、滞纳金、赔偿金、包装费、包装物租金、储备费、优质费、运输装卸费、代收款项、代垫款项及其他各种性质的价外费用。价外费用不包括：委托加工时代收代缴的消费税、开具给购买方的代垫运费、代收的政府性基金或行政事业性收费、销售货物的同时代办保险而收取的保险费以及向购买方收取的代购买方缴纳的车辆购置税和车辆牌照费。凡征收消费税的货物在计征增值税时，其应税销售额应包括消费税税金。

价款和税款合并收取情况下的销售额计算公式为：

销售额 = 含增值税销售额 /（1 + 税率）　　（公式2.3）

视同销售行为的销售额：纳税人销售货物、提供应税劳务、应税服务的价格明显偏低或者偏高且不具有合理商业目的的，或者有视同销售货物行为而无销售额者，主管税务机关有权按照下列顺序确定销售额：

1. 按纳税人最近时期同类货物或应税服务的平均销售价格确定；

2. 按其他纳税人最近时期同类货物或应税服务的平均销售价格确定；

3. 按组成计税价格确定，组成计税价格＝成本×（1＋成本利润率）。属于应征消费税的货物，其组成计税价格应加消费税税额，组成计税价格＝成本×（1＋成本利润率）＋消费税税额 或组成计税价格＝成本×（1＋成本利润率）／（1－消费税税率）。成本利润率由国家税务总局确定。

特殊销售方式：

1. 以折扣方式销售货物或提供应税服务，纳税人采取折扣方式销售货物或提供应税服务，如果销售额和折扣额在同一张发票上的"金额"栏分别注明的，可以按照折扣后的销售额征收增值税；如果将折扣额另开发票，不论其在财务上如何处理，均不得从销售额中减除折扣额；

2. 以旧换新方式销售货物，纳税人采取以旧换新方式销售货物的（金银首饰除外），应按新货物的同期销售价格确定销售额；

3. 还本销售方式销售货物，纳税人采取还本销售货物的，不得从销售额中减除还本支出；

4. 采取以物易物方式销售，以物易物双方以各自发出的货物核算销售额；

5. 包装物押金计税问题，纳税人为销售货物而出租出借包装物收取的押金，单独记账的，时间在1年内，又未过期的，不并入销售额征税；但对逾期未收回不再退还的包装物押金，应按所包装货物的适用税率计税。

（二）进项税额

进项税额，是指纳税人购进货物或者接受加工修理修配劳务和应税服务，支付或者负担的增值税税额。准予从销项税额中抵扣的进项税额分以下两种情况：凭票抵扣和计算抵扣。

表 2.7　　　　　　　　　凭票抵扣和计算抵扣的情况说明

	含义	抵扣票据举例	取得 2010 年 1 月 1 日以前开具的发票的抵扣期限	取得 2010 年 1 月 1 日以后开具的发票的抵扣期限
凭票抵扣	增值税一般纳税人在购进或进口货物及劳务时，以对方的增值税专用发票或海关进口增值税专用缴款书上已规定注明的税率或征收率计算的增值税税额为增值税进项税额。	增值税专用发票、机动车销售统一发票	应自该发票开具之日起 90 天内到税务机关认证，在认证通过的当月按照规定核算当期进项税额并申报抵扣。	应在开具之日起 180 日内到税务机关办理认证，并在认证通过的次月申报期内，向主管税务机关申报抵扣进项税额。
		海关进口增值税专用缴款书	应当在开具之日起 90 日后的第一个纳税申报期结束以前向主管税务机关申报抵扣。	实行海关进口增值税专用缴款书"先比对后抵扣"管理办法的增值税一般纳税人，应在开具之日起 180 日内向主管税务机关报送《海关完税凭证抵扣清单》（包括纸质资料和电子数据）申请稽核比对； 未实行海关缴款书"先比对后抵扣"管理办法的增值税一般纳税人，应在开具之日起 180 日后的第一个纳税申报期结束以前，向主管税务机关申报抵扣进项税额。
计算抵扣	按照购进农产品的一定比例计算增值税进项税额		应当在开票之日起 90 日内向主管税务机关申报抵扣。	应在开具之日起 180 日内到税务机关办理认证，并在认证通过的次月申报期内，向主管税务机关申报抵扣进项税额。

计算抵扣的说明：

1. 购进农产品，按照农产品收购发票或者销售发票上注明的农产品买价和 13% 的扣除率计算的进项税额。收购农产品的买价，包括纳税人购进农产品在农产品收购发票或者销售发票上注明的价款和按规定缴纳的烟叶税。

2. 购进或者销售货物以及在生产经营过程中支付运输费用的，按照货物运输业增值税专用发票注明的进项税额进行抵扣。一般纳税人取得的国际货物运输代理业发票和国际货物运输发票，不得计算抵扣进项税额。

《实施办法》第二十四条、第二十五条和第二十九条对不可抵扣进项税额进行了列举和说明，详见表2.8。

表 2.8　　　　　　　　　　不可抵扣进项税额说明

序号	不得抵扣的进项税额	备注
1	用于适用简易计税方法计税项目、非增值税应税项目、免征增值税（以下简称免税）项目、集体福利或者个人消费的购进货物、接受的加工修理修配劳务或者应税服务。其中涉及的固定资产、专利技术、非专利技术、商誉、商标、著作权、有形动产租赁，仅指专用于上述项目的固定资产、专利技术、非专利技术、商誉、商标、著作权、有形动产租赁	①非增值税应税项目是指非增值税应税服务、转让无形资产（专利技术、非专利技术、商誉、商标、著作权除外）、销售不动产以及不动产在建工程 ②不动产是指不能移动或者移动后会引起性质、形状改变的财物，包括建筑物、构筑物和其他土地附着物。纳税人新建、改建、扩建、修缮、装饰不动产均属于不动产在建工程 ③个人消费包括纳税人的交际应酬费用 ④固定资产是指使用期限超过 12 个月的机器、机械、运输工具以及其他与生产经营有关的设备、工具、器具等
2	非正常损失的购进货物及相关的加工修理修配劳务和交通运输业服务 非正常损失的在产品、产成品所耗用的购进货物（不包括固定资产）、加工修理修配劳务或者交通运输业服务	非正常损失是指因管理不善造成被盗、丢失、霉烂变质的损失，以及被执法部门依法没收或者强令销毁的货物
3	接受的旅客运输劳务	
4	自用的应征消费税的摩托车、汽车、游艇	作为提供交通运输业服务的运输工具和租赁服务标的物的除外
5	有下列情形之一者，应当按照销售额和增值税税率计算应纳税额，不得抵扣进项税额，也不得适用增值税专用发票： ①一般纳税人会计核算不健全，或者不能够提供准确税务资料的； ②应当申请办理一般纳税人资格认定而未申请的	

四、纳税（扣缴）义务发生时间、地点与期限

（一）增值税纳税义务发生时间

1. 销售货物、应税劳务、进口货物的纳税义务发生时间

根据现行的《暂行条例》及《实施细则》，销售货物或应税劳务，进口货物的纳税义务发生时间如表2.9所示。

表2.9　　销售货物、应税劳务、进口货物的纳税义务发生时间

项目	纳税义务发生时间
销售货物或应税劳务	采用直接收款方式销售货物，不论货物是否发出，均为收到销售款或者取得索取销售款凭据的当天
	采取托收承付和委托银行收款方式销售货物，为发出货物并办妥托收手续的当天
	采取赊销和分期收款方式销售货物，为书面合同约定的收款日期的当天，无书面合同的或者书面合同没有约定收款日期的，则为货物发出的当天
	采取预收货款方式销售货物，为货物发出的当天；但生产销售生产工期超过12个月的机械设备、船舶、飞机等货物，则为收到预收款或者书面合同约定的收款日期的当天
	采用委托其他人代销货物，为收到代销单位的代销清单或者收到全部或者部分货款的当天，未收到代销清单及货款的，则以发出代销货物满180天的当天
	销售应税劳务，为提供劳务同时收讫销售款或者取得索取销售款的凭据的当天
	纳税人发生视同销售货物行为的，为货物移送的当天
	特殊规定：以上销售货物或应税劳务行为，先开具发票的，其纳税义务发生时间为开具发票的当天
进口货物	报关进口的当天
代扣代缴	增值税纳税义务发生的当天

纳税人在经营管理中会存在销售实物贵金属、实物商品等货物的行为，其增值税纳税义务发生时间适用上述情形。

2. 应税服务的纳税义务发生时间

根据《实施办法》，应税服务的纳税义务发生时间如表2.10所示。

表 2. 10 应税服务的纳税义务发生时间

项目	纳税义务发生时间
提供应税服务	收讫销售款项或者取得索取销售款项凭据的当天；先开具发票的，为开具发票的当天。收讫销售款项，是指纳税人提供应税服务过程中或者完成后收到款项。取得索取销售款项凭据的当天，是指书面合同确定的付款日期；未签订书面合同或者书面合同未确定付款日期的，为应税服务完成的当天
提供有形动产租赁	采取预收款方式的，其纳税义务发生时间为收到预收款的当天
发生视同提供应税服务	应税服务完成的当天
代扣代缴	增值税纳税义务发生的当天

　　纳税人提供的金融服务类似于已纳入增值税征税范围的应税服务，虽然政策尚未明确，但其纳税义务发生时间可以暂时参考上述情形，以未来"营改增"正式出台的政策文件规定为准。

（二）增值税纳税地点

　　根据《暂行条例》和《实施办法》，增值税纳税地点如表 2.11 所示。

表 2. 11 增值税纳税地点

项目	纳税地点	
固定业户的纳税地点	固定业户应当向其机构所在地的主管税务机关申报纳税	
	如果企业分为总机构和分机构	如果不在同一县（市）的，应当分别向各自所在地的主管税务机关申报纳税
		或经国务院财政、税务主管部门或者其授权的财政、税务机关批准，可以由总机构汇总向总机构所在地的主管税务机关申报纳税
	固定业务到外县（市）销售货物或者应税劳务（不包括提供应税服务）	应向其机构所在地的主管税务机关申请开具外出经营活动税收管理证明，并向其机构所在地的主管税务机关申报纳税
		如果未开具证明的，应当向销售地或者劳务发生地的主管税务机关申报纳税
		如果未向销售地或者劳务发生地的主管税务机关申报纳税的，由其机构所在地的主管税务机关补征税款

续表

项目	纳税地点
非固定业户的纳税地点	非固定业户销售货物或应税劳务、提供应税服务，应向销售地或劳务发生地、应税服务发生地的主管税务机关申报纳税
	非固定业户未向销售地或劳务发生地、应税服务发生地的主管税务机关申报纳税，由其机构所在地或者居住地的主管税务机关补征税款
代扣代缴税款的纳税地点	扣缴义务人应当向其机构所在地或者居住地的主管税务机关申报缴纳其扣缴的税款

（三）增值税的纳税期限

增值税的纳税期限分别为 1 日、3 日、5 日、10 日、15 日、1 个月或者 1 个季度。纳税人的具体纳税期限，由主管税务机关根据纳税人应纳税额的大小分别核定。以 1 个季度为纳税期限的规定适用于小规模纳税人以及财政部和国家税务总局规定的其他纳税人。不能按照固定期限纳税的，可以按次纳税。

纳税人以 1 个月或者 1 个季度为 1 个纳税期的，自期满之日起 15 日内申报纳税；以 1 日、3 日、5 日、10 日或者 15 日为 1 个纳税期的，自期满之日起 5 日内预缴税款，于次月 1 日起 15 日内申报纳税并结清上月应纳税款。

扣缴义务人解缴税款的期限，按照纳税人的纳税期限执行。

第二节　增值税发票与纳税申报

一、增值税发票使用和管理

增值税专用发票是增值税一般纳税人销售货物或者提供应税劳务和应税服务开具的发票，是购买方支付增值税额并可按照增值税有关规定据以抵扣增值税进项税额的凭证。

增值税专用发票的基本联次为三联：发票联、抵扣联和记账联。发票联为购买方核算采购成本和增值税进项税额的记账凭证；抵扣联为购买方报送主管税务机关认证和留存备查的凭证；记账联为销售方核算销售收入和增值税销项税额的记账凭证。

（一）领购专用发票

一般纳税人在领购完专用设备，首先凭《最高开票限额申请表》、《发票领购簿》到主管税务机关办理初始发行①。之后凭《发票领购簿》、IC卡和经办人身份证明领购专用发票。对于领购后的发票需要非常谨慎地进行保管。《发票管理办法》规定发票限于领购单位和个人在本省、自治区、直辖市内开具。省、自治区、直辖市税务机关可以规定跨市、县开具发票的办法。任何单位和个人未经批准，不得跨规定的使用区域携带、邮寄、运输空白发票。禁止携带、邮寄或者运输空白发票出入境。

只有一般纳税人可以申请领购专用发票，但是一般纳税人有下列情形之一的，不得领购开具专用发票：

（1）会计核算不健全，不能向税务机关准确提供增值税销项税额、进项税额、应纳税额数据及其他有关增值税税务资料的；

（2）有《税收征管法》规定的税收违法行为，拒不接受税务机关处理的；

（3）有下列行为之一，经税务机关责令限期改正而仍未改正的：

①虚开增值税专用发票；

②私自印制专用发票；

③向税务机关以外的单位和个人买取专用发票；

④借用他人专用发票；

⑤未按专用发票开具要求开具专用发票；

⑥未按规定保管专用发票和专用设备；

⑦未按规定申请办理防伪税控系统变更发行；

⑧未按规定接受税务机关检查。

有上列情形的，如已领购专用发票，主管税务机关应暂扣其结存的专

---

① 初始发行，即主管税务机关将一般纳税人的企业名称、税务登记代码、开票限额、购票限量、购票人姓名、密码、开票机数量及国家税务总局规定的其他信息等载入空白金税卡和IC卡的行为。

用发票和 IC 卡。

（二）专用发票的开票限额

增值税专用发票实现的是限量供应、最高开票限额管理。限量供应是指纳税人的发票使用量不能超过核定的月供应量。最高开票限额是指单份专用发票开具的销售额合计数不得超过上限额度。

专用发票最高开票限额审批应按照税务行政许可的要求，由纳税人提出申请，填报《增值税专用发票最高开票限额申请单》（如表 2.12 所示），主管税务机关按照税务行政许可的程序，并根据纳税人实际生产经营和销售情况进行相应的审批，保证纳税人生产经营的正常需要。

表 2.12　　　　　　　　最高开票限额申请表

申请事项 （由企业填写）	企业名称		税务登记代码	
	地　　址		联系电话	
	申请最高 开票限额	一亿元　□一千万元　□一百万元 □十万元　□一万元　　□一千元 （请在选择数额前的□内打"√"）		
	经办人（签字）： 　　年　月　日		企业（印章）： 　　　　年　月　日	
税务机关意见	批准最高开票限额： 经办人（签字）：　　　批准人（签字）：　　　税务机关（印章） 　　年　月　日　　　　　年　月　日　　　　　年　月　日			
省级税务 机关意见	批准最高开票限额： 经办人（签字）：　　　批准人（签字）：　　　税务机关（印章） 　　年　月　日　　　　　年　月　日　　　　　年　月　日			

（三）增值税专用发票的开具范围和开具要求

一般纳税人销售货物或者提供应税劳务和应税服务，应当向购买方为一般纳税人的单位开具增值税专用发票，并在增值税专用发票上分别注明销售额和销项税额。

1. 一般纳税人有下列销售情形之一的，不得开具专用发票：

（1）向个人消费者提供的应税服务；

（2）适用免征增值税规定的货物、应税服务，另有规定的除外；

（3）商业企业一般纳税人零售的烟、酒、食品、服装、鞋帽（不包括劳保专用部分）、化妆品等消费品；

（4）销售自己使用过的不得抵扣且未抵扣进项税额的固定资产；

（5）2008年12月31日以前已纳入扩大增值税抵扣范围试点的纳税人，销售自己使用过的2008年12月31日以前购进或者自制的固定资产；

（6）2008年12月31日以前已纳入扩大增值税抵扣范围试点的纳税人，销售自己使用过的在本地区扩大增值税范围试点以前购进或者自制的固定资产；

（7）销售旧货。

2. 专用发票应按下列要求开具：

（1）项目齐全，与实际交易情况相符；

（2）字迹清楚，不得压线、错格；

（3）发票联和抵扣联加盖发票专用章；

（4）按照增值税纳税义务的发生时间开具。

对不符合上列要求的专用发票，购买方有权拒收。

对于增值税专用发票的开具，任何单位和个人不得有下列代开虚开行为：

（1）为他人、为自己开具与实际经营业务情况不符的发票；

（2）让他人为自己开具与实际经营业务情况不符的发票；

（3）介绍他人开具与实际经营业务情况不符的发票。

对代开、虚开专用发票的，一律按票面所列货物的适用税率全额补征税款，并按《税收征收管理法》的规定予以处罚。

对接受虚开专用发票的：

（1）对纳税人取得代开虚开的专用发票不得作为增值税合法的抵扣凭证抵扣进项税额；

（2）受票方利用他人虚开的专用发票，向税务机关申报抵扣税款进行偷税的，应依照《税收征收管理法》及有关法规追缴税款，处以偷税数额5倍以下的罚款；

（3）利用虚开的专用发票进行骗取出口退税的，应依法追缴税款，处以骗税数额5倍以下的罚款。

（四）增值税专用发票的作废

作废发票作为一种特殊业务场景，其结果是在发票上体现对当期收入的抵减，以实现对已开具发票的冲减。

即时作废是指在发票开具时，即发现发票信息有误；符合条件作废是指一般纳税人在开具专用发票当月，发生销售退回或销售折让、开票有误等情形，收到退回的发票联、抵扣联，并符合作废条件的。

符合作废条件是指同时具有以下情形：

（1）收到退回的发票联、抵扣联时间未超过销售方开票当月；

（2）销售方未抄税并且未记账；

（3）购买方未认证或者认证结果为"纳税人识别号认证不符"、"专用发票代码、号码认证不符"。

作废专用发票需在防伪税控系统中将相应的数据电文按"作废"处理，在纸质专用发票各联次上注明"作废"字样，全联次留存。

（五）红字专用发票的开具

增值税一般纳税人开具增值税专用发票后，发生销货退回或销售折让、开具发票有误等情形但不符合作废条件的①，应按规定开具红字专用发票。纳税人销售货物并向购买方开具增值税专用发票后，由于购货方在一定时期内累计购买货物达到一定数量，或者由于市场价格下降等原因，销货方给予购货方相应的价格优惠或补偿等折扣、折让行为，销货方也可

---

① 只有当月开具、当月收回的发票才能按作废处理，当月开具、次月收回作废的则要办理红字专用发票手续。

按规定开具红字增值税专用发票。

当一般纳税人需要开具红字专用发票时，购买方应向主管税务机关填报《开具红字增值税专用发票信息表》（如表 2.13 所示）。

表 2.13　　　　　　　　　开具红字增值税专用发票信息表

填开日期：　年　月　日

销售方	名　称		购买方	名　称		
	纳税人识别号			纳税人识别号		
开具红字专用发票内容	货物（劳务服务）名称	数量	单价	金额	税率	税额
	合计	—	—		—	
说明	一、购买方□ 　对应蓝字专用发票抵扣增值税销项税额情况： 　　1. 已抵扣□ 　　2. 未抵扣□ 　　　（1）无法认证□ 　　　（2）纳税人识别号认证不符□ 　　　（3）增值税专用发票代码、号码认证不符□ 　　　（4）所购货物或劳务、服务不属于增值税扣税项目范围□ 　对应蓝字专用发票的代码：　　　　号码： 二、销售方□ 　　1. 购买方拒收发票□ 　　2. 发票尚未交付□ 　对应蓝字专用发票的代码：　　　　　号码：					
红字发票信息表编号						

经主管税务机关审核确认后出具《开具红字增值税专用发票通知单》，销售方凭通知单开具红字专用发票。购买方必须暂依通知单所列增值税税额从当期进项税额中转出，未抵扣增值税进项税额的可列入当期进项税额，待取得销售方开具的红字专用发票后，与留存的通知单一并作为记账凭证。属于经认证结果为"纳税人识别号认证不符"、"专用发票代码、号码认证不符"的，不作进项税额转出。

（六）丢失增值税专用发票的处理

纳税人必须严格按照《增值税专用发票使用规定》保管使用专用发票，对违反规定发生被盗、丢失专用发票的纳税人，按《税收征收管理法》和《发票管理办法》的规定，处以1万元以下的罚款，并可视具体情况，对丢失专用发票的纳税人，在一定期限内（最长不超过半年）停止领购专用发票。对纳税人申报遗失的专用发票，如发现非法代开、虚开问题的，该纳税人应承担偷税、漏税的连带责任。

纳税人丢失专用发票后，必须按规定程序向当地主管税务机关、公安机关报失。各地税务机关对丢失专用发票的纳税人按规定进行处罚的同时，代收取"挂失登报费"，并将丢失专用发票的纳税人名称、发票份数、字轨号码、盖章与否等情况，统一寄送中国税务报社刊登"遗失声明"。

增值税一般纳税人丢失已开具的增值税专用发票，应在开具之日起180日内按照以下规定办理：

1. 一般纳税人丢失已开具专用发票的发票联和抵扣联，如果丢失前已认证相符的，购买方凭销售方提供的相应专用发票记账联复印件及销售方所在地主管税务机关出具的《丢失增值税专用发票已报税证明单》（如表2.14所示），作为增值税进项税额的抵扣凭证，留存备查；如果丢失前未认证的，购买方凭销售方提供的相应专用发票记账联复印件到主管税务机关进行认证，认证相符的凭该专用发票记账联复印件及销售方所在地主管税务机关出具的《丢失增值税专用发票已报税证明单》，作为增值税进项税额的抵扣凭证，留存备查。

2. 一般纳税人丢失已开具专用发票的抵扣联，如果丢失前已认证相符的，可使用专用发票的发票联复印件留存备查；如果丢失前未认证的，可使用专用发票的发票联到主管税务机关认证，专用发票的发票联复印件留存备查。

3. 一般纳税人丢失已开具专用发票的发票联，可将专用发票抵扣联作为记账凭证，专用发票抵扣联复印件留存备查。

表2.14 　　　　　　　　　丢失增值税专用发票已报税证明单

NO.

销售方	名　称		购买方	名　称				
	纳税人识别号			纳税人识别号				
丢失增值税专用发票	发票代码	发票号码	货物（劳务）名称	单价	数量	金额	税额	
报税及纳税申报情况	报税时间： 纳税申报时间： 经办人：　　　负责人：　　　主管税务机关名称（印章）： 　　　　　　　　　　　　　　　　　　　年　月　日							
备注								

注：本证明单一式三联：第一联由销售方主管税务机关留存；第二联由销售方留存；第三联由购买方留存。

二、纳税申报

纳税申报分为远程申报和上门申报。远程申报是指纳税人借助于网络、电话或其他手段，将申报资料传输至税务机关进行申报的一种方式；上门申报是指纳税人携带申报资料，直接到申报征收窗口进行申报的一种方式。

（一）申报资料

增值税一般纳税人申报资料包括纳税申报表及其附列资料和纳税备查资料两类。纳税申报表及其附列资料为必报资料。纳税备查的报备要求由省级国家税务局确定。

增值税一般纳税人纳税申报表及其附列资料包括：

（1）《增值税纳税申报表（一般纳税人适用）》；

（2）《增值税纳税申报表附列资料（一）》（本期销售情况明细）；

（3）《增值税纳税申报表附列资料（二）》（本期进项税额明细）；

（4）《增值税纳税申报表附列资料（三）》（应税服务扣除项目明细）；

（5）《增值税纳税申报表附列资料（四）》（税收递减情况表）；

（6）《固定资产进项税额抵扣情况表》。

纳税备查资料通常包括：

（1）已开具的增值税专用发票和普通发票存根联；

（2）符合抵扣条件并且在本期申报抵扣的增值税专用发票抵扣联；

（3）海关进口货物增值税专用缴款书、运输发票、购进农产品普通发票的复印件；

（4）收购凭证的存根联或报查联；

（5）代扣代缴税款凭证存根联、发票、合同和付款凭证等；

（6）主管税务机关规定的其他备查资料。

（二）抄报税

抄报税是指将防伪开票系统开具发票的信息报送税务机关。一般纳税人开具增值税专用发票应在增值税纳税申报期内，利用 IC 卡（报税盘、传输盘）对上月开票数据进行抄税（即用 IC 卡向主管税务机关抄报开票信息）后向主管税务机关报税。

抄税是指报税前用 IC 卡从防伪开票系统读取数据电文，这个时间一般是在当月的最后一天，或者是次月的 1 日早上。报税是指纳税人将抄有开票数据电文的 IC 卡报送主管税务机关，由主管税务机关将 IC 卡中的开票数据传送到防伪税控系统，这个时期一般是在征收期内，也就是次月的 15日之前。

经过抄税，税务机关可确保所有开具的销项发票进入到金税系统。经过报税，税务机关可确保所有抵扣的进项发票进入到金税系统。通过系统自动对比，可确保任何一张抵扣的进项发票都有销项发票与之对应。

抄报税工作是在防伪开票系统中进行的，进行抄报税工作后才能清盘。

（三）专用发票认证

纳税人取得可抵扣增值税专用发票，必须经过税务机关认证，只有在认证相符的情况下才能作为核算进项税额的凭证。认证相符的专用发票不得退还销售方。

认证是指税务机关对纳税人取得的防伪税控系统开具的专用发票抵扣联，运用电子图像识别技术判断其真伪的过程。

1. 认证的时间

主管税务机关申报征收岗位人员于每一个工作日（包括征期）受理纳税人专用发票抵扣联的认证。纳税人当月申报抵扣的专用发票抵扣联，应在申报所属期内完成认证。增值税发票的认证期限为从开票之日起三个月内，也就是 90 天以内。

2. 认证的内容

专用发票认证系统对发票密码区的密码进行解密，还原为构成发票内容的七要素：

（1）发票代码；

（2）发票号码；

（3）开票日期；

（4）销方纳税人识别号；

（5）购方纳税人识别号；

（6）开票金额；

（7）税额。

3. 认证的方法

认证按其方法可以分为远程认证和上门认证。远程认证由纳税人自行扫描、识别专用发票抵扣联票面信息，生产电子数据，通过网络传输至税务机关，由税务机关完成解密和认证，并将认证结果信息返回纳税人的认证方式。上门认证是指纳税人携带专用发票抵扣联等资料，到税务机关办税服务台进行认证的方式。

4. 认证中不同情形的过程

（1）经认证，有下列情形之一的，不得作为增值税进项税额的抵扣凭证，税务机关退还原件，购买方可要求销售方重新开具专用发票。

①无法认证。专用发票所列密文或者明文不能辨认，无法产生认证结果。

②纳税人识别号认证不符。专用发票所列购买方纳税人识别号有误。

③专用发票代码、号码认证不符。专用发票所列密文解密后与明文代码或者号码不一致。

（2）经认证，有下列情形之一的，暂不得作为增值税进项税额的抵扣凭证，税务机关扣留原件，查明原因，分别视情况进行处理。

①重复认证。已经认证相符的同一张专用发票再次认证。

②密文有误。专用发票所列密文无法解译。

③认证不符。纳税人识别号有误，或者专用发票所列密文解译后与明文不一致。

④认证的专用发票被登记为失控专用发票。

（3）一般纳税人丢失已开具专用发票的发票联和抵扣联，如果丢失前未认证的，购买方凭销售方提供的专用发票记账联复印件到主管税务机关进行认证。一般纳税人丢失已开具专用发票的抵扣联，如果丢失前未认证的，可使用专用发票的发票联到主管税务机关认证。专用发票抵扣联无法认证的，可使用专用发票的发票联到主管税务机关认证。专用发票的发票联复印件留存备查。

（四）税款缴纳

国税机关为纳税人提供多元化电子缴税方式，包括前台实时缴税、网上扣税、储蓄纳税和 POS 机刷卡缴税等。选用前台实时缴税、网上扣税和储蓄纳税方式的纳税人，需要在办理税种核定后与联网纳税人签订《委托代扣税款协议书》（以下简称"协议"）。协议签订注意事项如下：

1. 纳税人需持税务登记证（原件及复印件，复印件上加盖公章）、公章、经办人身份证件到各联网银行签订协议；

2. 各联网银行协议签订的办理时间为工作日，节假日不办理对公业务；

3. 除个体工商户及汇总申报企业外，签订协议的企业银行账号需要与纳税人名称一致；

4. 协议签订完成后立即生效，纳税人可到办税大厅前台进行实时缴税，网上扣税需要次日才能进行操作。

三、应税服务出口退税申报管理

《营业税改征增值税试点地区适用增值税零税率应税服务免抵退税管理办法（暂行）》规定，实行"营改增"改革试点后，对国际运输服务和研发设计服务实行服务贸易出口退税政策，对技术转让、技术咨询、鉴证咨询等服务贸易出口实行免税政策。试点地区的单位和个人提供适用零税率的应税服务，按月向主管退税的税务机关申报办理增值税免抵退税或免税手续。

（一）增值税零税率的适用范围

试点地区的单位和个人提供的国际运输服务、向境外单位提供的研发服务和设计服务适用增值税零税率，如表 2.15 所示。

表 2.15　　　　　　　　增值税零税率的适用范围

序号	类别	具体说明
1	国际运输服务	国际运输服务是指在境内载运旅客或者货物出境，在境外载运旅客或者货物入境，在境外载运旅客或者货物
2	研发服务	研发服务是指就新技术、新产品、新工艺或者新材料及其系统进行研究与试验开发的业务活动

序号	类别	具体说明
3	设计服务	设计服务是指把计划、规划、设想通过视觉、文字等形式传递出来的业务活动。包括工业设计、造型设计、服装设计、环境设计、平面设计、包装设计、动漫设计、展示设计、网站设计、机械设计、工程设计、创意策划等，但不包括对境内不动产提供的设计服务。 向国内海关特殊监管区域内单位提供研发服务、设计服务不实行免抵退税办法，应按规定征收增值税
4	广播影视等	广播影视节目（作品）的制作和发行服务； 技术转让服务、软件服务、电路设计及测试服务、信息系统服务、业务流程管理服务，以及合同标的物在境外的合同能源管理服务；离岸服务外包业务。包括信息技术外包服务（ito）、技术性业务流程外包服务（bpo）、技术性知识流程外包服务（kpo）。

（二）免抵退税办法

免抵退税办法是指零税率应税服务提供者提供零税率应税服务，免征增值税，相应的进项税额抵减应纳增值税额（不包括适用增值税即征即退、先征后退的应纳增值税额），未抵减完的部分予以退还。

免抵退税办法延续了现行货物出口退税的原理。

免：零税率应税服务提供者提供零税率应税服务，免征增值税。

抵：提供零税率应税服务相应的进项税额减应纳增值税额（不包括适用增值税即征即退、先征后退的应纳增值税额）。

退：未抵减完的部分予以退还。

具体的计算公式及要求如表 2.16 所示。

表 2.16　　　　　　　　　　免抵退税的计算说明

情况分类	计算公式	
零税率应税服务当期免抵退税额的计算	当期零税率应税服务免抵退税额＝当期零税率应税服务免抵退税计税价格×外汇人民币牌价×零税率应税服务退税率	零税率应税服务免抵退税计税价格为提供零税率应税服务取得的全部价款，扣除支付给非试点纳税人价款后的余额

情况分类		计算公式	
当期应退税额和当期免抵税额的计算	当期期末留抵税额 ≤ 当期免抵退税额时	当期应退税额 = 当期期末留抵税额 当期免抵税额 = 当期免抵退税额 – 当期应退税额	
	当期期末留抵税额 > 当期免抵退税额时	当期应退税额 = 当期免抵退税额 当期免抵税额 = 0	当期"期末留抵税额"为当期"增值税纳税申报表"的"期末留抵税额"
同时有货物出口时,当期免抵退税额的计算		可结合现行出口货物免抵退公式一并计算免抵税额	税务机关在审批时,按照出口货物劳务、零税率应税服务免抵退税额比例划分出口货物劳务、零税率应税服务的退税额和免抵税额

(三) 办理免抵退税的注意事项

1. 出口退(免)税认定

零税率应税服务提供者在申报办理零税率应税服务免抵退税前,应向主管税务机关办理出口退(免)税认定。办理出口退(免)税认定时,应提供以下资料:

(1) 银行开户许可证;

(2) 从事水路国际运输的应提供《国际船舶运输经营许可证》;从事航空国际运输的应提供《公共航空运输企业经营许可证》;从事航空国际运输的应提供《公共航空运输企业经营许可证》,且其经营范围应包括"国际航空客货邮运输业务";从事陆路国际运输的应提供《道路运输经营许可证》和《国际汽车运输行车许可证》,且《道路运输经营许可证》的经营范围应包括"国际运输";从事对外提供研发设计服务的应提供《技术出口合同登记证》。

零税率应税服务提供者在营业税改征增值税试点后提供的零税率应税服务,如发生在办理出口退(免)税认定前,在办理出口退(免)税认定后，可按规定申报免抵退税。

主管税务机关在办理服务出口退（免）税认定时，对零税率应税服务提供者属原适用免退税计税方法的出口企业，应将其计税方法调整为免抵退税办法。

2. 免抵退税申报程序

零税率应税服务提供者提供零税率应税服务，应在财务作销售收入次月的增值税纳税申报期内，向主管税务机关办理增值税纳税和免抵退税相关申报，并于收入之日次月起至次年 4 月 30 日前的增值税纳税申报期内收齐有关凭证，向主管税务机关如实申报免抵退税。资料不齐全或者内容不真实的零税率应税服务，不得向税务机关申报办理免抵退税。逾期未收齐有关凭证申报免抵退税的，主管税务机关不再受理免抵退税申报，零税率应税服务提供者应缴纳增值税。

3. 免抵退税申报材料

零税率应税服务提供者在办理增值税免抵退税申报时，应按不同服务项目分别提供资料，如表 2.17 所示。

表 2.17　　　　　　　　　　　免税退税申报的资料

对外提供研发、设计服务	提供国际运输服务
（1）《免抵退税申报汇总表》及其附表 （2）《应税服务（研发、设计服务）免抵退税申报明细表》 （3）当期《增值税纳税申报表》 （4）免抵退税正式申报电子数据 （5）下列原始凭证 ①与零税率应税服务收入相对应的《技术出口合同登记证》复印件 ②与境外单位签订的研发、设计合同 ③提供零税率应税服务的发票 ④向境外单位提供研发、设计服务收讫营业款明细清单 ⑤从与签订研发、设计合同的境外单位取得收入的收款凭证 ⑥主管税务机关要求提供的其他凭证	（1）《免抵退税申报汇总表》及其附表 （2）《零税率应税服务（国际运输）免抵退税申报明细表》 （3）当期《增值税纳税申报表》 （4）免抵退税正式申报电子数据 （5）下列原始凭证 ①零税率应税服务的载货、载客舱单（或其他能够反映收入原始构成的单据凭证） ②提供零税率应税服务的发票 ③主管税务机关要求提供的其他凭证 注：上述第①②项原始凭证，经主管税务机关批准，可留存零税率应税服务提供者备查

四、增值税扣税凭证种类与期限

（一）增值税抵扣凭证种类

增值税扣税凭证，是指增值税专用发票、海关进口增值税专用缴款书、农产品收购发票、农产品销售发票、运输费用结算单据和通用税收缴款通知书。

1. 增值税专用发票

增值税专用发票（包括货物运输业增值税专用发票、税控系统开具的机动车销售统一发票），按照增值税专用发票上注明的税额抵扣。增值税专用发票分为三联票和六联票两种。三联票由发票联、抵扣联和记账联三联组成，六票联还附加其他联次，附加联次用途由一般纳税人自行确定，通常用于工业企业。

2. 海关进口增值税专用缴款书

目前货物进口环节的增值税是由海关负责代征的，试点纳税人在进口货物办理报关进口手续时，需向海关申报缴纳进口增值税并从海关取得完税证明，其取得的海关进口增值税专用缴款书上注明的增值税额准予抵扣。

3. 农产品收购发票或销售发票

农产品收购发票仅限于从事农业收购、加工、经营业务的增值税一般纳税人领购使用。增值税一般纳税人向农业生产者个人收购其自产农产品时，可以自行开具农产品收购发票。增值税一般纳税人向农业生产单位收购农产品，以及向从事农产品经营的单位和个人购进农产品的，不得自行开具农产品收购发票，而应由农业生产单位或者经营者开具普通发票，或到税务机构申请代开发票，经营者是一般纳税人的可以按规定开具专用发票。

4. 运输费用结算单据

运输费用结算单据包括公路内河货物运输业统一发票、货票和中铁快运运单等铁路运输票据、其他运输费用结算单据，其进项税额为注明的运输费用金额乘以7%的扣除率。从试点地区的单位和个人取得的自该地区试点实施之日（含）以后开具的运输费用结算单据，不得作为增值税扣除凭证，但铁路运输费用结算单据除外。

5. 通用税收缴款通知书

纳税人接受境外单位或者个人提供应税服务，使用代扣代缴增值税而取得的中华人民共和国通用税收缴款书抵扣进项税额的，应当具备书面合同、付款证明或者境外单位的对账单或者发票。资料不全的，其进项税额不得抵扣。

（二）增值税抵扣凭证抵扣期限规定

1. 增值税专用发票

增值税一般纳税人取得的增值税专用发票（包括：《增值税专用发票》、《货物运输业增值税专用发票》、《机动车销售统一发票》），应在开具之日起 180 日内到税务机关办理认证，并在认证通过的次月申报期内向主管税务机关申报抵扣进项税额。

2. 海关进口增值税专用缴款书

增值税一般纳税人取得的海关缴款书，应在开具之日起 180 日后的第一个纳税申报期结束以前，向主管税务机关申报抵扣进项税额。纳税人应根据申报抵扣的相关海关缴款书逐票填写《海关完税凭证抵扣清单》，在进行增值税纳税申报时，将《海关完税凭证抵扣清单》纸质资料和电子数据随同纳税申报表一并报送。

3. 未在规定期限内认证或者申报抵扣的情况

增值税一般纳税人取得的增值税专用发票（包括：《增值税专用发票》、《货物运输业增值税专用发票》、《机动车销售统一发票》）、公路内河货物运输业统一发票以及海关缴款书，未在规定期限内到税务机关办理认证或者申报抵扣的，不得作为合法的增值税扣税凭证，不得计算进项税额抵扣。

4. 由客观原因造成增值税抵扣凭证逾期的情况

对于增值税一般纳税人发生真实交易但由于客观原因造成增值税扣税凭证逾期的，经主管税务机关审核、逐级上报，由国家税务总局认证、稽核对比后，对对比相符的增值税扣税凭证，允许纳税人继续抵扣其进项税额。此情况下，纳税人可按照《逾期增值税扣税凭证抵扣管理办法》的规定，申请办理逾期抵扣手续。

增值税一般纳税人由于除下列客观原因以外的其他原因造成增值税扣税凭证逾期的，仍应按照增值税扣税凭证抵扣期限有关规定执行：

①因自然灾害、社会突发事件等不可抗力因素造成增值税扣税凭证逾期；

②增值税扣税凭证被盗、抢，或者因邮寄丢失，误递导致逾期；

③有关司法、行政机关在办理业务或者检查中，扣押增值税扣税凭证，纳税人不能正常履行申报义务，或者税务机关信息系统、网络故障，未能及时处理纳税人网上认证数据导致增值税扣税凭证逾期；

④买卖双方因经济纠纷，未能及时传递增值税扣税凭证，或者纳税人变更纳税地点，注销旧户和重新办理税务登记的时间过长，导致增值税扣税凭证逾期；

⑤由于企业办税人员伤亡、突发危重疾病或者擅自离职，未能办理交接手续，导致增值税扣税凭证逾期；

⑥国家税务总局规定的其他情形。

5. 未设定抵扣期限的相关增值税扣税凭证

购进农产品取得的收购发票或者销售发票；接受境外单位或个人提供的应税服务，从税务机关或者境内代理人取得的解缴税款的中华人民共和国通用税收缴款书。

第三节　本章小结

本章从现行增值税税制和"营改增"相关政策规定出发，对增值税纳税实务经验进行了归纳和介绍。从纳税实务涉及的内容和处理的流程来看，增值税税制下的应纳税额计算、发票使用与管理、纳税与出口退税申报等工作的操作具备一定的难度和专业性，对未入围行业的应税事务管理提出了更高的要求。

尽管目前未入围行业的"营改增"实施方案尚未公布，但可以预期该实施方案仍会遵循增值税税收制度的基本原理，发票与纳税申报管理模式也会大致与已入围行业相同。各行业可以根据自身的行业和业务特点，提前对财税人员做好培训工作，降低税制转换带来的成本和风险。

第三章 增值税的国际实践与借鉴

在我国现行税收体制下，流转税包含两个最为重要的税种——增值税和营业税。这两个税种目前处于并行状态，其中，增值税的征税范围覆盖了除建筑业之外的几乎全部第二产业以及第三产业的大部分行业。2009年开始，我国全面实施增值税转型，迈出了税制改革的关键一步。从2009~2011年，由于实行增值税转型改革，累计减少了数千亿元的国家税收收入，明显减轻了企业的税收负担。然而，对于"两税"并存的税制安排，国家税务总局原局长肖捷称，对货物和劳务分别征收增值税和营业税制度，该税制结构下增值税纳税人外购劳务所负担的营业税、营业税纳税人外购货物所负担的增值税，均不能抵扣，重复征税问题未能完全消除（2012）。对服务业按营业额全额征税，极大地加重了服务业的税负，加之对于劳务出口缺乏相应的出口退税的规定，导致输出劳务难以按不含税价格进行国际竞争，因而极大地削弱了我国新兴服务业的发展。随着商品服务化、服务信息化等发展趋势，商品与服务的融合度越来越高，根据相应的国际经验，对商品和服务共同征收增值税的做法更为常见。因此，"营改增"既是体现国际惯例的举措，又是深化我国税制改革的必然选择。

第一节 增值税国际发展趋势

增值税（VAT）在不同的国家有不同的表达方法，例如IVA（葡萄牙、西班牙等）、TVA（法国）、MWST/UMST（德国）、GST（加拿大、马来西亚和澳大利亚等）、JCT（日本）。增值税被誉为20世纪最重大的"财政发明"。自从法国1948年首次将增值税应用于税收实践至今已经近70年，大约有170多个国家和地区采用了这一征税制度，实施传统型消费税的国家和地区已经越来越少。各国增值税制度从提出方案到实施，然后不断进行改革和完善，经过了一条艰辛、漫长而又曲折的探索之路。

目前世界各国的增值税大体上可以分为三种类型：

（一）不完整型增值税

以中国、巴西、印度等发展中国家为代表。其特点是虽然具有增值税的抵扣特征，但往往表现为征税范围窄、税率档次多、减免事项多，并不是完整意义上的增值税。

（二）传统型增值税

以欧盟各国为代表。欧盟各国先后采用增值税制度之后，欧共体委员会对各国增值税制度进行了不同程度的协调，形成了较为统一、规范的传统型增值税制度。

（三）现代型增值税

以新西兰、澳大利亚和新加坡为代表。特点体现在四个方面：一是增值税征税范围大，不但包括货物，还包括了劳务；二是税率统一，即无论货物或是劳务，都适用统一税率；三是按照目的地原则征税，即出口实行零税率；四是扣税机制完整，减免税大大减少，使价值链条和退税机制完整有效。

相关研究表明，发达国家税制结构出现了由直接税向间接税转移的趋势，而发展中国家则更倚重间接税收入。增值税作为一种间接税，具有刺激经济健康发展的中性特点，是最富税收效率的税种。从世界范围来看，增值税发展有以下三大趋势：（1）改革和完善现行增值税制度，克服增值税欺诈等弊端；（2）维持较高的增值税税率，保证政府财政收入；（3）扩大和保护增值税征税范围，加强税收征管。

2007 年，次贷危机在美国首先爆发，随后蔓延为全球性金融危机，给世界各国经济造成了极大冲击。无论是发达国家，还是发展中国家，都出现了经济增长减速、企业经营困难、政府财政赤字加大、失业人数增加等情况。为应对这一系列问题，许多国家出台了救市措施，而税收政策是其中重要的手段和工具。如欧洲国家为应对日益严重的债务危机，采取了征危机税、降低所得税税率、提高增值税税率（见表 3.1）、加强税收征管，尤其是海外未申报资产的征管等一系列措施。

表 3.1　　　　　　　近年来部分欧洲国家增值税税率变化

国家	调整时间	增值税税率变化
德国	2007 年 1 月 1 日起	从 16% 提高到 19%
	2010 年 1 月 1 日起	食宿劳务：从 19% 降到 7%
冰岛	2010 年 1 月 1 日起	24.5% 提高到 25.5%
希腊	2009 年 3 月 3 日起	衣服和鞋类：从 19% 提高到 21%
	2010 年 3 月 15 日起	19%，从 9% 提高到 21%，10%
	2010 年 7 月 1 日起	21%，10%，从 5% 提高到 23%，11%，5.5%
	2011 年 1 月 1 日起	11%，从 5.5% 提高到 13%，6.5%
爱尔兰	2008 年 12 月 1 日起	从 21% 提高到 21.5%
	2010 年 1 月 1 日起	从 21.5% 恢复到 21%
	2013 年	从 21% 提高到 22%
	2014 年	从 22% 提高到 23%

现代型增值税被认为是当今增值税的最佳模式，具有税制简化、抵扣链条完整、税负公平、征管成本低等众多优点。建立现代型增值税税制是今后国际增值税税收实践的改革和发展方向。

第二节　增值税计税方法的国际实践

国际实践中增值税计算有许多不同的方法，这些方法各有利弊。在我国"营改增"过程中，我们可以在一定程度上借鉴国际主流国家的计税方法，在改革中勇于创新和突破，提高"营改增"的效率和效果。

一、免税法

免税法是指按照国家政府税法对某些纳税人或者征税对象给予鼓励、扶持的特殊规定，单方面免除其全部应纳税款。这是世界各国及各个税种普遍采用的一种税收优惠方式。

免税法首先由欧盟在 1977 年的《增值税第六号指令》中提出，之后广泛被欧盟、东盟等地区的国家所采纳。该指令要求对包括保险在内的大部分金融业务免税，同时保留成员国将这些业务作为应税业务处理的选择权利。比利时、法国和德国在一定程度上应用了这项选择性条款。加拿大增值税白皮书曾建议对国内银行业净利息收入（利息收入减去利息支出）进行增值税征税。这一建议曾引起国内很大争论，但在 1989 年引进增值税的预算说明中又指出："鉴于目前的状况——世界上没有一个国家曾成功将增值税应用于金融中介服务之中，政府也不打算按照商品劳务税的规定对这一服务征税"，目前加拿大政府对其核心金融业也是采用免征增值税的做法。

以澳大利亚为例，其国内的不动产分为商业用不动产和住宅用不动产。其中，住宅用不动产又包括了新建的住宅用不动产和库存的住宅用不动产。对于库存的住宅用不动产，澳大利亚免征其销售和长期租赁时所发生的增值税，其中长期租赁的定义是指连续租用同一不动产达到 28 天以上。相对地，对于新建的住宅用不动产和商业用不动产的交易则予以课税。

在同为亚太地区的新加坡，增值税免税政策适用于住宅不动产的销售与租赁、特定条件下公共区域的出租等部分的不动产交易。满足新加坡《商品与服务税法令》总则第 41 条规定条件的非注册纳税人可以向税务机关提交税收豁免申请，并按新加坡《商品与服务税法令》第 89 条第（1）款的相关规定申请税收豁免。然而，税务机关免除的只是在购置土地时用于开发住宅不动产的有关增值税，即税收豁免的对象仅限于土地而不包括任何建筑物。

在欧洲，英国根据《增值税法》规定①，授予、转让、归还土地之重大权益视为供应货物，称之为"土地供应"，包括土地内在权益与外部权利、颁发土地占用许可等②，该土地供应一般免税。欧盟增值税指令第 135 条第（2）款强制要求各成员国对以下租赁供应不能使用免税：（1）酒店或相当功能之机构等提供住宿；（2）停车场所；（3）设备或机械的永久安装场所；（4）保险室。

---

① VAT Act 1994, schedule 9, group 1.

② Notice 742 Land and Property.

二、一般计税法

一般计税法是指对商品和劳务征税时，采用当期销项税额抵扣当期进项税额后的余额来确定应纳税额，通常适用于一般商品和部分劳务。一般计税法符合增值税"税收中性"基本原则，这种方法允许相应的购进项目进行进项税额抵扣，保证了增值税的抵扣链条的完整，避免了重复征税问题。

除芬兰外，绝大多数欧盟国家对银行业直接收费业务采用一般计税法进行征税，标准税率从 15%～25% 之间不等。欧盟《增值税第六号指令》认为银行业一些非主营业务如保管服务、债务追偿等业务属于有明确收费的消费范畴，税基也比较容易确定，应该被纳入增值税的征收范畴，也不会增加征管成本。因此，可以对其按照标准税率征收。如银行对其自动取款机提供的取款服务向客户收费，这笔收入要求缴纳增值税，而银行可以对自动取款机本身所承担的增值税支出进行税收抵扣。

欧盟各国通常在房地产的出售环节，区分新房地产和旧房地产、商业房地产和居住房地产来制订差别政策。对于商业地产，在建筑环节按标准税率征税，在出售环节也按标准税率征税，在转售过程中仍然征收增值税，同时购买时已缴纳的增值税和维修时所承担的增值税都可以抵扣。这样可以保持增值税链条的完整，使建筑商、房地产商及商业地产购买者都可以接受。

按英国《增值税法》及其纳税指引的规定，建筑零售商、供应商或库存货物批发商供应建筑材料与设备时适用标准税率，建筑商提供的服务适用某一税率，该服务的目标——即建筑成果所需建筑材料等货物通常也适用此税率。建筑承包商可以就应课税供应涉及的建筑材料与非建筑材料的成本费用申报进项税抵扣。

三、进项税额部分抵扣法

进项税额部分抵扣法是指在针对免税法的基础上允许一定的进项税额抵免。这种方法介于免税法和零税率法之间，允许纳税人将部分增值税进项税额抵扣，其目的是为了减轻可能会在免税法中出现的重复征税问题。如果免税业务提供给非增值税纳税人，则不能抵扣进项税额。

进项税额部分抵扣法可进一步划分为进项税额固定比例抵扣法、直接分配法、分项目按比例抵扣法三种，大部分欧盟国家都会采用其中一种或多种方法并用，允许金融机构将部分增值税进项税额抵扣。如澳大利亚和新加坡采用了进项税额固定比例抵扣法，德国、芬兰采用了直接分配法，法国、希腊、比利时等国在采用前两种方法的同时还采用了分项目按比例抵扣法。

在不动产交易中，基于归属原则，世界各国会根据实际征管时的具体情况采取不同的分摊方法，将全部的进项税额分配到各个不同项，再对允许抵扣的部分进行计算。随着时间的变化，不动产的使用性质可能会随之而变。考虑到使用性质的变化，部分国家采取资产货物方案，其基本前提是在特定期间内根据不动产交付使用的程度对发生的进项税额进行调整。例如：假设某不动产的进项税额合计共 1000 元，按照 10 年年限分摊，每年可分摊抵扣的进项税额是 100 元。在第一年时，由于为免税出租，该房产在本年分摊的进项税额 100 元不能予以抵扣；在第二年时将该房产应税出售，这种情况下剩余的进项税额 900 元可以进行抵扣。

新加坡对于部分建筑业构成的进项税额采用部分分类区分抵扣的原则，将进项税额中属于直接构成应税劳务的部分直接全部抵扣，对于其他剩余部分的进项税额采取比例制部分扣除。在不动产被核发临时占用许可证后，若开发商与主承包商或专业服务企业之间仍有工程进度账款的结算，该款项实质是因建设不动产而发生，则须分摊计算此建设成本中的可抵扣剩余进项税额。

四、零税率法

零税率法，是将部分或全部金融业务纳入增值税征税范围，对销项端免征增值税，同时允许抵扣全部进项税额。目前大部分国家和地区对出口货物都实行零税率的政策，以便降低交易成本，扩大本国的市场份额。具体做法是对于出口货物实行免征增值税政策的同时，可以抵扣为满足出口货物所购进的全部进项税额，这样就大大降低了对外输出服务的成本。

2005 年新西兰启用新征税方法区分 B2C 和 B2B 两种情况。对提供给个人的金融业务（B2C）仍然免税，对提供给企业的金融业务（B2B）实行可抵扣进项税额的零税率法。新加坡对于金融业采取零税率政策，对于国内以及国外的业务都采用零税率。国家规定银行的进项税额可以按一定的百分比退还，进项税额退还的比率不固定，是按照每年财政预算公布后而确定的。相比之下，欧洲是鼓励出口，因此零税率只限于出口业务。新西兰和加拿大魁北克省则是对全部金融业务实行零税率，大大降低了金融机构的经营成本，使其商业银行不论在国内还是在国外市场上都保持着较强的竞争力。

为了保证抵扣链条的完整性，澳大利亚对于一部分的不动产交易适用增值税零税率政策，其中包括部分转让不动产、政府划拨土地、政府授予永久产权或长期租用权、土地分割、用于农业作业的农业用地供应等。在适用零税率政策后，澳大利亚的纳税人可以就不动产的建设成本申请退税。意大利、英国对住宅按照低税率征收或者免税甚至是零税率，对其他建筑物按标准税率征收。其中，意大利对于第一套住宅出售免征增值税，英国对所有住宅出售实行零税率。

按英国税法规定，通常新建建筑物使用标准税率，若能证明该新建建筑物符合以下条件时使用适用零税率：（1）建筑物设计为住房；（2）建筑物将仅用作"相关住宅用途"；（3）建筑物将仅用作"相关慈善目的"。同时要求提供的相应建筑劳务符合以下条件时适用零税率：（1）该建筑物已经、正在或即将被修建；（2）所提供劳务是在建筑物建设过程中提供的；（3）必要的情况下能取得有效的证书；（4）所提供的服务不明确排除适用零税率。

五、其他计税办法

为了解决金融行业征收增值税这一世界性难题，世界各国采取或正在探索金融行业增收增值税更加科学合理的计税方法。目前，主要有以下几种：

（一）毛利征收法[①]

该种方法为阿根廷首创，即对金融机构的贷款利息收入征收增值税，并且不允许抵扣支付给储蓄者的利息即存款利息。这种做法的目的是抑制消费需求，并降低通货膨胀率。由于阿根廷标准税率为21%，考虑到贷款的利息收入里包含了借入资金的成本，如果使用标准税率必将使金融机构承担较重的税负。所以阿根廷规定对贷款利息适用10.5%的较低税率，相当于只征收标准增值税率的一半。借入贷款以提供应税商品和劳务的企业，可就贷款利息承担的税款申报进项税额抵免；通过债务融资购买商品的消费者，不能申报进项税额，而必须承担向商品价款课征的增值税和向贷款的毛利息课征的增值税负。阿根廷还对许多其他金融服务课征增值税，例如投资和财务咨询、投资管理、债务托收、信用控制和资产组合管理业务等。同时也规定了一些免税特例，如一些养老基金取得的利息，融资购买或维修住房的贷款利息，这些免税措施主要集中在与融资消费无关的领域。

（二）加总法

以色列的加总法允许银行为个人和家庭提供的金融业务按较低的税率征税，税基可以直接从银行账户上计算得到，这种方法简单易行。该方法在金融业务对象为个人和家庭时比较有效，可以显著降低增值税的征管成本和遵循成本。但是当金融业务购买者是应税交易要缴纳增值税的企业时，以色列采用这一方法与欧盟的免税法相比，产生了更为严重的重复征税问题，因为此时重复征税影响已不再局限于银行的购进项目，而延伸到银行自身价值增值部分。

（三）现金流法

在现金流法下，金融交易被看做商品交易，对银行流入资金按规定税率计算销项税额，流出资金则按规定税率计算进项税额，比如银行向企业发放贷款时，银行就按照资金流出计算进项税额，而在银行收到企业归还

---

① 张苏予：《我国金融业流转税制改革的影响及对策研究》，复旦大学财政学硕士学位论文，2011。

贷款（包括利息）时，则按照资金流入计算销项税额，最终销项税额减去进项税额就是银行贷款服务的增值部分。安永会计师事务所（Ernst & Young）曾在 2009 年给欧盟议会提交了一份报告，报告总结了当前世界各国对金融业课征增值税的一些具体实践和做法，并在最后认为现金流法是最有可能替代增值税免税制度的方案，欧盟为了检验现金流法的效果正在进行试点。但现金流法目前还只停留在理论探讨阶段，还没有任何一个国家采用该方法。

第三节　增值税征税范围的国际实践

一、金融业征税范围

增值税是西方发达国家流转税制的主要构成部分，从全球情况来看，除了美国、巴西、中国香港等不征收增值税的国家和地区之外，金融业一般纳入增值税征收范围。但如何对金融业征收增值税是一个世界性的技术难题，目前尚未有国家对所有的银行业务全面课征增值税，绝大多数国家的做法是将金融业务划分为核心金融业、附属金融业务、出口金融业务三类，对不同的银行业务实行不同的税收待遇。

欧盟及 OECD（Organization for Economic Co - operation and Development，经济合作与发展组织）国家、东盟国家均因操作困难等原因而对金融业增值税征税范围进行了妥协：一是对以存贷款为主的核心金融业务，由于增值额难以确定，核算和征收的技术难度大，均采取了免征销项税的做法；二是对附属金融业务一般按增值税标准税率逐笔征收；三是对出口金融业务实行零税率。为解决金融业增值税免税范围较大而导致财政税收的不足问题，西方发达国家通过其他渠道向金融机构征税，例如资本税、所得税、银行税（英国和德国）。

表 3.2 　　　　　OECD 国家对金融业征收增值税的情况①

国家	核心金融业务	附属金融业务	出口金融业务
美国	无	无	无
日本	免税	免税	零税率
奥地利	免税	20%	零税率
比利时	免税	21%	零税率
丹麦	免税	25%	零税率
芬兰	免税	免税	免税
法国	免税	19.60%	零税率
德国	免税	19%	零税率
希腊	免税	23%	零税率
爱尔兰	免税	23%	零税率
意大利	免税	21%	零税率
荷兰	免税	21%	零税率
新西兰	免税	15%	零税率
挪威	免税	25%	零税率
葡萄牙	免税	23%	零税率
西班牙	免税	21%	零税率
瑞典	免税	25%	零税率
土耳其	免税	18%	零税率
英国	免税	20%	零税率

（一）核心金融业务

核心金融业务是金融机构主营业务，又可以进一步分为金融中介业务和间接收费金融业务。

1. 金融中介业务

金融中介业务是指金融机构作为资金所有人向资金使用人提供资金所产生的中介业务。广义上包括贷款（含各种罚款、罚息及加息）、票据贴现、透支及垫款等各种信贷业务，属于金融机构的核心业务。在采用增值税专用发票抵扣制度下，金融机构所承担的增值税税负等于销项税额减去

---

① 薛微:《银行税收制度研究》，经济管理出版社，2011。

进项税额之差。如果增值税的征税对象是一般货物，其流转中每一环节对应的成本和收入都能凭票查明，业务的增值额比较容易确定。对商业银行来说，以存贷款业务为主的金融中介业务，由于货币商品的特殊性，很难逐笔确定一笔贷款利息收入所承担的资金成本和违约成本，即一笔业务中的销项税额没有准确的进项税额相对应，这就使准确衡量增值税计税依据十分困难。对此，大部分国家都回避了这一计税难题，对金融中介业务采取了免征增值税的做法。

2. 间接收费金融业务

间接收费业务是指收费中既包含金融企业自身创造的增加值，也包含通货膨胀补偿、违约风险补偿、中间媒介等因素的金融业务。间接收费的金融业务通常是金融业的核心业务，如外汇交易、债券、衍生品收益等。这类业务的增值额隐含在利润收入中，按增值税逐笔计量成本费用较为困难，大部分国家对间接收费金融业务都采取了免征增值税的做法。

挪威原来对核心金融业务也采用免税法，但在 2014 年财政预算中，政府提出一个全新的金融服务征收增值税的方案，核心内容包括对间接收费收入按 B2C① 业务和 B2B② 业务进行区分，其中对 B2C 业务即从非增值税纳税人（公共企业、居民个人等）所获收入按规定税率进行征收；而对从增值税纳税人处所获得的收入适用零税率。该方案还借鉴新西兰和澳大利亚的经验，提出以边际收入利润③作为计算增值税的税基。挪威政府估计2014 年开征金融保险业增值税可以增加税收约 80 亿挪威克朗，但这种做法被认为是比较激进的，可能会影响个人贷款的意愿，挪威政府暂缓了该方案的实施，并在 2015 年 4 月 5 日发布的税改提案（Scheel Committee Proposal）征求意见稿中提议对核心金融业务征收增值税。

（二）附属金融业务

附属金融业务又被称为直接收费金融业务，凡金融机构提供能够直接

---

① B2C 是 Business – to – Customer 的缩写，而其中文简称为"商对客"。
② B2B 是 Business – to – Business 的缩写，而其中文简称为"商对商"。
③ 边际利润收入（Marginal income）征税方法是挪威计算增值税的税基，以传统贷款行业为例，边际利润收入＝居民个人贷款利息收入－居民个人存款利息支出－基准利率×（居民个人贷款－居民个人存款）－居民个人贷款损失。

收取佣金或手续费的业务项目均为直接收费金融业务，包括咨询业务、理财顾问、基金管理、保管箱等。这类业务收入直接体现了金融机构增值业务的价值，符合增值税的税法原理，计量也相对简单。直接收费很容易被纳入发票抵扣型增值税税制的税基，而不增加税务机关的征管成本和经营者的遵循成本。如果对这类业务征收增值税，下游企业可以将金融机构开具的直接收费业务进项税额发票用于抵扣，以减少自己的税负成本。一般情况下，金融机构对直接收费业务是单笔进行计量并在财务报表中明确列出的，这使得对直接收费业务的每笔收支增值额的计算简便易行，对这类业务征收增值税具有可操作性。在 OECD 国家中，大部分国家（除芬兰、日本和美国之外）都采用一般计税法和标准税率对直接收费金融业务征收增值税。

（三）出口金融业务

出口金融业务，主要是指对本国以外的国家或地区提供的金融服务或与出口商品直接相关的金融服务。根据国际税收实践中的"属地原则"①，目前世界各国为了使本国的金融产品和服务能够以不含税成本进入国际金融市场参与竞争，一般都对出口金融业务实行零税率。零税率商品和服务的经销者在计算缴纳增值税时，免予缴纳销项税额，并对上一环节购入货物和固定资产时所支付的增值税申请出口环节的退税。以美洲国家为例，出口金融业务占银行业务比重较大，零税率份额较高（退税较多），对其金融业发展有很大的推动作用。

二、房地产业征税范围

对房地产业征收增值税的主要困难在于消费的目的，例如不动产是用于商业目的还是用于个人目的。另外，房地产的估价问题和其他行政问题，也是要考虑的因素。根据国际惯例，国际上通常只对商业不动产征收增值税而不对住宅不动产征税。

---

① 属地原则是指一个国家以地域的概念作为其行使征税权力所遵循的原则。属地原则可称为来源地国原则，按此原则确定的税收管辖权。它依据纳税人的所得是否来源于本国境内，来确定其纳税义务，而不考虑其是否为本国公民或居民。

（一）住宅类不动产交易

表 3.3　　　欧盟成员国与房地产相关活动适用的增值税税率表

国别	建筑用地	出售新建筑物	社会保障性住房
比利时	免税	21	6，12
保加利亚	20	20	20
捷克	21	21	15
丹麦	免税	免税	25
德国	免税	免税	19
爱沙尼亚	20	20	20
希腊	免税	23	13
西班牙	21	10，21	4，10
法国	20	20	5.5，20
克罗地亚	免税①	25	25
爱尔兰	免税，13.5②	13.5③	13.5
意大利	22	4④，10，22	4，10
塞浦路斯	免税	19	19
拉脱维亚	免税	21⑤	21
立陶宛	21	21	21
卢森堡	免税	免税	3⑥，15
匈牙利	27	27	27
马耳他	免税	免税	免税
荷兰	21	21	21
奥地利	免税	免税，20	20
波兰	23	23	8

---

①　在 2014 年 12 月 31 日之前，增值税纳税人出售建筑物用地免税，从 2015 年 1 月 1 日开始使用标准税率。

②　已经进行开发的建筑用地适用 13.5% 的税率。

③　属于暂行税率。

④　4% 的税率仅适用第一套住宅。

⑤　新建筑物的第一次销售适用 21% 的标准税率。

⑥　用作主要住宅的房屋适用 3% 的税率。

续表

国别	建筑用地	出售新建筑物	社会保障性住房
葡萄牙	免税	免税	免税，6
罗马尼亚	24	24	5
斯洛文尼亚	22	9.5①，22②	9.5
斯洛伐克	20，免税③	20	20
芬兰	免税	免税	24
瑞典	免税	免税	免税，25
英国	免税，20	0，20	0，20

资料来源：欧洲委员会：《欧盟成员国实行的增值税税率》（European Commission：VAT Rates Applied in the Member States of the European Union），2014 年 1 月。

各国通常不对住宅类不动产交易征收增值税，以便满足社会公众的日常居住用途，同时降低相应的房地产开发税负。政府将免税政策作为管理手段，因为各类可以享受免税的企业所发生的进项税额不能抵扣销项税而直接进入成本费用，对于税务机关而言是提前收到税款的征收。但是上述处理会破坏整个抵扣链条的完整性，并导致重复征税。另外，由于存在某环节免税的选择权，纳税人利用免税与征税的不同处理进行各类税收筹划，增加了相关税务风险与税务机关反避税的难度。

（二）商业类不动产交易

目前已经实施增值税制度的国家均规定商业类不动产的供应者可以选择进行增值税登记，由此除居民住宅类不动产以外的其他不动产供应均属于普通增值税应税业务。因此，商业类不动产的用途和性质决定了在设计增值税制度时必须考虑到抵扣链条的完整性，即商业类不动产交易的下游买方企业的进项税额需要有效的抵扣。这决定了各国较为常见的不动产征税方式，即对销售"新"的商业不动产普遍征税；对销售"老"的商业不动产免税；租赁商用不动产普遍征税。各国政府考虑到上述情况给予纳税

---

① 属于社会政策规定范围内的、出售新的居住用房适用9.5%的税率。

② 不属于社会政策规定范围的、对居住用房的建造和维护工作，以及对新的非居住用房的建造工作适用22%的标准税率。

③ 如果建筑物用地和免增值税的建筑物一同出售则免税。

人以选择权，即对于适用免税政策的上游企业可以拥有选择或者放弃免税的权利。通常在税收征管实践中包含下列两种放弃免税权的情况：第一，任何纳税人都有权利选择申请放弃免税权；第二，纳税人必须满足一定的条件后才能享受免税政策，如双方均为一般纳税人。实践中纳税人可以根据不同的征免税方式和自身需求自行选择免税与否，如果下游企业不能抵扣进项税额，则上游企业可以选择免税，而对于能够抵扣进项税的下游企业，上游企业可以放弃免税权选择征税，这样可增加纳税人的灵活选择与弹性空间。

（三）房地产物权

出于防止避税的考虑，欧盟允许成员国将有形财产的特定利益当做不动产对待，如给持有者提供了不动产使用权的权益，以及股票或等同于股票的收益等事后或者事实上的对不动产的所有权或拥有权。欧盟成员国对于房地产相关权利的税务处理方法也存在着相当大的差异。按照《民法》，这些权利一般指的是物权，它包括了长期租赁、用益物权以及持有人可以对任何第三方，包括该房产的所有者实施的其他权利。一般来说，不需要得到主要财产所有者的认可，这些权利持有者可以向别人出售和转让。在大多数国家，对物权征税与他们附着的房地产的征税方法相同。例如，英国对超过 21 年的租赁（苏格兰是 20 年）被认定为提供商品，否则被认定为服务。一般来说，这些服务的默认规则是不能抵扣的免税（零税率），但可以选择纳税，除非该房产是用于居住用途。德国一般认为物权构成服务，给予不能抵扣的免税。同时，注册的纳税人之间的交易也可以选择纳税，在可以抵扣进项税的同时防止避税。

（四）建筑用地

对于建筑用地，各国的增值税政策差别较大，主要有如下几种情况：一是对于所有建筑用地，一律按照标准税率征收增值税。采取此政策的有西班牙、法国、意大利、荷兰等 12 个国家。二是对于建筑用地一律免征增值税。采取此政策的有比利时、丹麦、德国等 13 个国家。三是区别建筑用地的性质，分别按照免税或标准税率征收增值税。例如，英国对未开发的土地免税，对已开发的土地适用标准税率；斯洛伐克对于与免税建筑物一同出售的建筑物用地免征增值税。

（五）社会保障性住房

根据欧盟增值税指令，对于出售、建造、翻修社会保障性住房，可以给予低税率或者免税优惠。欧盟成员国中超过半数的国家，如法国、意大利等15个国家对社会保障性住房实行了优惠政策，采取低税率征收，其中葡萄牙、瑞典等国对符合条件的保障性住房免税；另有德国、荷兰等13个国家对社会保障性住房不实行优惠政策，统一按增值税标准税率征收。

三、建筑业征税范围

对建筑业征收增值税，有以下几种情况：

一是对所有建筑业一律适用标准税率。如德国、奥地利等国。

二是区分新旧建筑物适用不同政策，对新建筑物建造适用标准税率，对于旧建筑物的翻新与修缮适用较低税率。如法国、西班牙、英国等。这些国家对建筑业的征税较复杂，具体政策不一。有的国家，仅对旧住宅的翻新与修缮适用较低的税率，如希腊。有的国家规定，对一定年限以上的住宅维修才适用较低的税率，如卢森堡规定对于完工20年的房屋进行大规模维修才适用较低的税率；比利时则规定，对已经修建超过5年的私人住宅进行翻新和修缮适用低税率，其余适用标准税率。

三是根据建造的新建筑物的用途分别适用不同税率。如西班牙、爱尔兰、意大利、比利时、卢森堡、葡萄牙、斯洛文尼亚和英国等国家对新建住宅或者是第一套住房，适用较低的税率或者是免税，对其他建筑物的建造按标准税率征税，其中英国对于新建造住宅适用零税率。对建筑业征收增值税的国家，建筑企业购进各种原材料、服务的进项税额可以抵扣，但遵循"未征税不抵扣"原则。例如，法国对于建筑业投入的沙石等原材料，只允许抵扣建筑业采挖沙石的机器设备中所含的增值税。因为在法国，一般是由小企业做沙石生意，小企业不缴纳增值税，无法提供发票，建筑商购买这些小企业的沙石也就无法抵扣。

表 3.4　　　　　　　欧盟各个成员国建筑业增值税税率表

国别	新建筑物的建造工作	翻新和修补
比利时	6，12，21	6①，21
保加利亚	20	20
捷克	21	15
丹麦	25	25
德国	19	19
爱沙尼亚	20	20
希腊	23	13②
西班牙	4，10	10③
法国	20	5.5，10④，20
克罗地亚	25	25
爱尔兰	13.5⑤	13.5⑥
意大利	4⑦，10	10
塞浦路斯	19	5
拉脱维亚	21	21
立陶宛	21	21
卢森堡	3⑧，15	3⑨，15
匈牙利	27	27
马耳他	18	18
荷兰	21	6⑩，21
奥地利	20	20
波兰	23	8，23

① 对已经修建超过 5 年的私人住宅进行的翻新和修补适用 6% 的低税率，其余适用 21% 的标准税率。

② 适用旧的私人住宅。

③ 修补私人住宅的砌砖工作适用 10% 的低税率。

④ 对已经修建至少 2 年的私人住宅进行的翻新和修补适用 10% 的低税率。

⑤ 属于暂行税率。

⑥ 属于暂行税率。

⑦ 4% 的税率仅适用第一套住宅。

⑧ 用作主要住宅的房屋适用 3% 的税率。

⑨ 对完工超过 20 年的房屋进行的大规模施工适用 3% 的税率。

⑩ 为翻新和修补完工 15 年以上的私人住宅提供的油漆和粉刷工作适用 6% 的税率。

国别	新建筑物的建造工作	翻新和修补
葡萄牙	6, 23	6, 23
罗马尼亚	24	24
斯洛文尼亚	9.5①, 22②	9.5
斯洛伐克	20	20
芬兰	24	24
瑞典	25	25
英国	0, 20	5③, 20

资料来源：欧洲委员会：《欧盟成员国实行的增值税税率》（European Commission：VAT Rates Applied inthe Member States of the European Union），2014 年 1 月。

第四节　可抵扣进项税额确认方法国际实践

"营改增"原本的目的是避免双重征税，如果说进项税扣除不是很到位的话，那么这个目的可能很难达到。"营改增"后企业的税负能否减轻，取决于征税范围和免税范围、可抵扣税额和不能抵扣的进项税额之间的结构对比。

对于同时具有免税的项目进项和应税项目的企业，如何划分业务中的可抵扣进项税额和不可抵扣进项税额将非常重要。本节将对目前各国采用的可抵扣进项税额确认方法进行介绍和比较。

一、按比例抵扣法

按比例抵扣法（Pro Rate）又称为标准方法，即将收入中的应税部分（征税业务和零税率业务营业额）按一定比例从当期销项税额中扣除。其

---

① 属于社会政策规定范围的、对居住用房的建造、翻新和改造，以及对私人住所的翻新和修补适用 9.5% 的税率。
② 不属于社会政策规定范围的、对居住用房的建造和维护工作，以及对新的非居住用房的建造工作适用 22% 的标准税率。
③ 曼岛范围内的翻新和修补适用 5% 的税率。

核心是确定可抵扣的进项税额占全部进项税额的比例。目前除丹麦、芬兰、德国外的欧盟国家都采用比例抵扣法。这种方法简单易行，但其缺点是既定的比例不是总能真实反映与一项业务相关的进项税额。可抵扣比例的计算公式为：

$$可抵扣比例 = \frac{可抵扣进项税额项目的年营业额}{可抵扣进项税额项目的年营业额 + 不可抵扣进项税额项目的年营业额}$$

（公式 3.1）

为了减少因基本免税法不能抵扣进项税额导致的重复征税问题，澳大利亚、新加坡等国家在借鉴欧盟基本免税法的基础上，在较大范围内对向国内客户提供的核心金融业务免税，并规定允许金融机构在一定范围内抵扣进项税额。新西兰开创了"固定比例进项税额抵扣法"（Fix Input Tax Recovery Method）的处理模式，即国家对大部分主营金融业务免税的同时，允许对购进货物或固定资产的全部进项税额按照一个固定的比例进行抵扣，这一比例因金融机构类型的不同而有所不同。澳大利亚沿用了欧盟对核心金融业务免税的模式，又为了限制银行业金融机构因追求免税待遇而纵向兼并的做法，效仿了新加坡对免税金融业务提供部分进项税额抵扣的做法。

这两个国家在固定比例的选择上存在一些差别：澳大利亚规定提供免税金融业务的纳税人可按照25%的比例对其购进上一环节免税金融业务的进项税额进行抵扣；新加坡则根据金融机构类型的不同，允许固定比例（42%~96%不等）的进项税额进行抵扣，抵扣比例由新加坡金融管理局（Monetary Authority of Singapore – MAS）每年一定，例如2009年，新加坡商业银行的抵扣率为进项税总额的96%。总体而言，澳大利亚和新加坡的方法综合考虑了政策合理性和征管简便性，但它们仍存在和欧盟按比例抵扣法类似的弊病：一是重复征税，这种方法克服了一定程度的重复征税，但是如果将重复征税完全消除，需要对金融服务适用零税率，这对政府而言意味着更高的财政收入损失；二是不总能够合理保证固定比例真实反映了商业银行免税业务的进项税额，实际上，这一比例只是部分抵扣了进项税额。

英国房地产业增值税也广泛运用按比例抵扣法，首先确立了一般的进项税额抵扣原则，对于土地和建筑物可按增值税一般规则以其适用税率申报抵扣进项税。对于适用标准税率、低税率和零税率的应税项目可以直接申报抵扣相应的进项税额。对于免税的项目，只有纳税人明确选择应税处理，才允许抵扣进项税额。英国的房地产业增值税最具特色的是，对于开发房地产之前的发生的有关成本费用，例如可行性调查、咨询勘察现场、购置建筑用地等费用，如果存在明确的意向，该开发项目将作为应税项目进行税务处理，则可以将这些费用进行申报抵扣。但是上述成本费用如果没有付诸实践，可作为沉没成本处理，不得作为进项税额抵扣。

二、直接分配法

直接分配法（Direct Allocation）只允许抵扣与应税业务直接相关的购进项目进项税额。这种方法的进项税额分配合理、证据可查，是较为公平的进项税额确定方法。但其核算复杂，工作量大，需要完备的信息系统和财务会计支持。目前不少欧盟成员国普遍采用的是有选择地运用直接分配法，如德国、法国和英国。由于准确区分是否直接相关较难，欧盟成员国计算进项税额虽然在基本原理方面有类似的地方，但在具体操作中差异较大，差异主要来自于抵扣比例的大小、对应税收入的认定和对计算公式的选择。在实践中，这三个国家的纳税人会先将进项税额划分为三部分：第一部分是把与应税项目完全直接相关的进项税额确定为可抵扣的；第二部分是把与免税项目完全直接相关的进项税额确定为不能抵扣的；第三部分是既涉及应税项目又涉及免税项目的进项税额，对第三部分的划分采取按比例抵扣法[①]。

德国将直接分配法作为最主要原则，首先将那些与应税项目完全直接相关的进项税额确定为可抵扣的，对于一些既涉及应税项目又涉及免税项目的则采用合理估计（Reasonably Estimated）的方法来确定可抵扣部分。如果合理估计也存在较大困难，则以标准的分配方法（Standard Method），

---

① 欧盟金融业增值税制的主要做法及启示（雷根强，2012）。

即应税项目年营业额占总年营业额的比例来确定可抵扣的进项税额。法国的做法类似于德国：规定金融企业先使用该纳税年度的前一年度抵扣比例作为预缴比率，等该纳税年度结束后，再按标准的分配方法计算出准确比率后再向税务局申请补税或退税。英国还采用纳税人与税务当局协商确定的特别分配方法（Special Method），允许纳税人和税务部门进行协商，以确定一个双方都能接受的标准来划分可抵扣的进项税额。划分标准一旦确定，可以持续适用，直到重新协商确定新的标准为止。划分标准具有多样性，如：人数分配比例（Headcount，用于生产应税项目的员工数/全体员工数）；交易合同数量比例（Transaction Count，应税的交易合同数量/全部的交易合同数量）；办公室面积比例（Floor Space，用于生产应税项目的办公室面积/用于生产的全部面积）等。

三、分项目按比例抵扣法

该方法要求纳税人对每个项目分项目记账，同时对每笔业务分项目计算其可扣除比例，该扣除比例虽然需要得到税务部门的批准，但企业享有一定的自主权。由于这种方法对给纳税人的会计业务要求较高，因此，目前欧盟28个成员国中仅有10个国家采用了这一方法，如表3.5所示，且除丹麦外的国家是给予纳税人选择权来决定是否采用这一方法。虽然这一方法是可以实现的，但是分项目计算扣除比例将会大大增加企业会计处理的难度，因而应用范围受到了较大限制。

表 3.5　　　　　　　　欧盟成员国可抵扣进项税额确认方法

国家	按比例抵扣法	分项目按比例抵扣法	直接分配法
比利时	√	√	—
保加利亚	√	—	—
塞浦路斯	√	—	—
捷克	√	—	—
丹麦	—	√	—
爱沙尼亚	√	√	—
芬兰	—	—	√
法国	√	√	√

续表

国家	按比例抵扣法	分项目按比例抵扣法	直接分配法
德国	—	—	√
希腊	√	√	√
匈牙利	√	√	√
爱尔兰	√	—	√
意大利	√	√	—
拉脱维亚	√	—	√
立陶宛	√	—	√
卢森堡	√	√	√
马耳他	√	—	—
荷兰	√	—	√
波兰	√	—	—
葡萄牙	√	√	—
罗马尼亚	√	—	√
斯洛伐克	√	—	—
斯洛文尼亚	√	√	√
西班牙	√	—	—
瑞典	√	—	—
英国	√	—	√
克罗地亚	√	—	√
奥地利	√	—	√

四、极少规则法

极少规则法是指纳税人的业务中，若归属于不可抵扣项目的进项税额（包括免税部分的进项税额与剩余进项税额中不可抵扣的部分之和）极少，不超过法律确定的限额，与全部进项税额相比几乎可以忽略不计，则对免税部分的进项税额是作为应税部分的进项税额允许抵扣，此规则称为"极少规则"。英国规定纳税人必须同时满足两个条件，才可以适用极少规则法：（1）不可抵扣项目的进项税额在纳税期内平均每月不超过 625 英镑；（2）不可抵扣项目的进项税额不超过本纳税期总进项税额的一半。

新加坡建筑安装业纳税人如果满足极少规则的要求，可以就其发生的所有的进项税额申报抵扣，包括对应免税服务的进项税额。极少的规定是指月均销售额不超过 40000 新加坡元且免税销售额不超过 5%。同时，在规定的会计期间内，若不能满足极少规则，则不能就免税销售额对应的进项税额进行抵扣，如无法划分或划分不清则需要对其进行分摊以便申报抵扣。这时适用分摊规则按照以下的方式处理进项税额：第一，直接对应税销售额的部分进项税额可以申报抵扣；第二，免税销售额直接对应的进项税额一般不予抵扣；第三，对于无法划分或划分不清的剩余进项税额要根据应税销售额所占比例进行分摊。另外，对于较长周期的进项税额进行按月、季 、半年的调整。

第五节 增值税收入在中央与地方财力分配制度

目前，理论界普遍认为一个运行良好的增值税制度应该把税权划归中央，而不是地方。把增值税划归中央主要有利于降低高昂的管理和遵从成本，增强中央政府的宏观调控能力，充分提高增值税的经济效率，并促进全国统一大市场的形成，合理配置资源，缩小地区差距。虽然增值税的税权归中央，但在现实中为了保障地方政府有效提供公共服务的能力，很难不将增值税财政收入分给地方，因此，如何对增值税在各级政府之间进行科学合理的分配成为世界上很多国家一直探讨和摸索的问题。

一、德国

德国《基本法》规定增值税的开征权在联邦政府，但其税收收入却不由联邦政府独享。《基本法》第一百零六条明确规定了增值税为联邦、州和地方政府共享税，由联邦、州和地方三级政府共享增值税收入，而具体的分享比例由联邦法律规定。

为了配合这一规定，在《联邦财政平衡法》中对增值税在各级政府之间分享比例做了详细规定。按照现行规定，要先把增值税总收入的 5.53% 缴纳养老保险基金，然后把剩下的 94.47% 在联邦、州、地方三级政府间进行分享；在分给地方政府 2.2% 的基础上，剩余的 92.27% 的部分由联邦与州政府按 49.6% 和 50.4% 的比例分享。其中，州级政府分享的增值税收入又根据人口数、人口密度、人均可支配财力等因素，进行"横向转移支付"。具体做法是首先将州分享部分的 3/4 按照各州的居民人口数分配，剩下的 1/4 分配给那些人均税收收入低于全国平均水平 92% 的州，如经过这两次分配后还有余额，则人均财力高于全国平均水平的州再向其他州进行横向转移支付。因此，增值税税制成为其国内财政收入"纵向与横向平衡"的重要枢纽。

二、澳大利亚

澳大利亚联邦政府的货物服务税（GST）也是只能由联邦政府统一征收，但是联邦政府不得变更现有的税基或税率，除非在联邦政府和州政府一致同意情况下。澳大利亚现行货物劳务税制度的形成，与 2000 年开征货物劳务税时中央与地方政府之间的博弈有很大关系。当时，联邦政府新开征货物服务税，为了避免重复征税，不仅取消了联邦批发环节销售税，还取消了一部分州税，这就造成州政府利益受损。为了确保州政府对开征货物劳务税的支持，联邦政府通过对州进行纵向转移支付、提供无息贷款等方式对州政府遭受的财政收入下降的部分进行补偿，并且联邦政府还保证在货物服务税开征之后的前三年内，州政府的财力水平不会下降。在货物与劳务税收收入分配方面，根据联邦政府和州政府之间约定，在扣除 1.5% 的管理费用后，剩下 98.5% 的收入都转移支付给各个州和地区。具体的分配方法是在充分考虑各州的人口数量、公共服务需求、财政规模以及某些特殊需求的基础上，基于纵向公平和横向公平的原则，按照标准化公式在各州、各地区间进行合理分配。

第六节　本章小结

通过对金融、房地产、建筑行业增值税征收国际经验的回顾总结，可以得到以下结论：一是征收增值税已是国际趋势。增值税具有的"良税"

特性使得被大多数国家和地区采用。二是增值税在税制中的主体作用日趋明显。大多数国家和地区都十分重视增值税和所得税等其他税种的平衡，目前增值税在税制中的地位和作用显著增强。三是对出口业务实施零税率，对金融业基本免税是主流模式，但金融危机后，考虑到财政收入和增值税的公平性，欧洲一些国家开始考虑征收增值税。四是国际增值税征收体现宽税基、多档税率及可抵扣的税制特征。从增值税的国际发展趋势来看，建设征税范围广、税率统一、出口零税率、抵扣机制完整的现代型增值税是大多数国家和地区增值税改革和发展的方向。

需要指出的是，国外的增值税税收制度仍普遍存在免税范围过大，进项税额在应税和免税劳务间分配的核算成本过高、进项税抵扣比例设置的科学性和间接收费收入完全零税率造成的价格扭曲等问题。我国增值税税制的改革不能完全照搬国际经验，需要根据自身的财政税收、经济发展和未入围行业特殊性等多方面的情况，尽量设计出具有中国特色和符合自身需要的增值税征税制度。

第四章 我国商业银行"营改增" 政策设计构想

在前三章的论述中，我们以"营改增"的基本理论为出发点，对待入围的金融保险业、建筑安装业、房地产业、生活服务业的增值税计税原理和国际实践经验进行了梳理和总结。待入围行业重要的经济地位，广泛的客户群体，复杂多样的经济交易模式等决定了"营改增"任务之艰巨。

金融行业作为国民经济中的"血液"行业，扮演着重要的资金桥梁角色，其中商业银行的业务种类繁杂且专业性较强。商业银行因其广泛的职能，使得它对整个社会经济活动的影响十分显著，在整个金融体系乃至国民经济中位居特殊而重要的地位。随着市场经济的发展和全球经济的一体化发展，商业银行已经凸显了职能多元化的发展趋势。同时，银行业盈利模式复杂，产品种类众多，每一个自然人都可能成为金融服务客户，业务量庞大，在征收增值税时存在着各种技术上的困难和问题。商业银行目前已有16家上市公司，普遍具有会计核算体系较为健全、科技系统集成化程度较高的特点，为"营改增"在理论和实践方面的深入研究提供了很好的样本对象。为进一步深入研究"营改增"实践中的具体问题，本文以下部分以商业银行"营改增"为重点研究对象。

为推动"营改增"积极稳妥地实施，使方案设计更加符合我国银行业实际情况和经济运行现状，本章从现行增值税政策的基本原理出发，根据已入围行业"营改增"实践经验和增值税税收的国际实践经验，对商业银行"营改增"政策设计的一些基本思路进行了分析和探索，提供给相关人士和政策制定者进行参考。

第一节 商业银行"营改增" 政策设计的基本思路

"营改增"直接影响商业银行的税负水平、经营绩效和经营行为，更会通过企业行为模式的变化对实体经济发展、社会收入分配和再分配制度等重大利益方面产生深刻影响。政策制定者需要充分考虑银行业当前处境和面临的改革发展趋势，在政策设计时体现以下基本思路。

一、在税收制度的先进性和操作的便利性中寻求平衡

近年来，随着利率市场化的不断推进和金融脱媒趋势的不断明朗，商业银行积极实行经营转型，优化收入结构，力图走出一条改革发展的新路。同时，国家大力倡导经营创新，鼓励多元化经营，大力发展中间业务，支持商业银行在提高利率管理水平和风险管理水平的同时，寻找利差收入以外的利润支撑点。经过一系列转型调整，贷款利息收入与中间业务收入已成为商业银行利润主要组成部分；同时在混业经营发展的大趋势下，金融商品交易业务也在加速发展，逐步成为银行利润的重要组成部分。在此背景下，"营改增"方案的设计应充分考虑这一金融发展趋势，顺应国家政策走向，在税收制度的先进性和操作的便利性中寻求平衡，税收制度的设计要有利于增强我国金融业的竞争力以及服务实体经济的能力。

二、遵循"税收中性"原则，避免加重商业银行税收负担

"税收中性"起源于古典经济学家亚当·斯密的"看不见的手"理论，并在19世纪末首先由英国新古典学派的代表人物马歇尔所倡导。其基本含义是：国家征税时，最好不要使纳税人承受其他额外的经济负担和损失①。由于我国经济高速增长和改革红利的不断释放，银行业在过去的十年来快

---

① 郭凯顿：《经济全球化背景下国际重复征税的影响》，载《财经界》，2015（6）。

速发展，绩效增长速度较高，多年来商业银行一直是税收大户，为国家财政收入稳定和增长作出了重要贡献。但是随着中国经济增长速度放缓，在经济新常态下，利率市场化的改革，直接融资市场的发展，将会导致商业银行经营风险上升，对其收益和利润产生挤压。目前，商业银行面临利差收窄、中间业务增长放缓、不良贷款率升高等经营难题。而银行业的稳定是国家经济平稳运行的基础保障之一，如果银行业产生动荡，不仅影响国内外政府、机构、投资者对中国经济发展的信心，同时也将对国内经济改革产生方方面面的不利影响。因此，改革要为银行业创造公平合理的税收环境。

综上所述，政策制定者需在进行改革方案设计时，遵循"税收中性"原则，确保银行业税负在"营改增"前后大致持平，提高其服务实体经济的能力，引导其健康稳定发展。若预计到"营改增"将对商业银行的税负和业绩产生较大冲击，可在税收制度设计时考虑给予商业银行一定的优惠政策。

第二节　商业银行"营改增"政策设计难点

商业银行业务的特殊性是"营改增"政策设计的主要难点之一。商业银行具有自有资本占比低、高杠杆性、高风险性、客户体量大和业务种类庞杂等特点，这些特点导致银行业在改征增值税时存在着不同于其他行业的困难和问题。

一、征税范围难界定

生产销售实物产品、贸易、加工、修理修配、交通运输等经济行为都有明确的经营对象，在计算每笔业务收费及其销项税额时也有确定的计算对象和范围。而商业银行的经营对象是资金，提供的许多金融产品和服务是无形的，取得的收入或获得的利润也可能由未来交易实现的差价来决定，具有不确定性。如何确定商业银行部分业务的增值税征税范围缺乏理论支撑和国际经验。

二、税率难确定

增值税税率的确定是商业银行"营改增"政策设计的重点和难点问题。一方面，商业银行营业收入规模巨大，对微小的税率变动反应敏感，增值税税率小幅变动都可能引起极大的资金流动，可能使资金流向增值税"税收洼地"。另一方面，银行业在现代高效率的经济活动中起着不可替代的作用，保持其平稳高效的运转对经济而言至关重要。同时，银行业作为财税收入的支柱之一，其增值税税率的确定对稳定国家财税收入至关重要。

三、征税方法难确定

银行业务既有对最终消费者的服务，也有对生产者的服务，既有核心业务也有附属业务，既有传统业务也有创新业务。金融创新层出不穷，许多产品复杂程度很高，银行业务收费和盈利模式也不同。存贷款等资金业务主要通过利差获利，中间业务主要通过提供专业金融服务获利，间接盈利业务主要依靠金融工具价值变动获益。不同盈利模式需设计不同的增值税计算方法和进项税额抵扣方式，难以采用单一的征收方式对所有银行业务进行征税。

四、进项税额难获取

在以票控税的前提下，增值税进项税额的抵扣应当首先取得增值税专用发票。银行业的经营成本主要为资金成本，大量的资金成本无法获得增值税专用发票进行进项税额的抵扣，如银行向存款人支付利息时，难以从存款人处获取增值税专用发票。银行也无法逐笔计算服务价值，并确定计算其中包含多少增值税，这给进项税额抵扣带来困难。

五、发票管理成本难压降

对于商业银行而言，增值税发票在使用过程中的主要成本包括六个部分：第一是发票采购成本；第二是发票打印成本；第三是发票传递成本；

第四是发票储存成本；第五是服务中止或退回导致的红字发票处理成本；第六是发票风险控制成本。商业银行客户众多、交易繁杂，在现行的增值税发票管理制度下，发票的使用和管理过程成本巨大，会耗费大量的人力、物力。

六、优惠政策难延续

现有营业税税制给予商业银行从事国家鼓励的金融业务一定的优惠政策，如国家助学贷款和农户小额涉农贷款等利息收入免征营业税，一定程度上降低了银行税收负担，"营改增"后出于打通抵扣链条的需要，保持这些优惠政策的延续性可能会存在一定困难。

七、税收征纳难操作

增值税税制下，商业银行流转税的税收征纳工作要比营业税税制操作难度大得多。增值税虽然属国税管辖，但需要在机构所在地就地缴纳，而且其计税原理与方法比营业税复杂很多，必定加大基层税务管理机关和银行分支行机构的操作难度。

第三节 税率

一、商业银行增值税税率设计的可选空间

将银行业纳入"营改增"试点范围，在税制安排和政策设计上，除合理设定计税方式、计税依据、纳税地点外，关键是科学设计税率。

我国现行增值税的标准税率为17%，特定货物适用13%的低税率，出口货物、劳务、部分应税服务适用零税率，并对小规模纳税人和一般纳税人的部分经营行为实行3%的征收率。而营业税的法定税率则有3%、5%和20%等多档，其中银行业适用5%的营业税税率。财政部、国家税务总局2011年11月《营业税改征增值税试点方案》明确"在现行增值税17%标准税率和13%低税率的基础上，新增11%和6%两档低税率"，并指明

6%的低税率适用于"其他部分现代服务业"。一般而言,银行业的增值税税率设计,要以现代服务业的增值税税率为参考,同时考虑到银行业业务的特殊性。此外,增值税税率如果设置不合适的档次,不但会加大税收征管和稽查的复杂性,还会扭曲不同行业的产品和服务的相对价格,造成行业税负不公和上下游企业抵扣不彻底的现象。因此,从可选空间来看,我国商业银行增值税税率的备选方案有17%、13%、11%、6%四种档次。

二、商业银行最优增值税税率测算研究

现行营业税税制下,我国商业银行营业税及附加实际税率约为5.6%,企业所得税税率为25%,暂不考虑其他税种的影响。设"营改增"后商业银行的增值税税率为 t,进项可抵扣销项比率(可抵扣的进项税额/销项税额)为 x,商业银行"营改增"之前营业税征税范围为 y_1(应税营业额/营业额),"营改增"之后增值税征税范围为 y_2(应税销售额/销售额)。

研究假设:

1."营改增"前后的税前利润保持不变,均为 1 个单位;

2.商业银行增值税税负成本由于受到价格刚性[①]、政府价格管制[②]等因素影响,不能通过提价等方式转嫁给消费者;

3."营改增"前后,企业所得税抵减费用都为 F;

4.营业税附加费和增值税附加费的税种一致,附加率均为 12% (城市维护建设税为 7%,教育费附加为 3%,地方教育费附加为 2%)。

根据税制改革后,总体税负不增加的原则,可以得到下列不等方程式:

$$\left(\frac{1}{1+t}-\frac{x}{1+t}\right)\times y_2\times t\times(1+12\%)+\left(1-y_2+\frac{y_2}{1+t}\right)\times 25\%$$
$$\leqslant y_1\times 5.6\%+(1-y_1\times 5.6\%-F)\times 25\% \quad (公式4.1)$$

---

① 价格刚性是指商品价格在确定后就不易变动的现象,即价格缺乏弹性。

② 国家发改委通过政府指导价和政府定价两种定价方式,对我国部分商业银行服务的价格进行了管制和限定。

该式中，不等式右边为"营改增"之前的银行业税负，$y_1 \times 5.6\%$ 为营业税综合税负，$(1 - y_1 \times 5.6\% - F) \times 25\%$ 为企业所得税税负；不等式左边为"营改增"之后的银行业税负，$\left(\dfrac{1}{1+t} - \dfrac{x}{1+t}\right) \times y_2 \times t \times (1 + 12\%)$ 为增值税综合税负，$\left(1 - y_2 + \dfrac{y_2}{1+t} - F\right) \times 25\%$ 为企业所得税税负。根据此不等式，"营改增"后银行业的税负能否减轻，主要取决于征税范围和免税范围、可抵扣进项税额和不能抵扣的进项税额之间的结构对比。

为方便运算，我们再假设"营改增"之后，增值税的征税范围与营业税的征税范围一致，即令 $y_1 = y_2 = y$，

简化不等方程式，可得 $\dfrac{1.12ty - 1.12xty + 0.25y}{1+t} \leqslant 0.292y$，

约去 y，通分移项，可得 $t \leqslant \dfrac{0.042}{0.828 - 1.12x}$

由此可见，在遵循一系列假设和税收中性原则下，商业银行增值税税率设计的唯一决定因素是进项可抵扣销项比率（可抵扣的进项税额/销项税额）x。根据目前的"营改增"政策预期和商业银行业务基本情况，我们估算出增值税税制下，商业银行可抵扣的进项税额占销项税额的比例 x 约为 13.5%[1]。将 x 代入式中，最终得到的计算结果为：

$$t \leqslant 6.20\%$$

即考虑在遵循一系列假设下，商业银行增值税税率应小于或等于 6.20%，才能保证"营改增"之后其流转税和企业所得税的综合税负不大于"营改增"之前的流转税和企业所得税的综合税负。换言之，6.20% 是"营改增"前后商业银行税负不变的均衡点税率。

研究结论：

根据以上测算结果，我们认为商业银行增值税税率的最优选择为 6%。理由主要有以下几点：第一，6% 的增值税税率能够确保银行业税负和经营业绩不会因"营改增"受到重大影响，同时能够确保国家财政税收的稳定；第二，6% 为目前国家规定的增值税标准税率的一种，为避免档次过

---

[1] 相关数据基于的政策假设和推算过程可见第五章。

多带来的征管复杂和税负不公等问题，增值税税率不宜再加设档次；第三，6%的增值税税率能够使银行业的流转税税负与其他现代服务业尽量保持在同一水平，避免扭曲不同服务的相对价格，有利于促进全社会的税收公平。

研究局限性：

1. 研究结果基于一系列假设的推论，商业银行"营改增"政策尚未出台，实际与假设之间的差异会影响测算结果，例如在扩大征税范围的情形下，测算出的均衡点税率会小于6.20%；

2. 商业银行对大部分产品和服务具备一定的自主定价权，可以通过适当提价等方式转移增值税税负，这可能与我们的假设不一致；

3. 营业税附加费和增值税附加率并不一定为12%，还要考虑城市维护建设税税率因纳税人所在区域而不同（不为7%）和存在其他附加费（如堤围防护费等）的情形。

第四节　征税范围及计税依据

从计税原理上讲，增值税是对商品生产和流通、提供应税劳务或服务中多个环节的新增价值或商品的附加值征收的一种流转税。商业银行增值税的征税范围是商业银行提供的应税服务，其计税依据是应税服务各个环节的增值额。为明确增值税征税范围和计税依据，我们依据收入盈利模式和交易方式的不同，将商业银行业务划分为贷款业务、中间业务、金融商品转让及投资业务、同业及资产配置业务、出口金融业务、实物商品买卖业务等多个大类，并对每一类业务范围、增值税计税依据做出界定，同时对纳税义务发生时间进行探讨分析。

一、贷款业务

贷款业务是商业银行按国家政策规定的利率和必须归还等条件出借货币资金的一种信用活动形式。按照贷款客户类型的不同，商业银行的贷款业务类型主要可划分为对公贷款及个人贷款两种。其中，对公贷款主要包括项目贷款、流动资金贷款、房地产贷款、小企业贷款、贴现、进出口押汇等。个人贷款主要包括个人住房贷款、个人消费贷款、个人经营贷款等。在会计核算上，银行将相关收入计入"利息收入"科目。

根据当前的"营改增"政策预期，贷款利息收入可能适用以下规定：

表 4.1　　　　　　　　　贷款业务计税依据及适用税率

业务类别	业务范围	计税依据	适用税率
贷款业务	对公贷款/个人贷款等	按合同约定、实际收到或应当收到的贷款利息收入（不含税价）①	6%

纳税义务发生时间：

1. 合同约定明确的时间：纳税义务产生的时点为按合同约定应当收到的时间，无论是否实际收到。适用于正常本金产生的利息、表内欠息。

2. 已转表外的欠息：纳税义务产生的时点为实际收到的时间。

3. 如发票早于上述纳税义务产生的时点开具，则开具发票的当天为纳税时点。

二、中间业务

中间业务是商业银行利用自身的资源和渠道等优势，在不占用自身资本金的情况下，为客户提供各项金融服务并收取手续费的业务。商业银行的中间业务类型包含委托业务、咨询业务、资产管理业务、结算业务等。

表 4.2　　　　　　　　　中间业务计税依据及适用税率

业务类别	业务范围	计税依据	适用税率
中间业务	委托业务/咨询业务/资产管理业务/结算业务等	按合同/协议的约定的中间业务收入（不含税价）作为计税依据	6%

纳税义务发生时间：

1. 纳税义务发生的时点为提供应税服务并收讫销售款项或者取得索取销售款项凭据的当天，其中收讫销售款项是指提供应税服务过程中或者完

---

① 利息支出虽然是商业银行的主要成本，但从保证财政税收的角度来看，短期内商业银行利息支出允许抵扣的可能很小。

成后收到款项。取得索取销售款项凭据的当天包含以下两种情形：

（1）合同约定明确的付（收）款时间：纳税义务发生的时点为合同约定时间；

（2）合同未约定明确的付（收）款时间：纳税义务发生的时点为应税服务完成的当天。

2. 如发票早于上述纳税义务产生的时点开具，则开具发票的当天为纳税义务发生的时点。

三、金融商品转让及投资业务

金融商品转让是指有偿转让外汇、有价证券、非货物期货及其他金融商品的行为。由于金融商品的四大类①所产生的损益很难按性质准确区分，因而有必要将金融商品的四个大类视为一体，出台统一的税务处理政策。

商业银行是此项业务的直接参与者而非中间人。从国际增值税税收实践来看，由于金融商品转让频繁，且均有成熟的市场和公允报价，难以进行价税分离，欧盟等国家和地区将其纳入增值税免税范围。目前我国将此类业务划入营业税征税范围，未来如果将此类业务划入到增值税征税范围，则计税依据如何确定将是一个操作难题。对于金融商品转让业务，可沿用目前营业税下的处理方式，即在同一纳税期内，金融商品买卖出现的正负差可以相抵，按盈亏相抵后的余额为营业额计算缴纳增值税。若相抵后仍出现负差的，可结转下一个纳税期相抵，但在年度内应缴增值税小于本年已缴纳的增值税，可以向税务机关申请办理退税，但不得转入下一个会计年度。

金融商品投资是指银行并非以买卖获取价差为目的，而是以持有金融商品并赚取投资收益的行为。以商业银行购买债券行为为例：如果以交易为目的，发生买卖并赚取买卖差价的行为，属于金融商品转让行为；如果

---

① 传统上习惯将金融商品划分为股票、债券、外汇、其他四大类，但随着金融行业的不断创新，新的衍生金融产品不断推出，很多新型金融商品与股票、外汇的关联度很高，人为将其分开计税，显然不合理。为解决此问题，国家税务总局发布 2013 年第 63 号公告，规定从 2013 年 12 月 1 日起，纳税人从事金融转让业务，不再按照股票、债券、外汇、其他四大类来划分，统一归为"金融商品"。

以持有至到期并兑付取得利息收入为目的，未发生买卖行为，属于金融商品投资行为。根据国税发〔1993〕149号文的营业税税目注释规定："存款或购入金融商品行为不征收营业税"，故现行营业税税制下并未将金融商品投资纳入征税范围。从增值税基本原理来看，商业银行持有的金融资产原始价值和现值产生的账面浮盈（或浮亏），本身并不涉及流转环节，理应不属于增值税的征税范围。从社会融资成本角度来看，商业银行持有的金融商品，主要是国债、地方债等政府债券，对债券投资征收增值税会造成发行成本提高，国债、地方债收益率下降，企业融资成本也会随之提高，对实体经济的发展会造成很大冲击。因此，对银行金融商品投资业务应免征增值税。

表4.3　　　　　　　金融商品转让及投资业务计税依据及适用税率

业务类别	业务范围	计税依据	适用税率
金融商品转让业务	外汇、有价证券、非货物期货及其他金融商品等金融商品转让	买卖价差（不含税）正负相抵后按净额计算应税收入为计税依据	6%
金融商品投资业务	外汇、有价证券、非货物期货及其他金融商品等金融商品投资	—	—

纳税义务发生时间：为金融商品所有权转移之日。

四、同业及资产配置业务

同业及资产配置业务涵盖了金融机构（包括商业银行）同业往来、金融商品回购业务等。其中，金融机构同业往来是指商业银行与同业机构进行短期资金头寸调剂的行为，收入和支出分别计入"金融同业往来收入"、"金融同业往来支出"科目，实际收益为两者轧差后的净额。由于金融机构往来从整体上看是零和的，对其征税从整个增值税链条上看是无效的，免税法避免了金融机构间大量的互相开票工作，也避免了税务主管部门在付出大量的征管成本之后无法取得任何的财政税收收入。应延续现有营业税政策，即对于金融机构之间相互占用、拆借资金的业务免征增值税。

对于同业往来业务，同时应适用免征增值税的金融机构范围应包含境内外法人商业银行的境外银行。目前大多数国家例如美国、日本、新加坡等国家基本上不对金融业务征收流转税（包括同业往来业务）。因而，如果对内外资银行设立的境外分行同业往来业务免税，并未使得我国丧失或让渡相应的税收权利给其他国家。另外，由于中资商业银行的境外分行及其境内机构属于同一法人的分支机构，如果单独对境外分行征税，则略显不公。

回购业务是指金融机构间根据协议约定卖出（买入）票据、贷款等金融资产，在未来约定日期按固定价格将上述资产回购（返售）给交易对手、配置短期资产的行为。卖出回购称为"正回购"，买入返售称为"逆回购"，二者轧差净额作为回购业务净收入，这类业务兼具同业往来和金融商品买卖的性质。回购业务是商业银行融通资金的重要渠道和方式，属于融资行为，应纳入增值税征税范围。但是，金融机构回购业务具有交易频繁、交易数量大等特点，应采用更为便捷、高效的增值税征收管理方式。

表4.4　　　　　　　同业及资产配置业务计税依据及适用税率

业务类别	业务范围	计税依据	适用税率
同业及资产配置业务	金融同业往来、金融商品回购等业务	—	—

纳税义务发生时间：不涉及。

五、出口金融业务

出口金融业务指银行在境外开展的或为境外企业、个人提供的金融服务。此类业务在内资银行业务中占比较小，但未来发展空间大。为保证本国商业银行在国际金融市场上的竞争力，目前大部分国家和地区对这类业务通常采用零税率。在现有营业税体制下，银行业出口金融业务不能享受零税率待遇，实现出口退税，也不能享受免税待遇，因而在国际市场上造成双重征税，削弱了我国银行业的国际竞争力。因此，商业银行出口金融业务应适用零税率，使我国银行业服务能以不含税成本进入国际市场，与国外金融机构在同等条件下进行竞争，从而增强竞争能力，扩大我国商业银行及人民币在国际市场中的影响力。

表4.5 出口金融业务计税依据及适用税率

业务类别	业务范围	计税依据	适用税率
出口金融业务	境外保函/跨境贷款等	（1）按合同约定、实际收到或应当收到的中间业务收入（不含税价）； （2）按合同约定、实际收到或应当收到的贷款利息收入（不含税价）	0%

纳税义务发生时间：出口金融业务也可进一步区分为中间业务类收入和利息类收入等类型，其纳税义务发生时间请参考上文。

六、实物商品买卖业务

实物商品买卖业务是指商业银行在经营过程中，发生的具有实物货物买卖性质的行为，包括实物贵金属买卖以及其他实物买卖业务。

贵金属①性质兼具商品和货币的双重属性，具有投资、保值、消费等功能。贵金属业务可划分为发生实物交割和不发生实物交割两种方式。不发生实物交割的贵金属业务，需要区分两种情况进行处理：一是商业银行买卖非实物金银（纸黄金、纸白银），其性质类似于金融商品转让；二是商业银行为客户提供非实物金银买卖平台，其性质类似于中间业务发生实物交割的贵金属业务，实物贵金属在流转过程中发生了增值，应视同一般货物买卖纳入增值税应税范围。

除实物贵金属买卖业务之外，商业银行可能还会涉及其他实物商品的买卖业务。例如，银行开设网银业务而向顾客销售U盾、电子密码器等安全储存介质，银行向客户销售空白结算凭证等，上述行为具有货物买卖性

---

① 贵金属主要指金、银和铂族（钌、铑、钯、锇、铱、铂）等8种金属元素，这些金属大多数具有色泽美丽、性质稳定等特点，商业银行经营的贵金属品种主要有金、银、铂、钯四种。

质，应纳入增值税征税范围。

表 4.6　　　　　　　实物商品买卖业务计税依据及适用税率

业务类别	业务范围	计税依据	适用税率
实物商品买卖业务	实物贵金属买卖以及其他实物买卖业务等	货物销售额（不含税价）	17%

纳税义务发生时间：

1. 采取直接收款方式销售货物，不论货物是否发出。均为收到销售额或取得索取销售额的凭据，并将提货单交给买方的当天。

2. 采取赊销和分期收款方式销售货物，为按合同约定的收款日期的当天。

3. 采取预收货款方式销售货物，为货物发出的当天。

七、不动产销售和租赁业务

不动产销售和租赁业务是指商业银行将闲置的建筑物及其附着物等不动产进行销售和出租的行为。此类业务在商业银行业务中占比较小，可以参照房地产行业"营改增"相关政策进行增值税课税。一般而言，不动产销售和租赁的计税依据为不含税不动产销售款或不动产租金。

表 4.7　　　　　不动产销售和租赁业务计税依据及适用税率

业务类别	业务范围	计税依据	适用税率
不动产经营租赁业务	不动产销售、经营租赁	不含税的不动产销售款或租金收入	11%①

纳税义务发生时间：

1. 销售不动产，为收讫销售款项或者取得销售款项凭据的当天。

2. 经营性租赁为按照合同约定的承租人应付租金的日期确认应税收入实现。

3. 采取预收款方式的，其纳税义务发生时间为收到预收款的当天。

4. 如发票早于上述纳税义务产生的时点开具，则开具发票的当天为纳

---

① 以未来"营改增"正式出台的政策文件中规定的税率为准。

税义务发生时点。

八、销售使用过的固定资产业务

银行处置自己使用过的且未进行进项税额抵扣的固定资产，具有货物买卖性质，属于增值税应税范围。但是由于税法对于征税方法上有较为特殊的处理，因此在处理上有别于一般货物的销售买卖。

表4.8 销售使用过的固定资产业务计税依据及适用税率

业务类别	业务范围	计税依据	适用税率
处置固定资产	处置自己使用过的固定资产	不含税销售额	按简易办法：在2014年7月1日后，依3%征收率减按2%征收增值税

纳税义务发生时间：收到销售额或取得索取销售额的凭据，并将所有权凭据交给买方的当天。

九、以物抵债处置业务

以物抵债是不良贷款的清收处置方式之一，抵债物为贷款的抵押物、质押物或第三方财产，包括不动产、有价证券及其他类型的资产，以不动产居多，抵债物的抵入价值以双方协商或依法院、仲裁机构裁决确定。

对于商业银行取得、持有和处置抵债资产的行为，实质是其依法行使债权或者担保物权而受偿于债务人、担保人的财产权利的行为。取得抵债资产的行为本身并不属于物品流通增值行为，因此，不应纳入增值税的征税范围。另外，在现实操作中，通常借款人向银行抵偿债务时，已不存在偿债能力，银行在取得抵债资产时，借款人已无能力缴纳税款，更无法向银行开具增值税专用发票。甚至为了完善抵债资产产权，银行不得不替抵债企业缴纳税费。因此，银行很可能无法获得进项税额抵扣。而当银行处置抵债资产时，将按照货物或不动产销售计算增值税销项税额，造成增值税下的重复纳税。对于营业税税制下本就承担较高税负的银行来说，无疑是雪上加霜。这样，银行将无法继续采用接收处置抵债资产方式进行贷款清收，贷款损失将会大幅增加。

为了体现税收公平性原则，未来可按照如下方式处理：

第一，不纳入征税范围。借款人以实物资产向银行抵偿债务行为以及银行处置抵债资产的行为，不纳入增值税应税范围。

第二，简易征收。银行在处置抵债资产时，可参照现行的销售自己使用过的固定资产的简易征收办法，即依3%征收率减按2%征收。

表4.9   以物抵债处置业务计税依据及适用税率

业务类别	业务范围	计税依据	适用税率
以物抵债处置业务	银行处置抵债资产的行为	不含税销售额	3%征收率减按2%征收

纳税义务发生时间：

1. 采取直接收款方式处置抵债资产，不论货物是否发出，均为收到销售额或取得索取销售额的凭据，并将所有权凭据交给买方的当天。

2. 采取赊销和分期收款方式处置抵债资产，为按合同约定的收款日期的当天。

3. 采取预收货款方式处置抵债资产，为货物发出的当天。

第五节 征税方法

一、简易计税法可行性分析

对金融行业实行增值税征收，即使在国际上都是属于一个难度较大的课题，许多国家为减轻难度采用简易办法或者零税率计征。根据财政部、国家税务总局2011年11月《营业税改征增值税试点方案》所述，"金融保险业和生活性服务业，原则上适用增值税简易计税方法"。

仅以单一征收率对银行的全部业务进行征税，不得抵扣进项税额。该方案的税基是银行全部业务的营业收入，以全部业务收入乘以征收率的方式确定应纳税额，没有进项抵扣部分。简易计税法计算简单、操作方便、对征管要求相对较低，并且可以保证财政收入的稳定。但是在该方案下，银行无法抵扣进项税额，一般情况下也不能为下游企业开具可抵扣的增值税专用发票，抵扣链条未打通，重复征税依然存在，与现行营业税无本质区别，实质上是"换汤不换药"。从改革大趋势来看，实行简易计税法的可能性也不大，对此，财政部财政科学研究所在《中国税收政策报告2013》中建议：细分金融业务，采用不同方法来征收。即中介业务和间接收费的金融服务，可适用简易征收和3%的征收率；直接收费的金融服务，采用一般计税法进行征收。

二、多种计税方式并存模式分析

根据本章第四节的概述，商业银行涉及增值税征收的业务大致划分为贷款业务、中间业务、金融商品转让及投资业务、同业及资产配置业务、出口金融业务、实物商品买卖业务、不动产销售和租赁业务、销售使用过的固定资产、以物抵债业务等大类。由于商业银行各类收入盈利模式及交易方式差异大，增值税应区别对待。比较切实可行的办法是，采用以一般计税法为主，免税法、零税率法等其他方法为辅的多种征税方法并用方式，分别对各类银行应税业务进行计税。

（一）对于银行业传统贷款业务和中间业务，其利润是商业银行的主要盈利构成，应采用一般计税法征税。对于贷款业务，出于保持财政税收稳定性的需要，可规定银行利息支出暂时不允许抵扣，未来财政相对宽松的情况下，可允许商业银行支付给存款人的利息视同可抵扣成本，即计算利息收入计税依据时，将贷款利息收入减去存款利息支出，作为课税基础；对于中间业务，应允许将商业银行取得手续费及佣金过程中产生的成本费用凭票抵扣。

（二）对于金融机构往来、金融商品回购等资产配置业务，应不纳入增值税征收范围。商业银行的同业往来虽然较多，但不会最终进入消费环节；如对该业务征收增值税，也不符合消费型增值税的基本原理。所以针对这部分业务应当不纳入增值税征收范围，这也是国际通行的做法。

（三）对于金融商品转让业务，应按照交易净损益征税。因为金融商品交易量巨大，业务复杂，无法准确区分收入及支出，商业银行在会计核算上只反映其净亏损或盈利，对每一笔金融商品交易确定其增值额，基本上不具备可操作性；同时金融商品交易的对手中有一部分是境外机构，无法实现相互开具增值税发票。按照金融商品交易净损益征税，既保证了税源，又简化了金融机构的操作，有利于各类金融创新。对于其中债券利息收入（持有期间部分的利息）应继续实施税收优惠政策，或不纳入增值税征收范围。

（四）对于实物贵金属买卖等一般商品买卖业务，应比照普通商品买卖，按一般计税法征税。商业银行买卖品牌金、积存金等实物贵金属的行为，与商业企业销售普通商品的行为一致，其进项税额和销项税额在纳税申报和征管时都比较容易确定，采用一般计税法计算征收增值税，是简单可行的做法。

（五）按照现行增值税规定，对于银行销售使用过的"营改增"之前购入的固定资产，可以采用简易计税法，按照3%的征收率减按2%征收增值税，不得抵扣进项税额。

（六）对于出口金融服务，应比照国际通用做法采用零税率法。出口金融业务是外向型经济为主的国家和地区拓展国际贸易、抢占国际金融市场份额的重要手段，也是我国金融业的一项新兴业务。因此，各国在税收等各种政策上积极扶持其发展。与其他国家相比，我国现阶段在税收政策上对开展出口金融业务在所得税税率、营业税税率和扣除项目等方面的税收优惠政策明显不够，在一定程度上影响了出口金融业务的发展。为促进新兴业务发展，可参考国际惯例对出口金融业务采用零税率法。

采用一般计税法为主，免税法、零税率法、简易征收法等其他计税法为辅的征税方式符合我国商业银行的经营现状，有利于保持增值税抵扣链条的完整性，对于激励商业银行研发和持续创新影响重大。但在这种计税方式下，商业银行需要对增值税专用发票进行专门管理，准确划分可抵扣的进项税和不可抵扣的进项税的应税范围，因此，税收征管成本和企业遵循成本较大。

第六节 抵扣制度

由于商业银行的业务特殊性，其可抵扣的进项税额占销项比例相对其他企业较小。首先，商业银行的主要经营对象是资金，与以经营实物商品为主的工商业企业不同，其生产经营过程一般不涉及大量货币计价的原材料投入，无法获取较高比例的税法规定允许抵扣进项税额。其次，银行业务及管理费，主要以不可抵扣的人力费用和折旧摊销费用为主，如表4.10所示，而这部分费用在现行的增值税税收制度下是无法进行抵扣的。再次，即便未来商业银行的电子设备等固定资产的进项税额可以抵扣，在一般情况下，商业银行的固定资产投入量并不大，同时根据税法规定，房屋、建筑物的折旧年限为20年，飞机、火车、轮船、机器和其他生产设备为10年，与生产经营活动有关的器具、工具、家具等为5年，飞机、火车、轮船以外的运输工具折旧年限为4年，电子设备折旧年限为3年，若政策规定商业银行固定资产的可抵扣进项税额分摊期间与折旧年限相同，则每年房屋、建筑物、交通工具、电子设备等固定资产可以抵扣的进项税额会远远小于银行的销项税额。

表4.10　　　　　　　　2014年各大商业银行人力费用和
折旧摊销费用在业务管理费中占比　　　　　　单位:%

	人力费用/业务及管理费	折旧和摊销/业务及管理费
工商银行	64	10
北京银行	44	7
建设银行	57	11
交通银行	47	11
民生银行	50	7
浦发银行	58	7
招商银行	58	6
中国银行	60	10
中信银行	56	6
兴业银行	59	6
合计	58	9

针对抵扣制度，有如下几点构想：一是适度扩大商业银行增值税进项税额抵扣的范围，不仅可以抵扣购进用于提供应税项目的原材料、机器设备和低值易耗品等所产生的进项税额，也可以包括房屋、建筑物等不动产的进项税额；二是参照已入围的电信行业的经验，现阶段可规定归属于应税项目（以及零税率项目）的进项税额予以抵扣，归属于免税项目的进项税额不予抵扣，不能明确归属的进项税额则根据商业银行纳税期内应税项目和免税项目的营业收入总额（营业收入的计算方法可仍按目前营业税制下计算营业收入的统计口径）按比例分摊①；三是房地产业、建筑安装业、金融业（包括银行业，下同），这三个行业同时进行"营改增"，因为这三个行业往来和关联程度较高，若同时进行"营改增"，既可以完善增值税抵扣链条，也使得金融业的增值税进项税额抵扣能够顺利进行。

第七节　发票制度

一、商业银行业务增值税发票管理制度

建立完整的增值税抵扣链条是"营改增"工作的重要内容，增值税的抵扣制度离不开增值税专用发票。"营改增"之后，商业银行一般会将开票点设在营业网点，然而按照现行的增值税发票管理制度，商业银行的增值税发票管理工作量和成本将大幅增加。

首先，现行发票管理制度要求企业每个分支机构均须领购税控机和增值税发票并手工打印发票，开票所涉及的工作流程将更加繁重。其次，银行间普遍采用高速打印机批量印制结息单以应对繁重的业务量，现有税控机的打印速度很可能不足以匹配现有业务量。再次，鉴于税务机关在发票数量最大限额和流程上的严格规定，在现有手工导向体系下，税务机关将很可能面临业务量处理能力和开票限额等具体操作规定上带来的挑战。

因此，政策上应考虑商业银行的业务特点（如客户众多、涉税金额较

---

① 杨小强：《电信业流转税法问题检讨》，中山大学经济法学硕士论文，2010。

大等），合理设计商业银行业务增值税发票管理制度，以应对大量、大额开具增值税发票的工作。商业银行业务增值税发票管理制度应当包括以下内容：首先，应针对商业银行不同业务种类，确定发票使用范围和使用目的，对于对公金融业务，开具增值税发票；对于个人金融业务，考虑到客户数量和业务量非常庞大，应进行简易处理，允许继续开具现有银行业专用凭证，不再开具增值税普通发票或通用机打发票；对于金融商品投资业务，应采用现有交割单据，不开具增值税发票。其次，完善现有增值税专用发票的设计，在提供金融服务时，针对银行业务中普遍存在单笔收入金额较大的企业客户，应适当提高商业银行增值税专用发票限额，或者放宽临时性发票增版的条件，简化相关程序。

二、全面推行电子发票

"电子发票"是税务部门采取数据集中方式，依托网络对发票信息及发票业务流程进行电子化管理的一种发票管理模式，通过该模式让税务部门在对其发票信息进行数据集中管理的前提下，从而实现发票统一调拨、安全发售和实时跟踪的流程管理。对于纸质发票来说，电子发票在开立、申报、留存和成本等方面有着时效性、交互性、易储存和低成本等特点。

（一）电子发票的国际实践应用

伴随着电子商务的崛起，越来越多的企业和国家开始追求商业流程的自动化和各业务流程间无缝衔接以实现更高的成本效益。各国政府和企业开始简化和整合自身的业务数据流，作为其中重要的一环，电子发票已经具备了实施的成熟条件，并因为它的众多优点而在国际上得到了肯定及应用。大多数国家和地区均在不同程度上推进电子发票的开展工作，并将其运用到增值税征收管理之中。从国际经验来看，采用电子发票能有效降低每张发票的直接成本。与此同时，推行电子发票实现了更有效率的业务流程。

美国作为电子商务的发源地，是第一个关注电子商务税务税收和开展相关问题研究的国家。为了节约电商企业的成本，推动电子商务的发展，美国从 20 世纪 60 年代末就开始使用 EDI（Electronic Data Interchange，电子数据交换），使得美国在电子发票的应用上走在了世界最前沿。同时，美国政府在法律上也给予了电子发票相应的保障措施。美国大部分的州已根据联合国国际商法委员会（The United Nations Commission on International Trade Law）在 1996 年公布电子商务的法律范本（ModelLaw on Electronic Commerce）修订其商业相关法令，承认电子发票的法律地位。美国国会也通过相关法案（The Government Paperwork Elimination Act），正式给予电子形式的交易记录和签章以法律效力。美国知名的交易支付平台 PayPal 曾砸下重金投资电子发票系统。2013 年，美国强推电子发票，电子发票被美国的大公司普遍采用，约有 80% 的大公司在采购业务中采用了电子发票系统①。如果在美国亚马逊网站购物，亚马逊只会提供电子发票，而不会提供纸质发票。由此可见，电子发票势必会成为未来发票的主流方向。

　　欧洲也是世界上电子发票最早、最成熟推行电子发票的地区之一。2003 年，欧盟发布了《电子发票指导纲要》，并于 2004 年 1 月 1 日起实施。2005 年后，欧洲各国相继推出电子发票的法律法规。但欧盟各国就电子发票的立法制度并没有达成统一模式，其中，卢森堡等国是通过推出法律的方式规范；奥地利、比利时、德国、意大利等国则是以行政命令与规则的方式规范。针对《电子发票指导纲要》存在的不足，在 2013 年 7 月，欧盟委员会提出了一项关于公共采购电子发票的指令草案，表明要求建立欧盟各国统一的电子发票系统，并能兼容目前各成员国的电子发票系统。根据欧洲数字化议程，到 2020 年欧盟各成员国将在各领域全面使用电子发票。

　　中国台湾在应用电子发票方面也起步比较早，在 2010 年台湾就已开始推动发票电子化的发展。在 2013 年底，台湾已初步实现消费者可以用手机、悠游卡（通用于台北地区的交通电子票）甚至内建电子芯片的手表来消费，并同时产生电子发票。购物时只要用这些电子设备碰触一下收银机，消费明细和发票号码等资讯就会上传到财税资料中心的资料库，无需再打印购物小票和发票。至 2013 年底，中国台湾约可以生成 40 亿张电子

---

① 蔡磊：《推广增值税电子发票有利于经济大数据的实现》，载《财会信报》，2015（33）。

发票，相当于少砍伐 4 万棵树木，同时可以节省数千万元新台币的费用①。

（二）电子发票在商业银行的应用前景分析

鉴于电子发票具有信息准确、成本低廉、开票便捷等优点，因此使用电子发票不仅能提供便利且安全的发票管理模式，及便捷且快速的网络发票信息查询渠道，还能较好地弥补商业银行现行发票管理体制的不足。商业银行全面推行电子发票，不仅有利于提高商业银行管理现代化和内部信息化的水平，节约成本和时间，还有助于实现商业银行与上下游客户之间的交易、结算、信息等进行无缝链接，从而大幅提升商业银行对客户需求的响应速度，并提升客户满意度。

2013 年 2 月 25 日，国家税务总局发布了《网络发票管理办法》，并于 2013 年 4 月 1 日起正式实行。该办法就通过网络发票管理系统的办理开户、登记、领取发票手续、在线开具、传输、查验和缴销等作出了详细规定。其中第十五条规定：省以上税务机关在确保网络发票电子信息正确生成、可靠存储、查询验证、安全唯一等条件的情况下，可以试行电子发票。2014 年 1 月 24 日，中国金融保险行业首张由税务认证的电子发票在中国太平洋人寿保险股份有限公司江苏分公司成功开出。2015 年 7 月 31 日，京东成功开具增值税发票升级版电子发票，标志着全国首张电子增值税发票的诞生。

银行业是我国推进电子发票改革的一个很关键的行业。全面推行电子发票，商业银行在以下方面具有显著优势：一是商业银行有完善高效的电子业务管理系统，能够保障电子发票业务处理的高效、准确、安全；二是商业银行高度重视数据的安全，为保障金融安全，各商业银行均采取多种手段措施，并不断持续探索并提高电子业务系统的稳定性与安全性，同时也取得了很好的效果。鉴于目前现有的手工导向纸面开票的管理系统是商业银行在实施增值税转型改革中最大的障碍和成本之一，推进电子发票也将有利于商业银行"营改增"的进程。

---

① 涂纯：《电子发票在中国的应用和前景》，载《时代金融（中旬）》，2014（9）。

第八节 优惠政策

政府部门应充分发挥税收对银行业的调控和政策导向作用，对经营风险大、国家支持鼓励的产品和创新业务执行优惠税率。一般而言，商业银行增值税征收制度下的税收优惠政策主要是规定免税法和零税率法适用某些特定业务。

一、商业银行增值税免税政策和不征税政策

税收是国家筹集财政收入的主要方式，同时也是调节经济的重要手段，其中税收优惠对经济的刺激作用十分明显，是国家鼓励行业发展的重要途径。那么在商业银行"营改增"之后，也应当充分发挥税收的这一调节作用，原有的税收优惠措施应当延续。现有的营业税税制下，对金融企业从事国家鼓励的金融业务，从税务政策上给予了支持在一定程度上降低了企业的营业税负担。表4.11列举了目前商业银行依法享受的营业税免税和不征税政策。

表4.11 适用于商业银行的营业税免税和不征税政策

时间	相关文件	内容
1995年	国税发［1995］79号——《关于金融业征收营业税有关问题的通知》	对于银行间往来的业务暂不征收营业税，而对于一般贷款业务，一律以利息收入全额征收营业税
1997年	财税发［1997］45号——《国务院关于调整金融保险业税收政策有关问题的通知》	对于金融机构从事转贴现以及再贴现业务而取得的收入，暂不征收营业税。对金融机构的出纳长款收入，不征收营业税
2001年	财税［2001］245号——《关于进一步推进国家助学贷款业务发展的通知》	对各类银行经办国家助学贷款业务取得的贷款利息收入免征营业税
2002年	国税发［2002］9号——《国家税务总局关于印发〈金融保险业营业税申报管理办法〉的通知》	金融机构之间相互占用、拆借资金取得的利息收入不征收营业税
2010年	财税［2010］4号——《关于农村金融有关税收政策的通知》	对金融机构农户小额贷款的利息收入免征营业税，同时对金融机构农户小额贷款的利息收入在计算应纳税所得额时按90%计入收入总额

"营改增"后，这些流转税税收政策能否延续，直接影响着商业银行业务发展战略和税收负担的变化。决策部门应考虑金融财税政策的连续性，从促进行业发展的角度，落实"总体税负不变"。同时对营业税税收政策不太明确的一些业务，如票据贴现业务、逾期应收未收利息等，在增值税征收制度中予以细化和明确，合理确定增值税的征税范围和免税范围。

二、商业银行增值税零税率优惠政策

自中国征收增值税以来，出于对货物和劳务出口的鼓励，财税部门对各个行业，无论是征收增值税的生产、商贸企业，还是实施"营改增"的交通运输业、邮电通信业以及部分现代服务业企业，都给予了增值税零税率的税收优惠政策，包括对货物出口、软件出口、国际运输服务、研发服务和设计服务等。当前，中国经济和世界经济高度关联，在金融全球化的背景下，中国需要在国际金融市场上掌握一定的话语权，作为国家支柱行业的银行业，必须培育出具备国际竞争力的跨国银行集团。从税收政策看，我国并没有专门针对出口金融业务制定并出台流转税税收优惠政策，不利于银行出口金融业务的发展乃至银行业的国际化发展战略。在增值税税制下，我国可以借鉴欧盟等国家的经验和做法，对银行业的出口金融业务实行零税率，使我国商业银行的金融产品和服务能够以不含税价格参与竞争，与国外金融机构在同等条件下进行竞争，从而增强竞争能力，扩大我国银行业在国际社会中的影响力。

三、农村金融机构增值税低税率优惠政策

财政部2010年5月13日发布的《关于农村金融有关税收政策的通知》（财税［2010］4号），除对金融机构农户小额贷款利息收入做出税收优惠政策规定的同时，还规定："自2009年1月1日至2011年12月31日，对农村信用社、村镇银行、农村资金互助社、由银行业机构全资发起设立的贷款公司、法人机构所在地在县（含县级市、区、旗）及县以下地区的农村合作银行和农村商业银行的金融保险业收入减按3%的税率征收营业

税"。随后相关的财税文件又将优惠政策期限延长至 2016 年 12 月 31 日。

这种优惠政策也为商业银行"营改增"之后，增值税优惠税率在农村金融机构中的运用奠定了基础。但是，在同等收费价格情况下，与其他同业银行相比，带给下游企业的进项税额减少，单纯的低税率政策可能对其业务发展产生行业"挤出效应"，导致其市场竞争力下降。目前我国商业银行仍面临着"东中西发展不平衡、城乡发展不均衡"的现象，制约我国乡镇经济的发展。为解决这一问题，国家可以通过出台相关政策加大支农惠农力度，例如对上述农村金融机构采取先征后返、超税负返还等政策，既保持营业税的低税率优惠政策延续，又保证其在增值税税制下市场竞争力不受到影响，有利于鼓励农村金融机构加大对乡镇经济的资金支持力度。

第九节　征管体制

一、汇总申报纳税层级

在我国，由于涉及地方财政收入，"营改增"汇总到哪一个层级申报将是商业银行需要关注的一个重要问题。目前营业税税制下，各地税务机关对于营业税纳税申报地点的管理原则是属地征收，但商业银行下设机构众多和税收征管政策存在地方差异，导致营业税征纳形式较为复杂。比如，在大型商业银行中，存在二级分行汇总缴纳、一级支行自行缴纳、城区一级支行汇总缴纳、区县一级支行自行缴纳等多种征纳方式。"营改增"之后，如果沿用营业税税制下的申报纳税层级核算和缴纳增值税，会产生以下影响：一是总公司大宗固定资产投资等进项税额发生较多，相对应的销项税额较少，这样会导致进项税额长期留抵，增加公司现金流的负担，实际税负会增加，也无法真实反映企业的税负分配；二是分支机构各自管理增值税的纳税和申报，也会对公司的管理造成极大不便，从预算到申报管理，系统配套都会造成困难。

对于商业银行来说，纳税申报主体层级越高，越有利于上级机构统一管理，避免上级机构进项税额长期留抵，下级分支机构税负差异过大。《中华人民共和国增值税暂行条例》（国务院令第538号）第二十二条第一款规定：经国务院财政、税务主管部门或者其授权的财政、税务机关批准，可以由总机构汇总向总机构所在地的主管税务机关申报纳税。《关于在全国开展交通运输业和部分现代服务业营业税改征增值税试点税收政策的通知》（财税〔2013〕37号）第七条的规定：两个或者两个以上的纳税人，经财政部和国家税务总局批准可以视为一个纳税人合并纳税。具体办法由财政部和国家税务总局另行制定。目前，财政部和国家税务总局已经出台文件，允许航空公司、铁路运输企业将其分公司以及子公司在总部汇总申报缴纳增值税，并出台了总分机构试点纳税人增值税计算缴纳暂行办法，明确了具体操作方式，详见表4.12-1。

表4.12-1　　　　　　　　"营改增"总部汇总缴纳方式

行业	预缴口径	进项抵扣项目	抵扣方式
航空	应税服务的营业额÷（1＋增值税适用税率）×适用税率	总机构的进项税额，是指总机构及其分支机构购进货物或者接受加工修理修配劳务和应税服务，支付或者负担的增值税税额，用于销售货物、提供加工修理修配劳务和发生《应税服务范围注释》所列业务之外的进项税额不得抵扣	总机构及其分支机构取得的增值税扣税凭证，应当在规定期限内到主管国税机关办理认证或者申请稽核比对
邮政	（销售额＋预订款）×预征率	总机构及其分支机构取得的与邮政服务相关的固定资产、专利技术、非专利技术、商誉、商标、著作权、有形动产租赁的进项税额	总机构及其分支机构取得的增值税扣税凭证，应当按照有关规定到主管税务机关办理认证或者申请稽核比对总机构汇总缴纳增值税时抵扣
铁路运输	（销售额－铁路建设基金）×预征率	总公司及其所属运输企业取得与铁路运输及辅助服务相关的固定资产、专利技术、非专利技术、商誉、商标、著作权、有形动产租赁的进项税额	总公司及其所属运输企业取得的增值税扣税凭证，应当按照有关规定到主管税务机关办理认证或者申请稽核比对总公司汇总缴纳增值税时抵扣

对于邮政和电信业采取省级汇总申报缴纳增值税方式，详见表4.12-2。

表4.12-2 "营改增"省级汇总缴纳方式

行业	预缴口径	进项抵扣项目	抵扣方式
邮政	（销售额+预订款）×预征率	销售额汇总范围有关的购进货物或者接受加工修理修配劳务和应税服务，支付或者负担的增值税进项税额应汇总，否则不得汇总	汇总机构及其分支机构取得的增值税扣税凭证，应当按照有关规定到主管税务机关办理认证或者申请稽核比对总机构汇总缴纳增值税时抵扣
电信	（销售额+预订款）×预征率	销售额汇总范围有关的购进货物或者接受加工修理修配劳务和应税服务，支付或者负担的增值税进项税额应汇总，否则不得汇总	汇总机构及其分支机构取得的增值税扣税凭证，应当按照有关规定到主管税务机关办理认证或者申请稽核比对总机构汇总缴纳增值税时抵扣

由于银行业相对航空、邮政、铁路运输和电信行业比较特殊，并不一定适用在总公司层级汇总申报缴纳增值税这一模式。实施"营改增"后，若统一由总公司层级汇总申报缴纳增值税，地方政策和操作的差异可能极大地增加集团系统统一改造难度和增值税管理难度。因此，政策上应规定商业银行统一的预缴、汇缴模式，协调中央、地方财政分配制度：对于跨省（自治区、直辖市）经营的商业银行，汇缴机构级次设定在一级（省级）分行、预缴机构的级次设定在二级（地市）分行，各个支行及以下的基层营业网点不进行预缴；对于省级（自治区、直辖市）区域内经营的商业银行，汇缴机构级次设定在总公司，预缴机构的级次设定在区域分支机构；对于总公司直属机构，以及跨省（区域）的成本中心，可集中在总公司汇算清缴。这样能够减少税企双方操作成本，便于税收征纳和企业管理。

根据已出台的"营改增"税收政策情况，在总公司汇总申报纳税的层级下，总公司应当汇总计算总公司及其分支机构应税服务的应缴增值税，抵减分支机构发生应税服务已缴纳的增值税税款后，在总公司所在地解缴入库。总公司提供应税服务，按照增值税暂行条例及相关规定申报缴纳增值税。

总公司汇总的应征增值税销售额应为总公司及分支机构发生应税服务的应征增值税销售额。计算公式如下：

销售额 = 应税服务营业额 ÷ (1 + 增值税适用税率)

（公式4.2）

总公司汇总的进项税额，是指总公司及其分支机构因应税服务而购进货物或者接受加工修理修配劳务及应税服务，支付或者负担的增值税税额。总公司及其分支机构用于发生应税服务之外的进项税额不得汇总。

分支机构发生的应税服务，按照应征增值税销售额和预征率计算缴纳增值税。计算公式如下：

应缴纳的增值税 = 应征增值税销售额 × 预征率 （公式4.3）

预征率可在财政部和国家税务总局的授权之下，由各省（自治区、直辖市）的国税局规定，并适时予以调整。

分支机构发生应税服务当期已缴纳的增值税税款，允许在总机构当期增值税应纳税额中抵减，抵减不完的，可以结转下期继续抵减。

二、中央地方财政收入分配制度

银行业实施"营改增"之后，税收收入如何划分将对中央和地方财政收入产生一定影响。目前，我国的增值税和营业税都是中央、地方共享税，共享分税方式不同。国内增值税是按照比例分税，75%归中央，25%归地方；进口货物的增值税全部归中央；而营业税则是按照税目分税，铁道、中央金融保险企业的营业税归中央，其他的营业税全部归地方，成为地方的重要财政收入来源。

从当前的税收收入结构来看，增值税是我国的第一大税种，国内增值税占全部税收收入的比重超过四分之一，营业税是仅次于企业所得税的第三大税种，占全部税收收入比重的七分之一左右。营业税在地方收入（不含地方土地出让、两权价款等没有纳入现行分税制体质的收入，以及中央转移支付收入）中的比重一般占到40%，是地方政府一般预算收入的主要来源。为了保持地方财政的稳定性和调动地方政府的积极性,当前"营改增"过程中采取的解决办法是原来归属于地方政府的营业税收入,在"营改增"之后依然归入地方财政收入,中央财政不分享与因改革所带来的增值税增量。

但这仅仅是一个权宜之计,未来政策部门可能需要在财税制度上进行必要的调整。而且,不只是涉及财权,对构成财政体制的三个要素——事权、财权和财力,都要重新组合和分配。我国社会主义经济建设在中央宏观调控的同时,还需要充分发挥地方政府和企业的能动性和创造性,才能推动经济健康稳定发展。在以"营改增"为首的结构性减税改革中,需要重新明确和划分中央和地方的事权和财权,完善中央地方财政收入分配制度。

第十节　本章小结

本章主要研究在综合考虑商业银行增值税税收征管成本和遵循成本最小化的前提下,探索银行业"营改增"政策设计的基本思路和初步构想。通过科学合理的测算,我们得出在增值税税制下,银行业增值税标准税率的最优选择为6%的结论。在征税范围方面,我们按收入盈利模式及交易方式的不同,将商业银行业务类型划分为九大类,并提出对不同的业务类型给予有差别的增值税征税处理,同时也阐述了相应的理由。在征税方法方面,我们认为有必要对商业银行业务进行细分,采用以一般计税法为主,免税法、零税率法等其他征税方法为辅的多种征税方法并用方式。在抵扣机制方面,考虑到"营改增"之后商业银行获得的增值税抵扣较其他行业少,应采取一些措施,如扩大允许抵扣范围等以增加商业银行的抵扣利益。在发票制度方面,为节约商业银行的增值税发票管理成本和控制相关风险,应合理设计银行业增值税发票管理制度,并积极推动电子发票在银行业的应用。在征管体制方面,应规定商业银行统一的预缴、汇缴模式,并协调中央地方财政分配。

需要指出的是,由于商业银行金融服务的分类标准具有复杂性和综合性等特点，本章在划分商业银行增值税应税项目、免税项目和零税率项目时，采用列举加概括法以避免单纯列举法产生的罗列不全面、不准确等问题。在确认银行业增值税的应税项目和免税项目时，应当综合考虑金融服务的收费方式以及收费项目的具体性质以作出准确的认定，从而制定出一份较为科学、合理的"增值税应税税目"。

第五章 "营改增"对商业银行税负及管理的影响

众所周知，包括金融、商业、社会、环境及法律在内的许多因素会影响商业决策。按照增值税税收制度的"税收中性"原则，增值税规则或政策不应导致企业在商业运营中需要去适应特定的法定形式。然而，商业银行"营改增"涉及两种流转税税制之间的转换，势必对商业银行经营管理行为产生一定的影响，本章从税负对比、改革及操作成本等不同角度对此进行论证和分析。

第一节 "营改增"税负对比测算

为了对比商业银行"营改增"前后税负的差异，我们通过 Thomson ONE 数据库选取了我国内地 A 股上市的所有 16 家银行①2013~2014 年的财务报表中的数据，以此作为基础，对上市商业银行"营改增"前后的流转税税负进行对比测算。

一、测算方法的确定

根据我国营业税和增值税的税收基本原理，以及所选上市公司财务报表的数据，我们按照以下步骤确定了测算参数。

（一）增值税税基和销项税额的确定

由于年报披露的数据不足以满足我们逐项判定是否均为增值税应税收入，基于税收政策延续性考虑和对增值税政策预期，营业税与增值税的征税范围相差较小，因此我们假定营业税和增值税的税基一致。目前在营业

---

① 研究样本包括 5 家国有上市银行和 11 家股份制上市银行，在随后的研究中我们会分两个组别进行讨论。

税体制下免征营业税的收入在改征增值税后假定继续免征增值税，按照营业税税额估算增值税税基。由于营业税为价内税而增值税为价外税，因此，按照增值税税率价税分离后的营业税税基即为增值税税基。增值税含税销售额和销项税额的计算过程如公式 5.1 和公式 5.2 所示。

$$增值税含税销售额 = \frac{营业税额}{营业税税率} \qquad （公式 5.1）$$

$$销项税额 = \frac{增值税含税销售额}{1 + 增值税税率} \times 增值税税率 \qquad （公式 5.2）$$

（二）税率的确定

目前，由于银行业"营改增"的政策还未出台，参考目前出台的"营改增"试点方案，我们以 6% 的税率（一般征税法）分析"营改增"对商业银行流转税税负的影响。

（三）进项税额的确定

由于"营改增"后的进项税额抵扣无法直接通过上市公司财务报告获得，因此尝试通过其他办法估算。其中，可行的办法是根据上市公司资料和行业投入产出表资料进行估算。

首先，计算可抵扣成本。筛选出可抵扣的成本/费用类项目，包括利息费用、手续费及佣金支出、营业支出以及部分新增固定资产。假设外购固定资产均用于应税收入所对应的部门，因此相关进项税额可全部抵扣。另外我们假定新增房屋建筑物的进项税额可以在 5 年内分期进行抵扣，机器设备、运输工具以及无形资产（软件）相关的进项税额可以当期一次性抵扣，飞行设备、船舶以及其他无形资产（土地使用权）的进项税额则不能抵扣。营业税金及附加、资产减值损失、设备折旧及职工薪酬项目均不可抵扣进项税，因此从总成本中将其剔除，采用公式 5.3 计算可抵扣成本。

可抵扣成本 = 营业支出 − 营业税金及附加 − 资产减值损失

− 设备折旧(调减后) − 职工薪酬 + 手续费佣金支出

+ 本年新增固定资产 + 本年新增无形资产 （公式 5.3）

其次，按照投入产出表①计算加权平均的进项税率。如表 5.1 所示，选取金融业为目标行业（列），则相应的每一行反映了金融业消耗各产品部门生产的货物或服务的价值量，进而计算各行业对金融业的中间投入占比；并按照我国增值税的相关规定，将每个投入行业进行该行业销项税率赋值，将销项税率与各行业投入占比相乘，进行价税分离得到各行业对金融业的分权重的进项税率，加计之后得到金融业加权平均进项税率。其计算过程如公式 5.4 所示。

$$加权平均进项税率 = \sum \frac{\frac{各行业对目标行业}{的中间投入占比} \times 各行业增值税税率}{1 + 各行业增值税税率}$$

（公式 5.4）

表 5.1　　　　　各行业对金融投入产出表（2010 年版）　　　　单位：%、万元

各投入行业名称	各投入行业适用税率	各行业对金融业的中间投入值	各行业对金融业的中间投入占比	占比×税率/（1＋税率）
食品制造及烟草加工业	17	902362.94	0.7981	0.001160
纺织业	17	46047.43	0.0407	0.000059
纺织服装鞋帽皮革羽绒及其制品业	17	848991.33	0.7509	0.001091
木材加工及家具制造业	17	241972.91	0.2140	0.000311
造纸印刷及文教体育用品制造业	17	6257402.35	5.5346	0.008042
石油加工、炼焦及核燃料加工业	17	2035928.80	1.8008	0.002616
化学工业	17	1092664.71	0.9665	0.001404
非金属矿物制品业	17	51724.73	0.0458	0.000066
金属制品业	17	291246.22	0.2576	0.000374
通用、专用设备制造业	17	1371437.32	1.2130	0.001763
交通运输设备制造业	17	937360.83	0.8291	0.001205
电气、机械及器材制造业	17	662114.72	0.5856	0.000851

① 投入产出表，也称部门联系平衡表或产业关联表，它以矩阵形式描述国民经济各部门在一定时期（通常为一年）生产活动的投入来源和产出使用去向，揭示国民经济各部门之间相互依存、相互制约的数量关系，是国民经济核算体系的重要组成部分。目前中国投入产出学会发布的最新的投入产出表为 2010 年版。

各投入行业名称	各投入行业适用税率	各行业对金融业的中间投入值	各行业对金融业的中间投入占比	占比×税率/(1＋税率)
通信设备、计算机及其他电子设备制造业	17	240933.02	0.2131	0.000310
仪器仪表及文化办公用机械制造业	17	1236559.66	1.0937	0.001589
工艺品及其他制造业（含废品废料）	17	335474.31	0.2967	0.000431
电力、热力的生产和供应业	17	3037254.97	2.6864	0.003903
燃气生产和供应业	13	16003.36	0.0142	0.000016
水的生产和供应业	13	152377.14	0.1348	0.000155
建筑业	11	466196.65	0.4123	0.000409
交通运输及仓储业	11	7992364.87	7.0692	0.007005
邮政业	6	1387313.52	1.2271	0.000695
信息传输、计算机服务和软件业	6	9191300.68	8.1296	0.004602
批发和零售贸易业	17	1366717.36	1.2088	0.001756
住宿和餐饮业	6	11888343.10	10.5151	0.005952
金融业	6	25911913.59	22.9188	0.012973
房地产业	11	10335579.69	9.1417	0.009059
租赁和商务服务业	6	19660147.57	17.3892	0.009843
研究与实验发展业	6	452258.35	0.4000	0.000226
综合技术服务业	6	223614.10	0.1978	0.000112
水利、环境和公共设施管理业	6	207173.67	0.1832	0.000104
居民服务和其他服务业	6	1253116.03	1.1084	0.000627
教育	6	627477.67	0.5550	0.000314
卫生、社会保障和社会福利业	6	223123.97	0.1974	0.000112
文化、体育和娱乐业	6	1930904.91	1.7079	0.000967
公共管理和社会组织	6	184089.17	0.1628	0.000092
中间投入合计		113059491.62	100.0000	0.080195
劳动者报酬		66609818.82		
生产税净额		25551609.42		
固定资产折旧		4919116.96		
营业盈余		112725788.72		
增加值合计		209806333.92		
总投入		322865825.54		

118

最后，各行分年度的可抵扣成本与金融业加权平均的进项税率相乘，可以得到各行的进项税额。其计算过程如公式5.5所示：

$$进项税额 = 可抵扣成本 × 加权平均进项税率 \quad （公式5.5）$$

（四）增值税应纳税额的确定

根据一般计税法下增值税的计算原理，增值税应纳税额的计算如公式5.6所示：

$$增值税额 = 销项税额 - 进项税额 \quad （公式5.6）$$

二、研究局限性

（一）部分收入项目，如债券利息收入、股权投资收益等在营业税下免税或者不征税，但增值税下政策尚未明确，不排除对这些收入征税的可能性。因此，研究假设中采用营业税税基作为增值税税基，销项税额的估算可能会存在偏差。

（二）在用营业税额计算增值税应纳税销售额时，我们假设营业税税率为5%，而由于商业银行业务涉及面广，可能涉及其他税率。例如农业银行为农户贷款、农村企业和农村各类组织贷款取得的利息收入减按3%的税率征收营业税。但此类业务一般占银行主营业务比例较小，因此在本测算中不考虑。

（三）在测算销项税额时，由于考虑到各银行定价模式不同，无法准确测算在未来金融服务业纳入"营改增"后对于产品定价的影响，因此假定销项税额完全不转移到银行的客户层面，也不考虑"营改增"对于产品定价的影响。若部分销项税额将转移到银行的客户层面，税负也会相对降低。

（四）在测算可抵扣进项税额时，综合增值税专用发票取得率和认证率后，我们假定增值税进项税额抵扣率为80%。根据实际情况，可取得的增值税专用发票以及相应的可抵扣进项税额可能会存在浮动。

（五）在测算可抵扣进项税额时，由于相关政策尚未明确，对于各类固定资产和无形资产所涉及的抵扣期以及折旧费用相应进项税额抵扣政策不明确，因此暂按假设进行测算。此外，商业银行的经营模式差异很大，部分新增固定（无形）资产分为自建或自行研发，因此，这一类业务不一定都能取得增值税专用发票进行抵扣，固定资产进项税的测算可能存在偏差。

（六）进项税额的估算方法是按照投入产出表和行业来进行统一估算，因此各银行从其他产业采购的比例的差异性并不影响各银行之间的横向对比。由于数据来源的限制，目前采用 2010 年版本投入产出表的基础数据分析各上市银行 2013 年和 2014 年的税负变动和净利润变化，可能对测算结果造成一定的偏差。

（七）对净利润的变动测算暂未考虑"营改增"改造和操作成本的影响，主要是各银行的情况差异较大，难以取得较为准确的预测数据。

三、测算结果分析

（一）税负变动分析

表 5.2 和表 5.3 分别列示了在"营改增"的背景下，各上市银行 2013 年度和 2014 年度流转税税负变动的情况。根据测算结果，除个别数据之外，相对于营业税税收制度，各上市银行的流转税税负在增值税税制下会有不同程度（1%～10%）的下降。

从 2013 年的数据来看，各上市银行的增值税税负相对营业税税负下降了 2.01%，全国性股份制商业银行及城商行下降的比例大于大型银行（分别下降 2.82% 和 1.67%）；从 2014 年的数据来看，各上市银行的增值税税负相对营业税税负下降了 2.85%，大型银行下降的比例略微大于全国性股份制商业银行及城商行（分别下降 2.99% 和 2.54%）。

在选定 6% 的税率（一般征税法）为商业银行主营业务的基本税率、不扩大征税范围等基本假设下，"营改增"后，商业银行的流转税税负不会出现大幅上升的情况，甚至可能由于可抵扣进项税额的增加而出现较小幅度的下降，但各商业银行转税税负下降幅度并不一致，可能与自身的成本结构、业务特点等因素相关，相关分析过程和研究结论可参考本章第二节的内容。

表 5.2   银行业"营改增"前后税负变动的测算结果（2013 年）

单位：百万元、%

银行名称	销项税额[1]	进项税额[2]	增值税额[3]	营业税额[4]	税负变动[5]
工商银行	37245.28	3274.35	33970.94	32900.00	3.26
中国银行	23696.60	3683.33	20013.28	20932.00	−4.39
建设银行	31723.38	3982.27	27741.11	28022.32	−1.00
农业银行	27356.60	4242.93	23113.67	24165.00	−4.35
交通银行	11835.85	2143.75	9692.10	10455.00	−7.30
大型银行（小计）	131857.72	17326.62	114531.10	116474.32	−1.67
浦发银行	6801.51	727.87	6073.63	6008.00	1.09
光大银行	5636.12	622.55	5013.57	4978.57	0.70
民生银行	7773.96	1379.82	6394.14	6867.00	−6.89
兴业银行	7648.30	791.66	6856.64	6756.00	1.49
北京银行	2223.40	325.55	1897.84	1964.00	−3.37
华夏银行	3258.11	507.84	2750.28	2878.00	−4.44
招商银行	8473.58	1341.41	7132.18	7485.00	−4.71
中信银行	7541.44	1081.72	6459.72	6661.61	−3.03
南京银行	838.87	101.15	737.72	741.00	−0.44
平安银行	4080.00	773.90	3306.10	3604.00	−8.27
宁波银行	780.00	140.69	639.31	689.00	−7.21
全国性股份制商业银行及城商行（小计）	55055.30	7794.17	47261.13	48632.18	−2.82
合计	186913.02	25120.79	161792.23	165106.50	−2.01

注：

1. 销项税额＝增值税下含税收入／（1＋增值税税率）×增值税税率；增值税税率假定为 6%。

2. 进项税税额＝（营业支出－不可抵扣成本）×进项税额抵扣率×中间投入占比×增值税税率／（1＋增值税税率）；增值税税率假定为 6%，进项税额抵扣率假定为 80%。

3. 增值税税额＝销项税额－进项税额。

4. 营业税税额是根据年报披露的数据。

5. 税负变动＝（增值税税额－营业税税额）/营业税税额。

121

表 5.3　　　　　　银行业"营改增"前后税负变动情况（2014 年）

单位：百万元、%

银行名称	销项税额[1]	进项税额[2]	增值税额[3]	营业税额[4]	税负变动[5]
工商银行	41307.17	5085.69	36221.48	36488.00	-0.73
中国银行	25795.47	3567.10	22228.37	22786.00	-2.45
建设银行	35028.64	4760.05	30268.59	30941.96	-2.18
农业银行	29038.87	5045.49	23993.38	25651.00	-6.46
交通银行	12708.68	2128.66	10580.02	11226.00	-5.75
大型银行（小计）	143878.83	20586.99	123291.84	127092.96	-2.99
浦发银行	8120.38	714.90	7405.48	7173.00	3.24
光大银行	6402.29	772.67	5629.62	5655.36	-0.46
民生银行	8775.85	1695.36	7080.49	7752.00	-8.66
兴业银行	8923.02	869.04	8053.97	7882.00	2.18
北京银行	2652.45	370.12	2282.34	2343.00	-2.59
华夏银行	3881.89	595.20	3286.69	3429.00	-4.15
招商银行	10227.17	1643.14	8584.03	9034.00	-4.98
中信银行	8890.84	1154.73	7736.10	7853.57	-1.50
南京银行	1243.02	121.90	1121.12	1098.00	2.11
平安银行	5508.68	994.99	4513.69	4866.00	-7.24
宁波银行	876.23	178.80	697.43	774.00	-9.89
全国性股份制商业银行及城商行（小计）	65501.81	9110.86	56390.95	57859.93	-2.54
合计	209380.63	29697.84	179682.79	184952.89	-2.85

注：

1. 销项税额 = 增值税下含税收入／（1 + 增值税税率）×增值税税率；增值税税率假定为 6%

2. 进项税税额 = （营业支出 - 不可抵扣成本）×进项税额抵扣率×中间投入占比×增值税税率／（1 + 增值税税率）；增值税税率假定为 6%，进项税额抵扣率假定为 80%

3. 增值税额 = 销项税额 - 进项税额

4. 营业税税额是根据年报披露的数据

5. 税负变动 = （增值税税额 - 营业税税额）／营业税税额

（二）净利润变动分析

表 5.4 分别列示了在"营改增"的背景下，各上市银行 2013 年度和

2014 年度净利润变动的情况。根据测算结果，除个别数据之外，相对于营业税制度，各上市银行的净利润在增值税税收制度下会有所增加（1.5% 以内）。

从 2013 年的数据来看，各上市银行的增值税下净利润相对营业税下净利润提高了 0.10%，全国性股份制商业银行及城商行的净利润提高比率明显大于大型银行（分别提高 0.29% 和 0.03%）；从 2014 年的数据来看，各上市银行的增值税税负相对营业税税负提高了 0.20%，全国性股份制商业银行及城商行的净利润提高比率大于大型银行（分别提高 0.26% 和 0.18%）。需要指出的是，该测算结果暂未考虑"营改增"改造成本和操作成本的影响，倘若商业银行"营改增"改造成本和操作成本占当年净利润的 0.2% 或以上，则可能完全抵消"营改增"减税效应对净利润的提升作用。

"营改增"之前，商业银行营业收入包含营业税，"营改增"后，营业收入不再包含增值税，需将销项税额在增值税发票中分开列明，在未能转嫁项税额的情况下，银行业的营业收入金额会下降，下降的额度为增值税销项税额。营业支出方面，主要会带来两个变化：一是由于外购服务、不动产、设备等进项税额可以抵扣，带来营业支出的减少，减少的幅度与各行成本费用结构中可抵扣进项所占比例、供应商的定价策略和谈判议价能力有关；二是由于增值税是价外税，营业税金及附加会减少，减少的金额与过去缴纳的营业税金及附加大致相当。

总的来看，"营改增"的减税效应对商业银行净利润的提升作用很小，而其改造成本和操作成本可能会完全抵消甚至覆盖这一效果。

表 5.4　　　　　　　银行业"营改增"前后净利润变动情况

单位：百万元、%

银行名称	2013 年净利润（营业税）[1]	2013 年净利润（增值税）[2]	2013 年净利润变动率[3]	2014 年净利润（营业税）[1]	2014 年净利润（增值税）[2]	2014 年净利润变动率[3]
工商银行	253822.00	252592.04	−0.48	264228.00	264149.10	−0.03
中国银行	146414.00	146903.30	0.33	156281.00	156506.31	0.14
建设银行	212519.00	212404.33	−0.05	225454.00	225429.37	−0.01

续表

银行名称	2013 年净利润（营业税）[1]	2013 年净利润（增值税）[2]	2013 年净利润变动率[3]	2014 年净利润（营业税）[1]	2014 年净利润（增值税）[2]	2014 年净利润变动率[3]
农业银行	165780.00	166346.57	0.34	178939.00	180010.12	0.60
交通银行	60168.00	60711.60	0.90	63924.00	64334.86	0.64
大型银行（小计）	838703.00	838957.83	0.03	888826.00	890429.77	0.18
浦发银行	40622.00	40522.29	-0.25	46679.00	46484.82	-0.42
光大银行	26390.00	26321.04	-0.26	28510.00	28463.31	-0.16
民生银行	41160.00	41493.97	0.81	43574.00	44084.13	1.17
兴业银行	39519.00	39438.05	-0.20	45166.00	44988.68	-0.39
北京银行	13435.00	13484.84	0.37	15593.00	15624.97	0.21
华夏银行	15485.00	15573.95	0.57	17795.00	17896.32	0.57
招商银行	48842.00	49068.58	0.46	51877.00	52176.81	0.58
中信银行	37863.00	37969.36	0.28	38990.00	39035.01	0.12
南京银行	4475.00	4471.54	-0.08	5567.00	5541.84	-0.45
平安银行	15231.00	15479.79	1.63	19802.00	20082.91	1.42
宁波银行	4847.00	4882.94	0.74	5611.00	5627.62	0.30
全国性股份制商业银行及城商行（小计）	287869.00	288706.36	0.29	319164.00	320006.41	0.26
合计	1126572	1127664.18	0.10	1207990	1210436.17	0.20

注：

1. 根据年报所披露的数据。

2. 我们考虑了"营改增"对于利润表内各项收入和支出的影响，并设定了假设，测算增值税下的净利润。

3. 净利润变动 ＝（增值税下的净利润 – 营业税下的净利润）/营业税下的净利润。

第二节 商业银行"营改增"税负变动影响因素研究

一、研究假设

营业税税制下，营业税额是纳税人营业税额的固定比例，不受成本费用的影响。而增值税税制下，一般纳税人的计税依据即增值额应等于产出减去投入。若一般纳税人的成本收入比①越高，"营改增"之后流转税税负增加越少。由此，我们提出假设 a。

假设 a：商业银行的成本收入比越高，"营改增"之后流转税税负增加越少。

"营改增"的一项重要改革目标是将生产型增值税转变为消费型增值税，在消费型增值税下，一般纳税人采购固定（无形）资产的进项税额应允许抵扣，以此鼓励纳税人加大固定资产的和无形资产的投入、更新力度。显然，若一般纳税人固定（无形）资产的投入力度越大，在增值税税制下，当期可以抵扣的进项税额也越多，增值税应纳税额也相应越小。由此，我们提出假设 b。

假设 b：商业银行的固定（无形）资产投入力度越大，"营改增"之后流转税税负增加越少。

二、研究设计

（一）样本及数据来源

为保证一致性和可比性，本节实证研究所用的样本与上一节一致，仍为我国内地 A 股上市的所有 16 家银行，所选取的各个变量数据来源于 Thomson ONE 数据库各上市银行 2013～2014 年的财务报表。为扩大样本容量，保证回归分析结果的可靠性，我们将这两年的数据进行了合并，最终的样本容量为 32 个。

---

① 一般而言，上市商业银行年报披露的成本收入比的计算口径为业务及管理费除以营业收入。

（二）模型设定

我们采用二元线性回归模型来验证上述两个研究假设，其形式如下：

$$y = \beta_0 + \beta_1 X_1 + \beta_2 X_2 + \varepsilon \qquad \text{（公式5.7）}$$

（三）变量说明

y为被解释变量，即"营改增"之后流转税税负变动比率，具体计算公式为

$$y = \frac{增值税税负 - 营业税税负}{营业税税负} \times 100\% \qquad \text{（公式5.8）}$$

公式5.8的分母为营业税税制下，商业银行承担的营业税税负，分子为增值税税制下，商业银行流转税税负相对营业税税制的增加额。

X_1为验证假设a的解释变量，即商业银行的成本收入比，具体计算公式为

$$X_1 = \frac{业务及管理费}{营业收入} \times 100\% \qquad \text{（公式5.9）}$$

公式5.9的分母为商业银行当年的营业收入，分子为商业银行当年的业务及管理费（不包含利息支出等）。

X_2为验证假设b的解释变量，即商业银行的固定（无形）资产的投入力度，具体计算公式为

$$X_2 = \frac{固定资产本年新增额 + 无形资产本年新增额}{固定资产上年的存量 + 无形资产上年的存量} \times 100\%$$

$$\text{（公式5.10）}$$

公式5.10的分母为商业银行固定资产和无形资产上年的存量之和，分子为商业银行固定资产和无形资产本年新增额之和，这里的固定资产和无形资产的计量属性均为历史成本。

表5.5 研究变量定义及其描述

变量性质	变量名称	变量符号	变量描述
被解释变量	流转税税负变动比率	Y	税制转换下产生的流转税税负变动额与营业税税额的比值
解释变量	成本收入比	X_1	业务及管理费与营业支出的比值
	固定（无形）资产的投入力度	X_2	固定资产和无形资产当年新增额与上年存量的比值

三、实证结果分析

（一）描述性统计结果分析

表 5.6 列出了解释变量和被解释变量的描述性统计特征值（包括均值、中位数、标准差、最小值、最大值五项内容）。可以看出，各上市商业银行流转税税负变动各有差异，行业平均值为下降 3.07 个百分点，最大值为税负上升 3.26%（工商银行，2013 年），最小值为税负下降 9.89%（宁波银行，2014 年）。固定资产投入力度这一解释变量的跨度比较大，最小值仅为 2.31%（浦发银行，2014 年），最大值为 44.43%（北京银行，2014 年，该银行当年有大量在建工程转入固定资产）。

表 5.6　　　　　　　　　　变量描述性统计

项目　变量	均值	中位数	标准差	最小值	最大值
Y	− 0.0307	− 0.0320	0.0367	− 0.0989	0.0326
X_1	0.3815	0.3043	0.0436	0.2312	0.4077
X_2	0.1592	0.1314	0.1016	0.0231	0.4443

为了避免模型设定存在较为严重的多重共线性[①]问题，我们对解释变量成本收入比 X_1 和固定（无形）资产的投入力度 X_2 进行了 person 相关性检验，检验结果显示相伴概率 P 值为 0.3175，远远高于 1% 的统计显著性水平，说明两者之间不存在显著的线性相关性，排除了多重共线性问题对模型估计结果的干扰。

（二）回归结果分析

表 5.7 列示了使用统计软件 STATA12.0 对样本数据进行二元线性回归的实证结果。从回归整体显著性的 F 统计量对应的 P 值来看，远远低于 1% 的统计显著性水平，拒绝了两个解释变量联合不显著的原假设，表明模型的整体显著性非常好。而且模型的调整拟合优度系数（$Adj - R^2$）为 0.5548，表明该二元线性回归模型对样本观测值的拟合程度较高。

---

　　① 多重共线性（multicollinearity）是指线性回归模型中的解释变量之间存在精确相关关系或高度相关关系，而使模型估计失真或者难以估计准确。

表 5. 7 回归实证结果

项目 变量	系数	t 值	P 值
常数项	0. 1818 ***	5. 47	0
X_1	− 0. 6190 ***	− 6. 04	0
X_2	− 0. 1370 ***	− 3. 11	0. 004
$Adj - R^2$	0. 5548		
F 值	20. 32		
P 值	0		
样本数	32		

注：***，**，* 分别表示回归系数在 1%，5%，10% 的统计性水平上显著。

从解释变量回归系数估计值来看，成本收入比 X_1 的回归系数为 − 0. 6190，P 值远远低于 1% 的统计显著性水平，说明在其他条件既定的情况下，成本收入比 X_1 对流转税税负变动比率 Y 有显著的负相关影响，该回归结果支持假设 a。固定（无形）资产的投入力度 X_2 的回归系数为 − 0. 3170，P 值远远低于 1% 的统计显著性水平，说明在其他条件既定的情况下，固定（无形）资产的投入力度 X_2 对流转税税负变动比率 Y 有显著的负相关影响，该回归结果支持假设 b。

（三）稳健性检验

为了检验实证结果的稳健性，我们还进行了以下几项工作：首先，在模型中加入了一些控制变量，如资产收益率、资产负债率、年份哑变量、规模等，回归结果没有大的变化；其次，我们将研究期间扩大到 2012 年至 2015 年上半年，合并回归的结果显示两个解释变量仍然对被解释变量存在显著的负相关关系；最后，使用 robust test 来解决可能存在的异方差和序列自相关等问题，发现回归结果依然没有变化。

由于篇幅的限制，我们不对以上稳健性检验的结果一一进行汇报，但总体来说，该实证结果是较为稳健的。

四、研究结论及局限性

（一）研究结论

实证分析的结果支持了前文所提出的假设 a 和假设 b，即影响我国上市银行"营改增"过程中流转税税负变动的主要因素有两个：一是收入成本结构，研究发现成本收入比越高的上市银行，增值税税制下的流转税税负相对营业税税制下的流转税税负越低；二是固定资产和无形资产的投入更新力度，研究发现固定（无形）资产投入力度越大的上市银行，增值税税制下的流转税税负比营业税税制下的流转税税负越低。该研究结论不失一般性，可以推广运用到其他行业的"营改增"税负影响分析中。

（二）研究局限性

本节实证研究存在以下局限性：首先，该研究使用的被解释变量是上一节"营改增"税负对比测算的结果，故前文提到的计算这一指标方法的一些局限性仍然在本研究中存在，比如用营业税税基作为增值税税基，销项税额的估算可能会存在偏差；其次，由于我国 A 股上市银行数量有限，我们的研究样本仅有 16 家银行两年的数据（32 个样本），样本容量较少可能会产生一定的抽样误差；最后，回归模型使用的解释变量仅有 2 个，虽然已经达到了比较理想的拟合优度效果，但不排除仍存在一些重要影响因素的可能。

第三节 "营改增"改造及操作成本测算

一、"营改增"改造及操作成本示例及分析

由于增值税为价外税，不同于营业税，因此需改造的范围较广。为了测算"营改增"对于商业银行经营管理成本的影响，我们综合考虑了"营改增"改造的现实情况，对"营改增"改造成本以及增值税实施后的操作成本进行分析预测。表5.8 至表5.11 分别列示了某大型银行以及某中小银行的"营改增"改造及操作成本测算分析结果。

表5.8　　　　　某大型银行"营改增"改造成本测算　　　单位：元

序号	成本大项	成本小项	数据来源或假设	总价
1	税控硬件、软件采购	税控设备（包括服务器、扫描仪、金税盘、USB Key等）	根据供应商所提供的报价。	45008000
2	"营改增"咨询费用	咨询费	根据服务供应商所提供的报价。	4000000
3	内部系统改造费用	系统改造成本测算（包括开发费用、硬件系统资源添增、后续工作开发费用、系统测试费用等）	按照银行的科研费用的一定比例来核算内部系统改造费用。	95000000
		团队工资（包括开发团队、"营改增"小组、业务部门）		4740000
		业务梳理所涉及的费用	涉及的费用是相关的业务部门以及科技部门人员的集中办公费用。参与人数为90位，主要成本包括机票、住宿以及工时成本等。	6801500
			小计	106541500
4	客户信息采集	涉及的工作包括联系客户、补录信息	主要的费用包括客户信息采集所需的工时成本。我们假定每个对公客户需要半小时进行信息采集，并根据平均的工资，计算银行里530万个对公客户所需的信息采集费用。	225250000

续表

序号	成本大项	成本小项	数据来源或假设	总价
5	培训费用	相关的人员培训（包括应税事务管理人员培训费用、发票打印及验证人员的培训、系统改造后相关的用户培训）	主要的费用包括参与培训的人员误工费。参与培训的人员假定为所有改造系统的用户，涉及的人员近35万人。	134405880
			改造成本总计	515205380

表 5.9　　　　　某大型银行"营改增"操作成本测算　　　单位：元

序号	成本	数据来源或假设	总价
1	发票打印成本（包括打印机耗材、快递费用）	假定所有的收入都开票，每张发票票额为10万元，并且80%的发票需通过快递交给客户。根据年营业收入估算发票打印量和快递费用。	79616117
2	维修及升级费（包括金税系统软件维修、内部系统维修及升级）	按照银行科研费用的一定比例来核算内部系统维修及升级费。	31500000
3	操作人员成本（包括发票打印人员工资、发票验证人员工资、增值税管理人员工资）	假设每个营业网点安排一位发票打印人员。另外，假设每个一级以及二级分行安排一位发票验证人员和增值税管理人员。营业网点超过15000个，总共添加的岗位设置近23万人。	1735920000
		一年的操作成本（总计）	1847036117

131

表 5.10　　　　　某中小银行"营改增"改造成本测算　　　　单位：元

序号	成本大项	成本小项	数据来源或假设	总价
1	税控硬软件采购	税控设备（包括服务器、扫描仪、打印机、软件）	根据供应商所提供的报价。	2681000
2	"营改增"咨询费	咨询费	根据服务供应商所提供的报价。	3000000
3	系统改造费	增值税管理系统	根据系统供应商所提供的报价。	3800000
4	人工费用	"营改增"相关人员费用	主要的费用包括参与"营改增"的人员误工费。	6868000
	培训费用	人员培训	主要的费用包括参与培训的人员误工费。	98000
			改造成本（总计）	16447000

表 5.11　　　　　某中小银行"营改增"操作成本测算　　　　单位：元

序号	成本	数据来源或假设	总价
1	发票打印成本（包括打印机耗材、快递费用）	根据营业收入估算所需的发票打印量以及快递费用。	16430000
2	维修及升级费（包括金税系统软件维修、硬件软件维修）	根据系统供应商所提供的报价。	1040000
3	操作人员成本（包括发票打印人员工资、发票验证人员工资、增值税管理人员工资）	估算各营业网点所需的发票打印人员、发票验证人员以及其他相关员工费用。营业网点大约 150 个。	27820000
		一年的操作成本（总计）	45290000

从成本结构来看，商业银行"营改增"改造成本主要包括以下五类：

1. 税控硬件、软件采购成本。包括从税务机关指定的税控服务供应商采购的税控服务器、金税盘、USB Key 等硬件设备等。

2. "营改增"咨询费。商业银行的"营改增"准备工作量巨大，仅仅依赖银行内部人员难以胜任，需要聘请咨询顾问、事务所等专业咨询机构，借助其提供的有偿咨询服务来完成此项系统工程。

3. 系统改造费用。目前商业银行的业务处理和会计核算高度依赖信息化和自动化，在增值税下，需要对原有的业务系统进行改造，以实现产品和业务收入的价税分离，同时需要开发新的增值税管理系统对核算、申报、统计分析等各项增值税应税事务进行管理。

4. 人工和培训费用。人工费用包括财会和业务人员、科技人员等相关人员的工资薪金等，培训费用包括应税事务管理人员培训费用、发票打印及验证人员的培训费用、系统改造后相关的用户培训费用等。

5. 其他费用。由于各商业银行的情况不太一样，"营改增"准备工作中还需要一些其他投入，例如增值税模式下需要了解开票对象是否为增值税一般纳税人，而某些商业银行现有的客户信息未能满足这一要求，则需要通过联系客户、鉴定税务登记证等方式进行信息补录。

在顺利实现"营改增"过渡之后，商业银行仍面临巨大的操作成本，主要包括以下三类：

1. 发票打印和管理成本，包括发票的采购、运存、保管，打印发票损耗的材料，邮寄发票的快递费用等；

2. 维修升级费，包括税控设备维修升级、金税系统软件维护、业务系统后期改造及维护等；

3. 岗位设置工薪支出，包括发票打印人员工资、发票验证人员工资、增值税管理人员工资。

从测算结果来看，这两家银行的成本测算主要差异在于前者的系统改造是由内部进行开发改造，因此改造成本包括内部的开发费用、开发中心团队费用等。后者则是利用外购的增值税系统，因此改造费用主要是系统购入的费用。此外，由于大型商业银行规模较大，分支机构较多，因此硬件、软件采购、发票打印、岗位设置各方面所需的费用都会比中小商业银行高，改造以及操作成本也相对更大。总的来看，两家商业银行的"营改增"改造及操作成本较大，可能会对其成本控制和经营绩效产生一定的影响，各商业银行应当根据自己的实际情况分项目估算"营改增"改造及操作成本，并采取适当的措施压降相关成本。

二、分析法局限性

1. 在测算改造操作成本时，我们假定银行将设置新的岗位，聘雇营业网点所需的发票打印人员、发票验证人员以及增值税管理人员。因此，示例中的岗位设置费用占操作成本的绝大部分。但实际上，银行有可能把发票打印及验证工作分配给现有的员工，或把发票打印工作外包。在这种情况下，所需的员工成本将明显降低，操作人员成本的估算可能会存在偏差。

2. 发票的打印成本主要包括打印纸质发票以及将发票快递给客户的费用。但是，若电子发票实施，银行能通过电子平台开票及验票。这将明显减少发票打印所需的成本以及人员费用，"营改增"所需的操作成本也会相对地降低。

3. 各商业银行所采用的系统改造方式不一致，某些银行选择内部开发，而其他银行可能选择购买增值税管理系统。因此，对于系统改造费用的测算，也可能会存在偏差。

第四节 "营改增"对商业银行财务管理的影响

一、对预算管理的影响

执行全面预算管理是现代企业管理制度的基本要求之一，是提高经营管理水平和企业竞争力的重要手段。就预算管理对象而言，可划分为机构维预算管理、部门维预算管理、产品维预算管理和客户维预算管理；就预算管理内容而言，可划分为经营预算管理、财务预算管理、资本预算管理等。"营改增"会导致企业计税方式的差异、会计核算的改变，等等，预算管理也会随之发生改变。

首先，"营改增"会对商业银行的收入成本体系造成影响，商业银行必须对这些影响有一定的预期并随之调整自己的预算。税负方面，如本章第一节、第二节所述，相较5%的营业税税率，"营改增"后，银行业增值税税率预期为6%，考虑进项抵扣因素，商业银行总体税负也将略有变化；在收入成本方面，"营改增"后，商业银行实现收入和列支费用时，必须区分收入、成本与税金，实现价、税分别核算，分离出税额之后的收入成本也将略有下降。

其次，预算管理是一个过程管理，包含预算决策、编制、执行、控制和考核。预算的决策、编制是以前期经营成效和当期经营目标为基础的，在此基础上细化形成预算的执行、控制和考核措施。"营改增"后，必然需要依照增值税模式对前期经营成果重新进行评价，在此基础上对当期经营目标重新确认，再据以细化出增值税模式下预算执行、控制和考核措施。比如预算管理中常见的指标额度控制就需要根据核算方式的改变加以调整。

二、对会计核算的影响

如前文所述，增值税基本要求是对收入和成本费用实现价税分离核算，这是"营改增"对会计核算最基本的要求和最直接的影响。由于需要实现价税分离核算，这就给商业银行传统会计核算带来一系列的变化。营业税属于价内税，商业银行向客户收取的利息、手续费等款项全额确认为营业收入，相应的营业税需另行计算，并确认为支出；而增值税属于价外税，向客户收取的含税销售额应拆分为不含税收入和增值税销项税额，向供应商支付的货款及服务款项也应拆分为不含税成本和增值税进项税额，进项税额和销项税额均通过"应交税费——应交增值税"科目，在资产负债表上进行核算，不计入损益。以成本费用为例，在营业税下，商业银行采购的商品、服务从资产或成本费用科目列支时，按全价列支，不需区分流转税。而在增值税下，采购商品、服务等各项支出中所包含的增值税，一般情况下是可以作为进项税额进行抵扣的，这就要求列支时准确核算不含税金额与增值税，对于不含税金额依照会计准则要求核算为成本、费用、固定资产和递延费用等科目中，而收入与之同理。税金计入"应交税费——应交增值税"科目，再根据发票认证状态和税法管理规定进行核算。

在税款核算上，增值税应纳税额核算也比营业税应纳税税额核算要复杂。营业税下，按应税收入直接计算应纳营业税金及附加，再按期缴纳即可。而增值税要求，进行收入确认时，同时记录销项税额；在成本费用列支时，同样单独记录进项税额。商业银行业务种类繁多，需要针对不同交易分别判断其相应的增值税处理规则，确定交易对应的增值税适用政策、系统参数的维护、纳税复核程序，进而与其对应的销售、采购关联，根据销售、采购的不同商品、服务适用不同税率进行核算。此外，根据税法规定，随着商品、服务用途状态出现一些特殊情况的变化，对其所对应销项、进项税额还涉及一系列增值税特殊处理的核算。

税法规定：纳税人提供适用不同税率或者征收率的应税服务，应当分别核算适用不同税率或者征收率的销售额；未分别核算的，从高适用税率。可见，税法对混业经营提出分账核算规范的严格要求。随着金融创新加速，商业银行产品出现种类多样化、边界模糊化的现象。"营改增"后，银行业若不能正确区分各类经营业务的性质，不能分别核算各类业务的收入，将被要求按高税率计缴税款。例如黄金租赁业务如何划分经营业务类型，对其税负水平和业务发展有着很大影响。

表 5.12　　　　黄金租赁业务按不同性质的三种业务类型划分

划分标准	划分依据	适用税率
中间业务	从交易实质来看，黄金租赁业务并不占用银行自身资金，银行只为客户提供此项服务并收取一定手续费	6%
有形动产租赁业务	黄金符合有形动产的定义	17%
有形动产销售业务	若黄金的所有权和相关风险发生了转移，可被视同销售	17%

黄金租赁业务是一种客户向商业银行租入黄金，到期后归还黄金，并按期支付黄金租赁费的业务。通常黄金由商业银行从境外借入，通过金交所场内租借给客户，无法取得增值税专用发票。若黄金租赁业务按有形动产租赁或销售业务划分，则商业银行的黄金租赁收入适用 17% 的增值税税率，同时无可抵扣增值税进项税额，该项业务会因为增值税税负过重而无法开展。因此，"营改增"对会计核算提出了更为严格的要求，商业银行必须准确区分不同类型业务，并且分别进行会计核算，部分业务可能会因为划入较高的增值税适用税率的业务类型而遭遇发展限制。

三、对内部计价的影响

内部计价普遍存在于商业银行总分机构之间、各级分支机构之间以及各利润中心和成本中心之间。随着金融创新的加速和商业银行产品、机构、部门等多维度的发展，一些新兴金融产品和服务往往突破了时间、空间和机构的限制。一项金融服务供给的背后，包含着一系列的机构、部门的贡献与支持，如科技中心的软件开发、数据中心的数据处理、清算部门的资金结算、风险管理部门的风险管理控制等。这就要求商业银行在"营改增"之后适当调整内部计价，准确地将产品服务所实现的利润和所花费的成本通过内部计价按一定规则准确地核算到产品线上的各相关部门。

以客户持卡消费为例，分别涉及银行卡发卡行、银行卡结算组织、POS 消费终端发行 3 家机构，由此产生了客户消费的佣金在以上 3 家机构间分配的需求。同样在商业银行内部，也存在不同纳税主体之间商品、服务的供给关系，这就需要在内部计价时准确将相应税负核算到正确纳税主体。在营业税税制下，不同机构之间内部计价仅需做资金划转即可，但在增值税税制下，就需要考虑不同纳税主体之间的增值税问题，同时结合税务因素合理规划，避免由于内部计价原因，造成商业银行税负大幅增加。

解决方案一是取消商业银行内部计价时真实的资金划转，通过模拟还原将相应的利润、费用还原到对应机构。该方案优点在于税收管理上简单易行，减少了各级机构资金划转，但缺点也十分明显，不符合商业银行精细化管理要求，与商业银行现行运营模式差距较大，对业务系统改造程度较大。同时由于各级利润中心、成本中心之间不进行真实利润及支出的划转，极有可能出现利润中心有大量销项却缺少相应进项可抵，而成本中心则相反发生大量进项却因缺少销项而无法及时足额抵扣现象。

解决方案二是商业银行仍按现行方法进行内部计价及资金划转，涉及系统改造的地方为在内部计价时同时分别登记内部计价双方的增值税销项、进项登记簿，双方据以定期开立增值税专用发票，从而准确核算增值税税款。该方案的优点在于真实还原了商业银行各级分支机构的经营业绩，有利于精细化管理，符合商业银行现行管理模式，对业务系统冲击较小，在税收管理上也符合以票控税的管理原则；缺点在于必将造成商业银行内部机构相互间大量的发票开立、传递、认证业务，增加了税务管理难度与成本。

第五节　"营改增"对商业银行经营管理的影响

一、议价能力提升

"营改增"后，增值税抵扣链条的减税效应为银行提供了价格博弈的可能性，通过调整业务活动中的报价水平，税收收益可按照一定比例在银行与客户之间、银行与供应商之间分配，双方作为上下游企业通过价格博弈来消化增值税专用发票抵扣所带来的减税利益。

以中间业务为例，"营改增"后，如果客户是增值税一般纳税人，则其支付手续费中包含的增值税可以抵扣，实际融资成本会下降。在保持客户融资成本不变的情况下，银行可以获得更高的中间业务收入定价水平。但是，如果客户是增值税小规模纳税人或是非增值税纳税人，由于不能形成增值税链条，就不具有减税效应。

以采购管理为例，"营改增"后，小规模纳税人及大部分现代服务业纳税人的税负都有不同程度的下降，这为商业银行与供应商的合作提供了一定的议价空间。银行在经营活动中，选择货物和服务供应商时，可适当结合纳税人的税负变化情况选择合作对象，购买会展、广告、鉴证、咨询、技术等服务时，了解供应商税负下降程度，议定合作价格，压降采购成本。

二、固定资产投入和更新力度加大

"营改增"前，商业银行按营业收入全额征税，外购房地产、电子设备等发生进项税额不能抵扣，由于房地产业、建筑业等服务行业同样实行营业税税制，商业银行向这些行业购入的服务成本无法获取相应的进项税额发票，也不存在抵扣进项税额以降低固定资产购入成本的问题。"营改增"后，根据政策动向，房屋建筑物等不动产的进项税额可能允许分期进行抵扣，电子设备、交通工具以及其他固定资产的进项税额则可能允许当期一次性抵扣，这样商业银行采购固定资产的成本将会减少，有利于加速其固定资产的更新与改造。

在利润增速放缓、资产质量下滑的背景下，很多商业银行对于固定资产的更新升级畏首畏尾。"营改增"对于处于发展壮大时期，需要进行技术和设备革新的银行而言，无疑是"雪中送炭"。表5.13列示了某大型银行2014年全年新增各类固定资产162亿元，在供应商不提高定价和增值税全面放开抵扣机制的情况下，可为其带来接近20亿元的可抵扣进项税额，换言之，该银行固定资产投入和更新的成本降低了约1/8。可以预计，"营改增"实施之后，商业银行对固定资产投入和更新的意愿会进一步增强，经营管理效率也会随之提高。

表5.13　　　　某大型银行2014年新增固定资产及进项税额测算

单位：万元、%

固定资产分类	全年新增	可能的适用税率	进项税额
房地产	724476.02	11	71794.92
电子设备	559472.96	17	81290.94
交通工具	5160.47	17	749.81
固定资产装修	52013.18	11	5154.46
其他固定资产	279033.32	17	40543.30
合计	1620155.95		199533.44

三、业务外包增多

目前，在信息服务、物流服务等行业，企业将部分辅助性、非核心业务外包出去已经是发展潮流。银行将此类业务外包，可以使银行集中有限资源发展核心竞争力，同时分散经营管理和技术开发中的风险。但在"营改增"之前，非核心业务如果由银行内部提供不需要缴纳营业税，如果由银行外部提供，则外包商需要缴纳营业税，外包业务税负大于内部提供税负，从而影响和制约了外包业务发展。"营改增"后，虽然提供外包商仍需要缴纳增值税，但银行可以从中获取增值税进项税额进行抵扣，此时外包业务税负和内部提供税负大致相等。因此，"营改增"消除了商业银行将辅助性、非核心业务进行外包的税收障碍，有利于推动银行业业务外包和专业分工的发展。

第六节　本章小结

本章主要研究在一定假设前提条件下，"营改增"对商业银行经营管理的影响。根据 A 股上市的 16 家商业银行 2013～2014 年财务报表数据，研究"营改增"对其税负变动、净利润会带来怎样的影响。通过测算，可以得出，除个别数据外，相对于营业税税收制度，在增值税税制下各上市银行的同期流转税税负均有不同程度升降。从净利润角度来看，"营改增"商业银行端的减税效应对商业银行净利润的提升作用较小，短期内"营改增"改造成本和操作成本可能会完全抵消这一效应。在此基础上，本章对不同商业银行"营改增"税负变动因素进行了研究。

通过样本研究和实证分析，得出影响我国上市银行税负变动的主要因素有两个：一是收入成本结构，研究发现成本收入比越高的上市银行，增值税税制下的流转税税负相对营业税税制下的流转税税负越低；二是固定资产和无形资产的投入更新力度，研究发现固定（无形）资产投入力度越大的上市银行，增值税税制下的流转税税负比营业税税制下的流转税税负越低。同时本章对商业银行"营改增"的改造及操作成本进行了测算，并对"营改增"对商业银行财务管理、经营管理的影响进行了探讨。

第六章 商业银行"营改增"工作方案设计

随着中国金融改革的稳步推进，金融机构改革发展已经进入了新的阶段，进一步深化国有控股大型商业银行改革的任务愈加紧迫。此前10年，国有控股大型商业银行经过财务重组、注资、引入战略投资者、股改上市等一系列改革，获得涅槃重生。而今，新一轮银行业改革进入关键时期，2015年6月，交通银行深化改革方案获得国务院批准同意，这个方案包括探索有中国特色的大型商业银行公司治理机制，深化经营机制改革，塑造未来盈利增长模式，这意味着深化商业银行改革的步伐正在加快。"营改增"作为国家财税体制改革的一项重要内容，与商业银行深化金融改革相互融合，必将在银行业发展进程中产生巨大的综合效应。

第一节 工作战略

一、依法合规战略

"营改增"对商业银行而言，是对长期所适应的流转税税制的一次重大变革，需要较长的周期逐步适应。当前，经济活动的范围越来越广泛、内容也越来越复杂，金融业务复杂性、流动性、国际化发展趋势日益明显。增值税税制下原本蕴含的政策制度风险、征收管理风险、纳税管理风险等问题，商业银行"营改增"初期未必能充分认识并加以防范。同时虚开增值税发票存在着巨大的利益诱惑，需要应对银行内部及外部的风险。因此，"营改增"过程中必须逐步建立符合新税制要求的管理体系，建立和健全内部控制，确保有关法律、法规和规章的贯彻执行。

（一）主动防范税务风险

由于国家实施金税工程，假增值税专用发票基本杜绝，但虚开增值税专用发票行为普遍，企业的管理跨度大，链条长，在发票的取得环节难以避免会出现问题，且增值税监管相对营业税而言更加严厉，情节严重甚至触及刑法。如：我国《刑法》规定了虚开增值税专用发票罪和虚开用于骗取出口退税抵扣税款的其他发票罪，数额巨大或者有其他特别严重情节的，处 10 年以上有期徒刑或者无期徒刑，并处 5 万元以上 50 万元以下罚金或者没收财产。2014 年底，国家税务总局会同国家发改委、中央文明办等 20 个单位联合签署《关于对重大税收违法案件当事人实施联合惩戒措施的备忘录》，对税务机关的重大税收违法案件当事人实施 18 项联合惩戒措施，标志着税收违法"黑名单"制度正式确立。2015 年 3 月，重大税收违法当事人信息共享及联合惩戒措施正式实施。税务风险有可能造成"三重损失"：不但造成经济损失，还影响社会形象，情节严重、性质恶劣的，还会被追究刑事责任。

对商业银行而言，"营改增"不仅带来新的税收风险，同时营业税税制下长期存在的诸多政策风险如果处理不好，可能在增值税税制下风险同样存在。由于企业和政府之间的信息不对称，企业对于法规和司法立意的理解程度的有限性以及我国税收法规建设的相对滞后性，致使企业难以做到完全规避税务风险。为了有效实施增值税税务风险管理，商业银行必须建立符合自身经营规模、发展规划和管理现状的税务风险管理制度，健全并不断完善税务风险识别和评估的程序和方法，把握和预测税务风险的性质、影响程度和发生概率，完善税务风险应对机制和方案。

（二）加强"营改增"操作风险控制

操作风险是指由不完善或有问题的内部程序、员工和信息科技系统，以及外部事件所造成损失的风险。操作风险包括法律风险，但不包括策略风险和声誉风险[①]。

"营改增"由于对经营模式的巨大冲击，原有运营模式必然相应变化，业务处理流程需要根据增值税管理要求重建。商业银行法律上需要防范签订的合同，因违反增值税相关法律或行政法规可能被依法撤销或者确认无

---

① 《商业银行操作风险管理指引》第三条。

效，因违约、侵权或者其他事由被提起诉讼或者申请仲裁，依法可能承担赔偿责任，业务活动违反增值税相关法律或行政法规，依法可能承担行政责任或者刑事责任。需要为增值税操作风险管理配备适当的资源，包括但不限于提供必要的经费、设置必要的岗位、配备合格的人员、为操作风险管理人员提供培训、赋予操作风险管理人员履行职务所需权限。及时对增值税操作风险管理体系进行检查和修订，根据"营改增"有效地应对内部程序、产品、业务活动、信息科技系统、员工及外部事件和其他因素发生变化所造成的操作风险事件。

（三）规范关联方交易定价管理

《中华人民共和国增值税暂行条例》及其实施细则规定：纳税人销售货物或者应税劳务的价格明显偏低并无正当理由的，由主管税务机关核定其销售额。由于在营业税的环境下企业并不需要考虑流转税中的定价风险，在增值税下商业银行还缺乏对转移定价的行为管理能力和经验，因此在税务风险方面是商业银行"营改增"过程中必须关注的新问题。

"营改增"后，关联交易不再存在重复纳税的情况。因此需要对目前的关联交易价格进行梳理，重新确定内部关联交易价格，使企业整体利益最大化。但在关联交易的价格制定上，必须充分兼顾定价的公允性，以防止因定价不合理，被税务机关认定为税务操纵和利润调整，诸如较容易引起税务机关关注的租赁费用、物业管理费用等。

（四）高度关注网络环境下风险暴露对银行经营的影响

随着网络技术的不断发展，银行网点在日常经营过程当中越来越依赖网络系统和计算机设备来运行。客户所有的交易数据，银行的资金信息等都是以计算机数据的形式存储在银行系统内部的，银行的一切业务的运作也是依靠系统来进行，那么银行系统运行的稳定性将直接影响到银行日常运作。银行业影响的范围广泛，地理范围影响到全国多个城市上千家网点，影响的市场人群更是数以千万之多。风险事件的发生影响所造成的不仅仅是客户资金成本和时间成本的损失，更是社会、市场对商业银行信心的丧失。这种信赖一旦被打破，将会对银行的运行造成很大的影响。

当前商业银行内部系统承载了大量的客户信息数据和大量的交易指

令，之前也已经安全、高效、稳定地运行了几十年。网络环境下任何一个小小的事件都会被放大成为社会和公众舆论的对象，上升到一个前所未有的高度。所以保证"营改增"过程中商业银行信息科技系统的稳定运行是至关重要的，既要利用网络环境发展给银行经营带来的红利，也要警惕网络环境给银行经营带来的风险，保障数据安全与平稳过渡至关重要。

二、成本控制战略

"营改增"使得银行业成本发生一系列变化，一方面中国的银行业成本管理较为粗放，固定资产规模较大，投入要素较高；另一方面较好的银行公司治理可以发挥提升绩效方面的积极作用，良好的公司治理质量可以更好地应对"营改增"可能带来的绩效负面影响。根据前文实证分析的结果，商业银行"营改增"过程流转税税负的变动受到两个因素的影响：企业成本结构、企业投资周期。此外，税制转换所带来改造及操作成本也是不容小觑。因此，"营改增"过程中必须强化企业税收成本管理，健全控制要素，确保相关要素对企业经营绩效产生正向推动作用。

（一）加强企业税收成本管理

降低经营成本是企业实现利益最大化的一个主要手段，而税收成本是企业经营成本的重要组成部分，所以，加强对税收成本的管理和控制是降低经营成本的重要途径。企业从事经济活动涉及哪些税金、实现了多少税金、缴纳了多少税金、欠缴多少税金、税金的结构比例等一系列的税收情况，直接影响国民收入在国家与企业间的利益分配关系。

"营改增"必然带来企业经营绩效的变化，但是对税负变化的准确认定在操作上是有一定难度的，由于企业税负不仅受到税制改革的影响，同时受企业经营周期的影响，当两个因素同时起作用时，很难区分税负变动是生产周期因素还是其他因素作用。因此，有效控制增值税成本必须建立与影响要素相关的全面成本控制体系，合理安排资本结构、成本结构、提升市场竞争能力。

（二）实现成本项目充分抵扣

从增值税的根本属性来看，其税负最终是由消费者承担的，因此对企业而言理论上不存在税负概念。但在"营改增"过程中，我们必须考虑税负的变化对经营绩效的实际影响，消化由于税制改革对经营绩效带来的不利影响。从某种程度上说，企业成本进项能否充分抵扣，既影响商业银行实际税负，也影响到"营改增"过程中的银行产品定价管理。

税收是企业的一项无偿性的支出，也是一项影响企业利润的费用。当前，随着银行业利率市场化进程加速，商业银行利差水平呈现不断下行的趋势。因此，企业通过合理的增值税成本控制以达到少纳税的目的是节约税金的一种有效的措施。寻找降低增值税税收成本方法和途径，最直接有效的一个方法就是通过充分实现增值税进项的现金权利，达到成本在增值税税制下的最小化目的。

三、业务发展战略

从"营改增"试点行业的情况来看，实施"营改增"以后，除了企业税负有一定减轻外，对试点企业议价能力、设备更新、服务外包、组织结构调整、竞争能力、境外业务拓展等方面都带来一些积极影响。中国银行业在"营改增"过程中，如何把握税制改革与业务发展、经营结构调整的紧密结合，将成为这项改革的核心任务。

（一）促进产品定价能力提升

"营改增"实际上是给所有的企业和公司，提供了一个新的市场机遇。一个缴纳营业税的企业改缴增值税后，整个市场的定价要随之调整。在"营改增"之后，除了企业本身，还包括与之有业务往来的企业，都需要进行相关"营改增"的测算工作。要测算如何根据自身适用税率、扣除标准进行定价，如何盈利，同时还要考虑，如何能够跟对方谈判。

银行业"营改增"直接影响商业银行的税负水平、经营绩效和经营行为，更会通过商业银行经营模式的变化对金融与实体经济关系、社会收入分配和再分配等重大利益关系产生深刻影响。增值税对购销定价决策的影响应该符合双方交易原则，要考虑到自己的决策对供应方和购买方的影响以及它们可能的反应。商业银行要改进传统定价模式，根据自身的资产负债情况、全行战略定位，结合相应的资金成本、运营成本、经济资本成本、客户风险成本、税务成本等各项成本，同时考虑客户综合贡献、同业竞争等情况建立以客户为中心的集成定价系统，针对不同客户分类制定与风险匹配的差异化定价策略，以赢得市场份额与自主定价能力的提升。

（二）促进多元化经营发展

营业税的缺点之一，就是重复征税，税负重。重复征税不利于企业专业化生产，越是大而全的，税负越轻。越是专业化程度分工很细的，水平很高的，税负反而重。"营改增"对大型产业集团来说，最大的好处就是降低了主辅分离的成本。"营改增"之前，集团开办证券、保险等子公司，母公司与子公司、子公司之间产生的业务往来收入（关联交易），例如子公司支付给母公司的手续费、佣金，从集团层面看并不会产生效益增值，但在营业税税制下，母公司需要按照应税营业收入缴纳相应的营业税金及附加。"营改增"恰恰解决了由于多元化经营所产生的流转税税负增长问题。

随着服务精细化和多元化发展，必然带来"大而全、小而全"的全能型企业的减少，专业化协作增强，出现外购比重加大、中间投入增多、增值比例降低的趋势。"分灶吃饭"可以大大提高资源利用效率，分离后的企业如果属于"营改增"试点范围，增值税抵扣链条保持完整，商业银行辅业分离税收负担明显减轻。

（三）促进行业竞争能力提升

"自20世纪70年代以来，资本在国际间的流动开始解禁，企图税收最大化的决策者与相信竞争会带来优良税制的人开始短兵相接。"[1] 自由税收竞争是税制改革的最大原动力，有助于通过持续的减税促进经济、社会的持续发展。在过去的几十年间，越来越开放和竞争性的环境对税制产生了许多积极的促进作用，无论是欧美发达国家或发展中国家，都试图通过税制改革激发国内经济活力，保持经济可持续发展。

在中国经济步入"新常态"阶段，国内银行业发展所面临的竞争将更加激烈。对于任何组织而言，运用公平机制与价格机制，力争比竞争对手更快地应对环境变化的速度竞争优势是每个组织不变的追求。但是，由于

---

① 克里斯·爱德华兹，丹尼尔·米切尔：《全球税收革命：税收竞争的兴起及其反对者》。

组织本身的特征和具备的竞争条件差异，不是每个组织在速度竞争的建立上都具备一致的标准，不同的组织在速度竞争优势上存在着很大的差异。从市场角度出发，"营改增"改变了中国银行业市场竞争环境，无论实体经济还是金融市场，都可能因银行业的税制变化产生经济利益格局的变化。商业银行需要迅速创造成本、价值、时间竞争方面的优势，在税制改革过程中提升自身竞争力。

（四）促进境外业务拓展

2001 年，中国加入世界贸易组织后，明确提出要实施"走出去"战略。2014 年以来，党中央、国务院提出"一带一路"战略构想并不断推动落实，亚太自贸区、中非合作等国家战略逐步推进，也为国内银行业的国际化发展带来重大机遇和新的挑战。同时，受国内经济"三期叠加"影响，银行业资产质量恶化，资本实力雄厚的大型商业银行亟需开辟"新大陆"。在新一轮对外开放进程中，抓住"一带一路"战略契机，加快海外业务布局已然成为国内商业银行国际化战略的一个支点。

当前，财税政策对金融服务"走出去"的支持不足。在营业税税制下，银行业跨境服务不能实现出口退税，也不能享受免税待遇，在国际市场上形成双重征税，削弱了我国银行业的国际竞争力。"营改增"能够从制度设计底层有效地解决这个问题，商业银行要把握住税制改革带来的机遇，有效推动和促进金融服务全球化战略。

第二节 工作原则

一、整体成本领先/差异化战略原则

"营改增"直接影响商业银行的税负水平、经营绩效和经营行为，更会通过商业银行行为模式的变化对金融与实体经济关系、社会收入分配和再分配等重大利益关系产生深刻影响。与此同时，经营结构和经营模式的转型已经成为国内商业银行的当务之急，应对所处外部环境的变化做出及时调整，抓住"营改增"这一改革契机，利用增值税税负特性，专注于创造成本和差异化两种竞争优势，一手抓好产品定价，一手抓好成本进项抵扣，促进商业银行更好地参与市场竞争，提升商业银行发展质量和可持续发展能力。

二、逐步深入、稳步推进原则

目前，我国财政税收部门对金融业"营改增"尚无明确的改革方案和时间表，应在方案出台前以增值税基本原理为指导开展工作，妥善解决政策不明确与改革成本不可逆的矛盾，避免成本无效和反复投入。"营改增"不仅对金融机构自身影响重大，还会通过金融机构产生的外溢性，对金融消费客户产生巨大影响。改革实施不仅要保证商业银行内部税制改革平稳，同时应充分考虑客户在经济利益、服务效率方面的体验，在改革实施过程中确保同客户的正确及时沟通，还需统筹安排，上下联动，确保改革有条不紊地进行。各级发挥自身优势，上下协同，步调一致。

三、集约灵活的业务处理原则

商业银行由于客户群体庞大，一旦成为增值税纳税人，相关的税务操作远比缴纳营业税时繁杂，必须积极适应税制改革带来的变化，创造性地实施集约化处理新模式。同时，增值税税制改革过程中由于其复杂性及流转过程涉及上下游行业利益，实施后难免出现政策反复，因此在系统改造上必须实现以参数控制流程，具备较强的灵活性，减少后期改革成本。

四、依法合规、防控风险原则

"营改增"涉及产品定价、内部财会管理、业务处理系统的改造等诸多方面，受到各种监管政策、税收政策、会计政策的约束，商业银行各部门及机构要对此予以充分考虑，精心组织实施，在实现商业银行价值最大化的同时，做到税制转换的依法合规，防控可能出现的各种风险。

五、系统控制原则

商业银行客户数量庞大，每日处理的数据量数以亿计，靠人力过程繁琐且容易出错。商业银行应充分评估"营改增"对目前各系统平台的影响。尽量通过系统平台进行数据集中处理分析监控进项统计、销项统计、发票统计。从而实现应税风险控制，将"营改增"对现行业务的影响减少到最小。

六、内外协同原则

加强企业内部协调与外部反馈，相互支持，相互配合，切实做好纳税人认定、发票印制供应、税控器具配置、涉税风险防控、收入核算分析等一系列工作；确保"营改增"在征管上无缝对接，平稳过渡。主动加强与财政部、国家税务总局等部门联系，积极在征管政策上争取更多的支持；及时向高级管理层汇报"营改增"工作的总体安排和工作进展情况，及时研究和解决工作中遇到的困难和问题，推动改革顺利实施。

第三节　工作组织

"营改增"是一项庞杂而艰巨的系统工程，需要商业银行各部门、各条线相互协调分工，可以借助一定的外部力量以实现改革目标。如引入专业团队，让专业的人来做专业的事，聘请社会专业咨询机构组成"营改增"项目专业咨询团队。社会专业咨询机构在前期帮助其他行业实施"营改增"过程中积累了一定的改革实施经验，且熟悉增值税相关制度和处理流程，具备相关信息技术积累，可以帮助商业银行在改革过程中少走弯路。由于整体工作存在大量需要沟通协作的问题解决，工作组织上可以采取内外部团队集中办公的形式，提高整体工作效率。

一、大部分商业银行的产品研发设计、风险计量、组织推广集中在总行层面，因此由总行组建"营改增工作团队"牵头，整体工作较为高效，主要负责以下几个方面内容：

（一）负责"营改增"实施前和实施过程中日常事务，包括与税务机关和行内部门的沟通协调，政策研究追踪，全行实施方案和架构设计。

（二）建立全方位增值税管理体系，梳理业务流程和识别关键风险点，制定全行增值税内部控制流程。

（三）确定总体工作推进模式（同步或分步式推进），安排全行分支机构个性化系统改造升级，布置各项入围准备工作。

二、业务部门需要对其产品进行梳理并提出系统改造需求。在此次"营改增"项目中主要工作任务包括：

（一）梳理本部门的产品，根据税务规则和科技部门的要求编写相关的系统改造业务需求书，协助软件工程师编写软件需求书。

（二）梳理各类业务处理科技系统应用，出具相应的系统改造业务需求说明书。

（三）对于"营改增"项目中及之后可能对业务流程产生的影响及风险点进行把控，着手更新对应的管理办法、制度、系统操作指南。

三、科技部门需要评估"营改增"系统改造升级工作量，组建"营改增"技术支持团队，组织项目需求评审并对应用项目立项改造，发起外部系统评测与集中采购流程。系统改造期间配备专职架构师，项目开发人以及系统开发、测试人员，全面支持"营改增"项目所涉及的系统改造和开发。主要职责分工如下：

（一）增值税管理系统、发票管理系统等功能模块开发。

（二）相关业务系统的价税分离改造。

（三）税控设备采购和相关系统接口改造。

（四）客户纳税人信息模块开发等。

第四节　工作内容

通过实践经验的总结，我们认为"营改增"工作主要包括以下几个方面内容。

一、客户信息采集

由于增值税专用发票的开具必须包含七个要素，包含发票代码、发票号码、购货单位纳税人识别号、销货单位纳税人识别号、税额、金额、出票日期。而客户信息是其中的重要组成部分。因商业银行原有的客户基础信息不能满足增值税发票的开票要求，需要独立开发一套客户涉税信息采集系统，要能够支持通过柜面、网银等渠道进行维护与展示。为了保证开票信息的准确性，客户涉税信息库与现有客户信息内容相对独立，部分基础类信息数据可以共享，但不联动修改。

二、产品梳理与计税规则设置

为了确保"营改增"的改造工作涵盖所有相关产品和业务，商业银行的首要工作是从全行产品清单和收入项目入手，对涉及增值税的产品进行逐一梳理并确定计税规则。在产品梳理中，针对共性问题设计通用增值税处理规则，而针对个性问题则个性化处理。在产品计税规则梳理的基础上，形成增值税价税分离方案软件需求，并进行核心系统和外围系统的开发和改造。

三、系统改造与测试

"营改增"实施工作涉及面广，工作量大，政策预留改造时间紧迫。大型商业银行涉及上百个系统和上万个服务项目，"营改增"对商业银行的系统硬件支持、软件的改造是一个较大的挑战。"营改增"系统改造工作的主要落地内容是进行应税收入的价税分离、为客户提供发票、进项税抵扣以及增值税管理系统的开发四部分。应税收入价税分离是对归属于商业银行的不含税收入和不归属于商业银行的增值税销项税额进行计算与核算，确保全行所有应税收入都能准确核算增值税销项税额；为客户提供发票是根据客户要求与其增值税纳税人身份，为客户出具增值税专用发票或增值税普通发票，履行税法规定的义务；成本进项税抵扣是对商业银行取得的进项税进行认证、归集、核算，并用于抵扣，从而准确计算商业银行应缴纳的增值税税款；增值税管理系统是对商业银行增值税进项销项数据进行归集，进行纳税申报，同时对各层级纳税机构进行过程监控、统计分析与风险控制。

为了系统顺利投产，商业银行应在系统投产之前组织相关人员参与系统测试。系统测试能及时发现系统开发中的漏洞及系统功能不足，还能为下一步工作提供经验。

四、销项税和收入管理

销项税和收入管理旨在实现所有应税收入在纳税义务发生期间按照正确的税率计算缴纳税款。为了确保销项税和收入管理工作能够涵盖商业银行的所有相关产品和业务，可以采取基于产品级别的"三刀切割法"，从产品、收费项目和交易入手，对涉及应税收入的产品进行逐一梳理并确定计税规则。在产品计税规则梳理的基础上，形成增值税价税分离方案软件需求，并进行核心系统和外围系统的开发和改造。

五、进项税和成本管理

进项税是指购进货物或者接受加工修理修配劳务和应税服务，支付或者负担的增值税税额。纳税人在购进货物或应税劳务、支付运输费用时，可凭借供应商所开具的抵扣凭证申报抵扣进项税额。进项税"应抵尽抵"能够有效降低企业成本费用支出，并最终影响利润，因此进项税管理应是增值税管理的重点之一。为实现充分抵扣的目标，商业银行可以设计以系统控制为主、人工控制为辅、从增值税会计、进项税发票管理等多个维度入手的进项税管理办法，旨在提升进项税抵扣比例，降低税负成本。

六、增值税发票管理

增值税实行"以票控税"，增值税发票的管理十分严格，尤其是增值税专用发票具有可抵扣性，因此需要视同现金管理。增值税专用发票和增值税普通发票均需要销售方通过增值税专用设备上传税务机关金税系统，并由金税系统进行加密后将价税分离后的信息进行打印。因此增值税发票打印网点的布控和内部管理安排将对"营改增"的顺利过渡产生十分重要的影响。商业银行应当以风险管理为导向，以业务实际需求为出发点，在经营区域内合理设置开票网点。

七、"营改增"过渡期的工作安排

跨"营改增"实施之日的存续业务的相关处理是企业实现"营改增"平稳过渡的重要影响因素之一。其中存续业务的相关处理主要集中在两个方面：一是跨"营改增"实施之日的合同的处理，例如跨期贷款合同，又如跨期采购合同；二是过渡期发票的处理，如"营改增"前收取的中间业务收入尚未开具营业税发票的，"营改增"之后应如何开具发票。过渡期工作安排受政策不确定性的影响较大，但应尽可能在工作方案中对过渡期事项予以考虑，为政策明确后灵活应对创造空间。商业银行应在考虑多重影响因素的基础上，开展存续合同审阅工作，并设计过渡期发票开具的应对方案。

八、法律事务

全面梳理与流转税相关的法律流程，包括全行贷款、中间业务收费、商品和劳务采购合同文本，做好税制转换准备工作。研究制订增值税税制下的全行格式合同文本，增加纳税人身份信息、合同标的价格定义（含税价、非含税价）、支付时间、发票开具种类、发票开具时间及送达方式等合规信息。

九、风险控制

增强税务风险意识，完善"营改增"税务风险内控机制。一是提高全行各层级对于税务风险管理重要性的认识，加强"营改增"内控管理机制系统性建设。二是加强制度、业务、风险管理、合规控制等部门在涉税风险防控机制上的联动协作，在各个业务环节处理上依法合规执行税收政策。三是进一步明确税务管理部门和涉税管理工作人员工作职责，建立健全监督制约机制，按照税务风险控制要求统一开展"营改增"工作。

十、集中采购供应商管理

在供应商推荐、准入等环节设置对一般纳税人和小规模纳税人的选择。从项目需求预算开始，研究进行价、税分列。研究在商务谈判阶段，如何收集供应商完整、准确的纳税基础信息。研究优化供应商信息库管理，增补供应商纳税基础信息，完善供应商信息要素组成。

第五节　一般计税法下的增值税会计核算方法

银行业"营改增"的实施，意味着无论采用何种方案，商业银行都要对销售收入进行价税分离，对进项税进行区分抵扣。因此，需要对现行增值税相关会计科目按照不同的增值税处理类别进行扩容，以满足管理需要。

一、账户设置[①]

（一）营业税会计核算和增值税会计核算的区别

营业税的会计核算和增值税的会计核算有一定的区别，如表 6.1 所示。

表 6.1　　　　营业税会计核算和增值税会计核算的区别

序号	区别	营业税	增值税
1	会计科目设置不同	营业税会计核算在应交税费科目下只设一个二级科目：应交税费——应交营业税	增值税会计核算在应交税费科目下设有多个二级科目，同时还设有多个三级科目
2	会计处理分类不同	营业税会计处理按行业进行核算，包括建筑业营业税的会计处理、房地产开发企业营业税的会计处理、金融企业营业税的会计处理、旅游服务业营业税的会计处理、转让无形资产营业税的会计处理、销售不动产营业税的会计处理、租赁业务营业税的会计处理	增值税会计处理可以简单归纳成两大类：工业会计处理和商业会计处理

---

① 李建军：《营改增政策解读与企业操作实操手册》，人民邮电出版社，2013。

序号	区别	营业税	增值税
3	会计核算原则不同	营业税是价内税,通过"营业税金及附加"核算,"营业税金及附加"是损益类科目,直接计入当期损益,该项数据在利润表中"主营业务税金及附加"栏显示	增值税属于价外税,销售收入中不含销项税额,销售成本中也不含进项税额,缴纳的增值税当然也不能作为收入的抵减计入"利润表"中,因此,所有增值税的计算与缴纳,均与"利润表"无关,是在"资产负债表"中体现
4	会计核算的税收直观度不同	应交营业税科目下,借贷方的发生额和期末余额直接体现出纳税人应交、已交、未交营业税的状态	增值税应交、已交、未交需要结合多个二级和三级科目分析才能清晰知道纳税人增值税实现、缴纳、欠交、留抵等状态

(二) 核算增值税需要设置的二级科目

核算增值税需要设置的二级科目为:根据国家相关法律法规的规定,为准确反映增值税的发生、缴纳、待抵扣进项税额和检查调整情况,一般纳税人应在"应交税费"科目下设置"应交增值税"、"未交增值税"、"待抵扣进项税额"、"增值税留抵税额"和"增值税检查调整"五个明细科目进行核算,如表6.2所示。

表 6.2　　　　　　　　　核算增值税需要设置的二级科目

序号	二级科目名称	具体说明
1	应交增值税	"应交增值税"明细科目的借方发生额反映购进货物或接受应税劳务支付的进项税额、实际已缴纳的增值税额和月终转出的当月应交未交的增值税额;贷方发生额反映销售货物或提供应税劳务收取的销项税额、出口企业收到的出口退税以及进项税额转出数和转出多交增值税;期末借方余额反映企业尚未抵扣的增值税
2	未交增值税	"未交增值税"明细科目的借方发生额反映企业月终转入的多交的增值税;贷方发生额反映企业月终转入的当月发生的应交未交增值税;期末借方余额反映多交的增值税,贷方余额反映未交的增值税

序号	二级科目名称	具体说明
3	待抵扣进项税额	"待抵扣进项税额"明细科目核算一般纳税人按税法规定不符合抵扣条件，暂不予在本期申报抵扣的进项税额
4	增值税留抵税额	"增值税留抵税额"明细科目（财会〔2012〕13号文件新增加）核算原增值税一般纳税人截止到营业税改征增值税实施当月，不得从应税服务的销项税额中抵扣的应税货物及劳务的上期留抵税额
5	增值税检查调整	根据财政部、国家税务总局关于《增值税日常稽查办法的通知》（国税发〔1998〕第44号文件），增值税一般纳税人在税务机关对其增值税纳税情况进行检查后，凡涉及应交增值税账务调整的，应设立"应交税费——增值税检查调整"专门账户。凡检查后应调减账面进项税额或调增销项税额和进项税额转出的，借记有关科目，贷记"应交税费——增值税检查调整"；凡检查后应调增账面进项税额或调减销项税额和进项税额转出的，借记"应交税费——增值税检查调整"，贷记有关科目；全部调账事项入账后，应对该账户的余额进行处理，处理后，该账户无余额

（三）核算增值税需要设置的三级科目

核算增值税需要设置的三级科目为：为了详细核算企业应交纳增值税的计算和解缴、抵扣等情况，企业应在"应交增值税"明细科目下设置"进项税额"、"已交税金"、"减免税款"、"出口抵减内销产品应纳税额"、"转出未交增值税"、"销项税额"、"营改增抵减的销项税额"、"出口退税"、"进项税额转出"、"转出多交增值税"等专栏，如表6.3所示。

表6.3 "应交税费——应交增值税"三级科目的借贷

借	贷
（1）进项税额	（1）销项税额
（2）已交税金	（2）出口退税
（3）减免税款	（3）进项税额转出
（4）出口抵减内销产品应纳税额	（4）转出多交增值税
（5）营改增抵减的销项税额	
（6）转出未交增值税	
期末借方余额反映尚未抵扣的进项税额	贷方无余额

核算增值税需要设置的三级科目情况说明如表6.4所示。

表6.4　　　　　　　核算增值税需要设置的三级科目情况说明

序号	三级科目名称	具体说明
1	进项税额	核算购入货物、接受加工修理修配劳务或应税服务而支付的、按规定准予从销项税额中抵扣的增值税额。购入货物、接受应税劳务或服务支付的进项税额，用蓝字登记；退回所购货物应冲销的进项税额，用红字登记
2	已交税金	核算本月已交纳的增值税额。本月已交纳的增值税额用蓝字登记；退回本月多交的增值税额用红字登记
3	减免税款	核算按经主管税务机关批准实际减免的增值税应纳税额
4	出口抵减内销产品应纳税额	核算按国务院规定的退税率计算的零税率出口货物和应税服务的当期免抵税额
5	转出未交增值税	核算月终转出应交未交的增值税。月终，转出当月发生的应交未交的增值税额用蓝字登记
6	销项税额	核算销售货物、提供加工修理修配劳务或应税服务应收取的销项税额。销售货物、提供应税劳务后服务应收取的销项税额，用蓝字登记；退回销售货物应冲减的销项税额，用红字登记
7	营改增抵减的销项税额	财会［2012］13号《关于印发〈营业税改征增值税试点有关企业会计处理规定〉的通知》的新增专栏，核算一般纳税人提供应税服务，试点期间按照营业税改征增值税有关规定允许从销售额中扣除其支付给非试点纳税人价款，按规定扣减销售额而减少的销项税额
8	出口退税	核算零税率应税货物（服务），向海关办理报关出口手续后，凭出口报关单等有关凭证，向税务机关办理退税而收到的出口退税额
9	进项税额转出	核算企业的购进货物、在产品、产成品等发生非正常损失以及其他原因而不应从销项税额中抵扣，按规定转出的进项税额。用于适用简易计税方法计税项目、非增值税应税项目、免征增值项目、集体福利或者个人消费的购进货物、接受加工修理修配劳务或者应税服务的进项税额不得抵扣，应按规定转出
10	转出多交增值税	核算月终转出本月多交的增值税。月终，企业转出本月多交的增值税用蓝字登记；收到退回本月多交的增值税额用红字登记

二、会计处理

根据国内商业银行经营规模实际情况，对增值税仅考虑一般纳税人模式下的增值税会计处理。由于商业银行"营改增"方案和实施细则尚未公布，具体涉税情形的会计处理适用规则以相关规定为准，以下案例税率未做特殊说明的均假定为6%。

（一）销项税额的会计处理

账务一：纳税人提供的应税服务

一般纳税人提供的应税服务处理办法如下：

1. 纳税人提供应税服务，按照确认的收入和按规定收取的增值税额，借记"应收账款"、"银行存款"等科目。

2. 按照规定收取的增值税额，贷记"应交税费——应交增值税——销项税额"科目。

3. 按确认的收入，贷记"利息收入"、"中间业务收入"等科目。

4. 应税服务销售退回，采用红字冲正法记账。

纳税人发生《实施办法》第十一条所规定情形，视同提供应税服务应提取的销项税额，借记"营业外支出"、"应付利润"等科目，贷记"应交税费——应交增值税——销项税额"科目。

【案例分析】

甲银行为其客户提供保管箱服务并收取费用，2017年1月取得不含税收入10万元，开具增值税发票，款项收讫。2月因营业场所装修，保管箱服务暂停，甲银行退还维修期间保管箱费用2.12万元，并开具红字专用发票。

甲银行的会计处理如下：

确认收入及销项税额时，

借：现金——财务现金备付金　　　　　　　　　　　106000

　贷：中间业务收入——保管箱收入　　　　　　　　100000

　　应交税费——应交增值税——销项税额　　　　　　6000

开具红字专用发票时，

借：现金——财务现金备付金   -21200

  贷：中间业务收入——保管箱收入   -20000

    应交税费——应交增值税——销项税额   -1200

账务二：向境外单位提供适用零税率的应税服务

纳税人向境外提供适用零税率的应税服务，不计算营业收入应缴纳的增值税。凭有关单位向税务机关申报办理该项出口服务的免抵退税，会计处理的具体要求如表 6.5 所示。

表6.5   一般纳税人向境外单位提供适用零税率

应税服务的会计处理要求

要求一	按税务机关批准的免抵税额，借记"应交税费——应交增值税——出口抵减内销应纳税额"；按税务机关批准的应退税额，借记"其他应收款——增值税"等科目；按计算的免抵退税额，贷记"应交税费——应交增值税——出口退税"科目
要求二	收到退回的税款时，借记"银行存款"科目，贷记"其他应收款——增值税"等科目

【案例分析】

甲银行向境外客户乙公司提供财务咨询服务并收取手续费，2017 年 1月确认手续费 100 万元，款项未收。其在服务过程中接受了境内丙公司的技术指导，书面合同价为 10.6 万元（含税），全部款项以财务现金备付金支付。甲银行向境外客户提供财务咨询服务，在"营改增"之后为增值税零税率业务，随后甲银行向税务机关申请退税并收到税款。

甲银行的会计处理如下：

按计算的免抵退税额确认时，

借：应交税费——应交增值税——出口退税   6000

  手续费支出   100000

  贷：现金——财务现金备付金   106000

确认手续费收入时，

借：应收账款   1000000

      贷：中间业务收入——手续费收入   1000000

按税务机关批准的应退税额确认时，

    借：其他应收款——增值税   6000

      贷：应交税费——应交增值税——出口退税   6000

收到退回的税款时，

    借：现金——财务现金备付金   6000

      贷：其他应收款——增值税   6000

账务三：提供应税服务取得按税法规定的免征增值税收入

纳税人提供应税服务取得按税法规定的免征增值税收入时，借记"银行存款"、"应收账款""应收利息"等科目，贷记"利息收入"、"中间业务收入"等科目。

【案例分析】

甲银行为其客户提供助学贷款，该业务在"营改增"之后为免征增值税范围业务。2017年1月取得不含税利息收入1万元，款项未收。

甲银行的会计处理如下：

借：应收利息——助学贷款应收利息   10000

    贷：利息收入——助学贷款利息收入   10000

账务四：提供适用简易计税方法应税服务

一般纳税人提供适用简易计税方法应税服务的，借记"银行存款"、"应收账款"等科目，贷记"其他业务收入"等科目，贷记"应交税费——未交增值税"科目。

纳税人提供适用简易计税方法应税服务，发生《实施办法》第十一条所规定情形视同提供应税服务应缴纳的增值税额，借记"营业外支出"等科目，贷记"应交税费——未交增值税"科目。

账务五：销售已使用固定资产应交增值税

纳税人销售已使用固定资产应交增值税的，其中小规模纳税人销售已使用固定资产及一般纳税人销售已使用固定资产按照适用征收率征收增值税的，应交增值税的会计处理与销售其他货物的处理一样，即应通过"应交税费——应交增值税——销项税额"科目核算。

【案例分析】

2017 年 2 月，甲银行销售自己使用过的旧汽车一台给乙公司，销售收入（含税）为 10.3 万元，款项未收。由于该业务属于银行销售已使用过的固定资产，按照现行增值税法规定适用税率为 3% 减按 2% 征收。该旧汽车原值为 30 万元，已计提折旧 15 万元，未计提减值准备。

甲银行应确认的销项税额 = 10.3 ／（1 + 3%）×2% = 0.2 万元

甲银行的会计处理如下：

借：累计折旧——交通工具折旧   150000

  固定资产清理   150000

 贷：固定资产——交通工具   300000

借：应收账款——乙公司   103000

 贷：固定资产清理   101000

  应交税费——应交增值税——销项税额   2000

借：营业外支出——处置固定资产损失   49000

 贷：固定资产清理   49000

（二）进项税额的会计处理

账务六：国内采购的货物或接受的应税劳务和应税服务

国内采购的货物、接受应税劳务和应税服务的会计处理办法如下：

1. 按照增值税专用发票上注明的增值税额，借记"应交税费——应交增值税——进项税额"科目。

2. 按照专用发票上记载的应计入采购成本的金额，借记"营业费用"、"固定资产"等科目。

3. 按照应付或实际支付的金额，贷记"应付账款"、"银行存款"等科目。

4. 已经取得的增值税扣税凭证，按税法规定不符合抵扣条件，暂不予在本期申报抵扣的进项税额（例如实施辅导期管理的纳税人），借记"应交税费——待抵扣进项税额"科目；应计入采购成本的金额，借记"营业费用"、"固定资产"等科目；按照应付或实际支付的金额，贷记"应付账款"、"银行存款"等科目。

5. 纳税人收到税务机关告知的稽核比对结果通知书及其明细清单后，按稽核比对结果通知书及其明细清单注明的稽核相符、允许抵扣的进项税额，借记"应交税费——应交增值税——进项税额"，贷记"应交税费——待抵扣进项税额"。经核实不得抵扣的进项税额，借记相关科目，贷记"应交税费——待抵扣进项税额"。

【案例分析】

甲银行是一般纳税人，由于被认定存在过增值税骗取退税行为，按规定由主管税务机关对其实行不少于6个月的纳税辅导期管理。在纳税辅导期间，其从乙公司购入自助取款机等电子设备一批，取得增值税专用发票，发票上注明的不含税价为100万元，增值税额为17万元，款项未付。

甲银行的会计处理如下：

取得增值税专用发票时，

借：固定资产——电子设备   1000000

    应交税费——待抵扣进项税额   170000

  贷：应付账款——乙公司   1170000

经过纳税辅导期管理后，甲银行收到税务机关告知的稽核比对结果通知书及其明细清单，允许该批电子设备进项税额进行抵扣。

借：应交税费——应交增值税——进项税额   170000

  贷：应交税费——待抵扣进项税额   170000

账务七：进口货物或接受境外单位或者个人提供的应税服务

进口货物或接受境外单位或者个人提供的应税服务处理办法如下：

1. 按照海关提供的《海关进口增值税专用缴款书》上注明的"增值税额"或《中华人民共和国税收通用缴款书》上注明的"增值税额"，借记"应交税费——应交增值税（进项税额）"科目。

2. 按照进口货物或接受境外单位或者个人提供的应税服务应计入采购成本的金额，借记"营业费用"、"固定资产"等科目。

3. 按照应付或实际支付的金额，贷记"应付账款"、"银行存款"等科目。

【案例分析】

甲银行为其客户提供财务咨询服务并收取手续费，其在服务过程中接受了境外乙公司的技术指导，书面合同价为 10.6 万元（含税），全部款项以财务现金备付金支付。乙公司在境内无代理机构，甲银行办理代扣代缴税手续，取得《中华人民共和国税收通用缴款书》及其清单，《中华人民共和国税收通用缴款书》上注明的增值税额为 6000 元，甲银行将扣税后的款项支付给乙公司，取得付款证明及乙公司的对账单。

甲银行的会计处理为：

借：营业费用——手续费支出　　　　　　　　　　100000

　　应交税费——应交增值税——进项税额　　　　　6000

贷：现金——财务现金备付金　　　　　　　　　　106000

账务八：接受投资转入物等的增值税账务处理

企业接受投资转入的货物、不动产等，按照确认的投资物价值，借记"固定资产"、"营业费用"等科目，按照发专用发票注明的进项税额，贷记"应交税费——应交增值税（进项税额）"科目，按照增值税额与投资物价值合计数，贷记"实收资本"或"股本"等科目。接受捐赠、以物抵债等业务也可以参考这类业务的会计处理。

【案例分析】

甲银行为未上市的城商行，2017 年 2 月接受当地的乙公司用作入股投资的一栋写字楼，验收入库，并取得乙公司开具的增值税专用发票，注明的不含税价款为 3000 万元，增值税额为 330 万元（假设销售不动产业务适用的增值税税率为 11%）。

甲银行的会计处理如下：

借：固定资产——房地产 30000000

应交税费——应交增值税——进项税额 3300000

贷：实收资本——乙公司 33300000

账务九：进项税额转出

进项税额转出有两种情况：1. 非正常损失〔《增值税暂行条例实施细则》第二十四条规定："非正常损失，是指因管理不善造成被盗、丢失、霉烂变质的损失"。〕购进的货物、在产品、产成品及相关的加工修理修配劳务和交通运输业服务，以及改变用途（如在建工程、作为投资、赠送他人）等；2. 用于适用简易计税方法计税项目、非增值税应税项目、免征增值税项目、或者个人消费的购进货物、接受加工修理修配劳务或者应税服务。此两种情况下其专用发票注明的进项税额，应相应转入有关科目，借记"待处理财产损溢"、"在建工程"、"应付福利费""主营业务成本"等科目，贷记"银行存款"、"应税税费——应交增值税——进项税额转出"等科目。

【案例分析】

甲银行 2016 年 12 月购入一批电影票作为元旦福利发放给职工，并取得乙电影公司开具的增值税专用发票，发票上注明的不含税价格为 100000元，进项税额 6000 元，全部款项以财务现金备付金支付。

1. 该批电影票用于职工福利，进项税额不得抵扣，进项发票可不认证，则甲银行会计处理为：

借：营业费用 106000

贷：应付职工薪酬——应付职工福利费 106000

借：应付职工薪酬——应付职工福利费 106000

贷：现金——财务现金备付金 106000

2. 若是进项发票已认证，则甲银行会计处理为：

借：营业费用 100000

应交税费——应交增值税——进项税额	6000
贷：应付职工薪酬——应付职工福利费	106000
借：应付职工薪酬——应付职工福利费	106000
贷：现金——财务现金备付金	106000
借：营业费用	6000
贷：应交税费——应交增值税——进项税额转出	6000

（三）期末的会计处理

账务十：月份终了的会计处理

月份终了的会计处理要求如表 6.6 所示。

表 6.6　　　　　　　　　月份终了的会计处理要求

要求一	月份终了，一般纳税人应将当月发生的应交未交增值税额自"应交税费——应交增值税"科目转入"未交增值税"明细科目，借记"应交税费——应交增值税——转出未交增值税"科目，贷记"应交税费——未交增值税"科目
要求二	将本月多交的增值税自"应交税费——应交增值税"科目转入"未交增值税"明细科目，借记"应交税费——未交增值税"科目，贷记"应交税费——应交增值税——转出多交增值税"科目
要求三	当月上交上月应交未交的增值税，借记"应交税费——应交增值税"科目，贷记"银行存款"科目
要求四	当月上交本月增值税时，借记"应交税费——应交增值税——已交税金"科目，贷记"银行存款"科目

【案例分析】

甲银行为增值税一般纳税人，2017 年 1 月，缴纳当月增值税税款 10000 元。

会计处理为：

借：应交税费——应交增值税——已交税金	10000
贷：现金——财务现金备付金	10000

若本月销项税额为 50000 元，进项税额为 20000 元，则本月应交增值税为 30000 元；扣除本月已交增值税 10000 元，则月末尚未缴纳的增值税

为 20000 元，会计处理为：

借：应交税费——应交增值税（转出未交增值税）　　　　20000

　　贷：应交税费——应交增值税　　　　　　　　　　　　20000

2 月上交 1 月应交未交增值税 20000 元，会计处理为：

借：应交税费——未交增值税　　　　　　　　　　　　　20000

　　贷：现金——财务现金备付金　　　　　　　　　　　　20000

账务十一：期末借方余额的处理

期末借方余额的处理方法为：

1.“应交税费——应交增值税”科目的期末借方余额，反映尚未抵扣的增值税；

2.“应交税费——未交增值税”科目的期末借方余额，反映多交的增值税；贷方余额，反映未交的增值税。

该会计处理较为简单，不再举例。

（四）特殊事项的会计处理

账务十二：增值税期末留抵税额的会计处理

试点地区兼有应税服务的原增值税一般纳税人，截止到开始试点当月月初的增值税留抵税额按照营业税改征增值税有关规定不得从应税服务的销项税额中抵扣的，应在“应交税费”科目下增设“增值税留抵税额”明细科目。

开始试点当月月初，纳税人应按不得从应税服务的销项税额中抵扣的增值税留抵税额，借记“应交税费——增值税留抵税额”科目，贷记“应交税费——应交增值税——进项税额转出”科目。待以后期间允许抵扣时，按允许抵扣的金额，借记“应交税费——应交增值税——进项税额”科目，贷记“应交税费——增值税留抵税额”科目。

【案例分析】

甲银行为增值税一般纳税人，假设银行业从 2016 年 7 月 1 日纳入试点。截至 6 月 30 日，该行原属于增值税应税范围的贵金属业务仍有留抵税额 1000 万元。

按规定，开始试点当月，甲银行应将贵金属业务的留抵税额进行转出处理。

借：应交税费——增值税留抵税额　　　　　　　　　10000000

　贷：应交税费——应交增值税——进项税额转出　　　　10000000

8 月，税务机关允许甲银行贵金属业务的留抵税额 100 万元抵扣。

借：应交税费——应交增值税——进项税额　　　　　　1000000

　贷：应交税费——增值税留抵税额　　　　　　　　　1000000

账务十三：取得过渡性财政扶持资金的会计处理

取得过渡性财政扶持资金的会计处理如下：

1. 试点纳税人在新老税制转换期间因实际税负增加而向财税部门申请取得财政扶持资金的，期末有确凿证据表明企业能够符合财政扶持政策规定的相关条件且预计能够收到财政扶持资金时，按应收的金额，借记"其他应收款"等科目，贷记"营业外收入"科目。

2. 待实际收到财政扶持资金时，按实际收到的金额，借记"银行存款"等科目，贷记"其他应收款"等科目。

试点纳税人取得过渡性财政扶持资金的会计处理较为简单，不再举例。

账务十四：增值税税控系统专用设备和技术维护费用抵减增值税额的会计处理

按有关税法规定，增值税一般纳税人初次购买增值税税控系统专用设备支付的费用以及缴纳的技术维护费允许在增值税应纳税额中全额抵减的，应在"应交税费——应交增值税"科目下增设"减免税款"三级科目，用于记录该企业按规定抵减的增值税应纳税额。

企业购入增值税税控系统专用设备，按实际支付或应付的金额，借记"固定资产"科目，贷记"银行存款""应付账款"等科目。按规定抵减的增值税应纳税额，借记"应交税费——应交增值税——减免税款"科目，贷记"递延收益"科目。按期计提折旧，借记"营业费用"等科目，贷记"累计折旧"等科目；同时，借记"递延收益"科目，贷记"营业费用"科目。

企业发生技术维护费，按实际支付或应付的金额，借记"管理费用"等科目，贷记"银行存款""应付账款"等科目。按规定抵减的增值税应纳税额，借记"应交税费——应交增值税——减免税款"科目，贷记"营业费用"等科目。

【案例分析】

2017 年 1 月，甲银行首次购入增值税税控系统专用设备，用财务现金备付金支付价款 12000 元，同时支付当年增值税税控专用设备技术维护费500 元。当月两项合计抵减增值税应纳税额 12500 元。该公司电子设备按 5年计提折旧。

甲银行会计处理如下：

首次购入税控设备和支付技术维护费时，

借：固定资产——增值税税控专用设备	12000
营业费用	500
贷：现金——财务现金备付金	12500

抵减当月增值税应纳税额时，

借：应交税费——应交增值税——减免税款	12500
贷：营业费用	500
递延收益	12000

各月计提设备折旧时，

借：营业费用	200
贷：累计折旧——增值税税控专用设备折旧	200
借：递延收益	200
贷：营业费用	200

账务十五：纳税人合并纳税的情形

经财政部和国家税务总局批准，可以视为一个纳税人合并纳税情形下的会计处理要求如表 6.7 所示。

表 6.7　　可以视为一个纳税人合并纳税情形下的会计处理要求

预缴机构	汇缴机构
预缴机构按照规定计算的在所在地缴纳的增值税，借记"内部往来"等科目，贷记"应交税费——未交增值税"科目；上缴时，借记"应交税费——未交增值税"科目，贷记"内部往来"科目 月初，预缴机构要将上月各自销售额（或营业额）、进项税额及应纳税额传递至汇缴机构	汇缴机构收到各预缴机构应纳税额，贷记"应交税费——应交增值税——未交税金"科目，借记"内部往来"等科目 将全部收入汇总后计算销项税额，减除汇总的全部进项税额后形成总的增值税应纳税额，再将各预缴机构汇总的已纳税额作为已交税金予以扣减后，形成总部的增值税应纳税额

账务十六：增值税检查后的账务处理

根据国家税务总局关于《增值税日常稽查办法的通知》（国税发〔1998〕第 44 号）文件规定，增值税检查后的账户处理如下：

1. 在税务机关对其增值税纳税情况进行检查后，凡涉及应交增值税账务调整的，应设立"应交税费——增值税检查调整"专门账户。

2. 凡检查后应调减账面进项税额或调增销项税额和进项税额转出的，借记有关科目，贷记"应交税费——增值税检查调整"。

3. 凡检查后应调增账面进项税额或调减销项税额和进项税额转出的，借记"应交税费——增值税检查调整"，贷记有关科目。

4. 全部调账事项入账后，应对该账户的余额进行处理，处理后，该账户无余额。

5. 若对以前年度的检查调整涉及损益科目且为重大差错，应按照查增、查减相抵应补的增值税额，借记"以前年度损益调整"科目，贷记"应交税费——增值税检查调整"科目。同时，还应相应调整"应交税费——企业所得税"、"盈余公积"等项目的计提数并调整相关报表的年初余额。

【案例分析】

甲银行为增值税一般纳税人。2018 年 7 月，税务机关对其检查时发现：2017 年 3 月，甲银行无偿为乙公司提供投融资顾问服务，同类服务当月的销售价格为 100000 元，甲银行未进行账务处理，但该笔业务的纳税调整不对甲银行 2017 年的损益造成重大影响；2018 年 2 月，甲银行向丙公司销售一批贵金属，丙公司由于延期付款而支付利息 10000 元，该笔延期付款利息未计提销项税额，而是直接列入了"营业外收入"科目。

甲银行会计处理如下：

对无偿提供投融资顾问服务，应视同销售，按当期同类应税服务的价格计算销售额后计提的销项税额＝100000×6%＝6000 元，

借：营业外支出 6000

　贷：应交税费——增值税检查调整 6000

销售贵金属收取的延期付款利息属于价外费用，应按贵金属销售业务适用税率收取金额计提销项税额＝10000×17%＝1700 元，

借：营业外收入 1700

　贷：应交税费——增值税检查调整 1700

结转"增值税检查调整"科目余额时，

借：应交税费——增值税检查调整 7700

　贷：应交税费——应交增值税 7700

补缴税款时，

借：应交税费——应交增值税 7700

　贷：现金——财务现金备付金 7700

第六节　工作流程与基本步骤

一、产品和系统分配

以某商业银行为例，根据该行的产品清单，该行总行层面涉及"营改增"梳理的产品总数达 3 万个之多，涉及绝大部分业务部门和上百个系统。每个产品会涉及多个系统，每个系统又对应着一个或多个业务部门。业务部门对产品清单进行分配并补充遗漏产品。系统方面，从科技部门获

取业务系统目录，按照系统的牵头部门维度分析，每个系统对应一个或多个业务部门。最终明确部门—产品—系统三者的映射关系，作为各业务部门人员进行业务梳理的基础。

二、业务访谈

根据对产品的分配结果，基于当前银行业增值税政策预期，对于增值税税基、税率、纳税义务发生时间、发票开具要求等增值税关键政策点进行全面梳理，形成访谈重点、关注点，包括以下内容：

1. 产品主管业务部门；

2. 产品主管核算部门；

3. 是否属于已下线产品（若产品已下线则不用继续对该产品梳理）；

4. 业务类型和相关产品类别的介绍；

5. 产品在前、中、后台全流程涉及的系统名称（应包含系统及系统模块或应用）；

6. 产品涉及客户信息收集（包括是否需要收集客户信息，客户信息内容和字段，客户信息收集环节以及涉及客户信息的系统等）；

7. 跨境金融服务的内容（包括服务、资金在境内、外的提供和使用情况）；

8. 产品是否产生收入；

9. 收入的具体项目（包括贷款利息收入、手续费收入、同业往来利息收入、投资收益、实物贵金属买卖收益等）；

10. 收入计算方法（包括按固定金额或固定费率、按固定或浮动利率、实物贵金属销售额、按买卖价差等）；

11. 会计收入确认时间（包括按日/周/月/季度/半年/年计提、按合同约定时间计提、按交易或提供服务时间一次性确认收入）；

12. 产品营销手段（包括产品销售或服务提供过程中是否存在折扣、无偿赠送等）；

13. 产品是否存在预收款项；

14. 产品销售及服务提供的收款安排（包括按日/周/月/季度/半年/年

收款、按合同约定时间、按交易或提供服务时间一次性收款、按结算日价值等）；

15. 现有收款凭据（包括银行单据/营业税发票/增值税发票等）；

16. 产品财务核算情况（包括产品收入、成本核算方法和核算部门，核算分录等）；

17. 是否涉及分润业务；

18. 产品或部门直接成本（资金成本/手续费支出/渠道成本/实物成本如银行卡、贵金属等商品采购成本等）。

三、填写业务梳理模板

根据增值税原理、现行增值税相关规定以及对未来金融业的营改增政策预期，结合业务部门访谈的结果，分析提炼业务改造需求所涉及的各项信息，设计业务梳理模板。业务梳理模板主要包括以下内容：

1. 梳理产品信息：所属业务部门、产品编号、产品名称、具体的收费功能项说明、收入计算方法（只有涉及价差和交易对手才需要提供）、发票折扣展现方法（原价、折扣金额、实收金额）、客户打印发票所需要提供的信息（识别客户的相关信息，定位交易的相关信息例如客户账号、身份证、交易凭证或者交易日期、流水号、金额）、是否需要实时打印发票、是否涉及分润、是否涉及计提、是否涉及递延、是否涉及视同销售。

2. 梳理核算信息：记账交易代码、收入科目、产品定位要素、收入科目来源。

3. 针对所涉及的产品和收费项目，梳理业务场景并判断税务处理方案，根据梳理情况填写业务梳理模板，以此作为提出业务改造方案和系统改造需求的基础。主要包括计税业务大类、适用税率、计税要素、计税方法、发票要素等。

4. 根据增值税原理、现行增值税相关规定以及对未来金融业的"营改增"政策预期，在业务梳理模板的基础上，针对业务场景所涉及的"营改增"问题制定业务改造方案。

5. 根据增值税管理规定和系统管理要求，业务部门拟定业务改造需求，并与科技部门和财会部门共同进行审阅和修订，以此作为系统改造的基础。

四、设计税务通用规则

对"营改增"项目中各项业务所涉及的类似业务场景和共性问题，根据增值税原理、现行增值税相关规定以及对未来金融业"营改增"的政策预期，初步设计了税务通用规则以及改造方案分析。待未来金融业"营改增"的政策正式出台后，将对税务规则重新审阅和修改。税务通用规则的设计包括以下几方面内容：

1. 增值税税率和计算方法

根据增值税原理、现行增值税相关规定以及对未来金融业的营改增政策预期，按照产品涉及的业务类型预判所适用的增值税税率。

表6.8 **关于不同业务收入计税方法的政策假设**

应税收入类型	定义	计税方法假设
1. 对公贷款利息	本类型指本行向非个人借款人提供贷款，按约定利率和期限收取的利息收入。	适用税率为6%，以不含税利息收入为增值税计税基础。
2. 个人贷款利息	本类型指本行向个人借款人提供贷款，按约定利率和期限收取的利息收入。	适用税率为6%，以不含税利息收入为增值税计税基础。
3. 中间业务收入	本类型指不构成本行表内资产负债所形成的中间业务收入。	适用税率为6%，以不含税中间业务收入为增值税计税基础。
4. 金融同业往来收入	本类型只包含系统内、金融机构间及与人民银行相关交易产生的利息收入；系统内、金融机构间及与人民银行的其他交易（如手续费收入）不归入本类型。	适用税率为6%，以不含税利息收入为增值税计税基础。（注：有可能会给予免税政策，这一假设主要从系统改造出发）

应税收入类型	定义	计税方法假设
5. 金融商品交易收益	本类型指外汇、有价证券、非货物期货等涉及所有权转移的金融商品买卖交易收益。	适用税率为6%，以卖出价减去买入价正数差额为增值税计税基础，按科目余额核算。
6. 一般商品买卖收入	本类型主要指贵金属等涉及实物所有权转移的销售收入。销售或赠送给客户的U盾、礼品等归入本类处理。	适用税率为17%，以不含税货款金额为增值税计税基础。
7. 债券持有利息收入	本类型指债券持有至到期或持有期间所取得的利息收入。	适用税率为6%，以不含税债券利息收入为增值税计税基础。债券买卖价差部分应归入"5·金融商品交易收益"。
8. 不动产销售和租赁收入	总公司及各分支机构的不动产销售和租赁收入	适用税率为11%，以不含税不动产销售款或不动产租金为增值税计税基础。

2. 纳税义务发生时点确定

根据增值税暂行条例，增值税纳税义务发生时间为收讫销售款项或者取得索取销售款项凭据的当天；先开具发票的，为开具发票的当天。商业银行存在大量的收入计提和收入递延的情形，将可能造成提前纳税的情况（对银行来说就是现金流占用），或可能造成纳税滞后的情况（遭致税务机关的处罚）。因此需针对不同业务场景，分别配置增值税处理规则。具体场景描述如下：

场景一：当期在会计核算确认收入，基于收款安排当期收讫款项。财务核算如下：

当期：确认收入；

当期：确认销项税额。

表 6.9   纳税义务发生时间点确定场景一

示例		1 月	2 月（当期）	3 月
一笔贷款，按照合同约定于每季末收息，当季末实际收到款项	基于收款安排应收时间		100	
	实际收讫款项时间		100	
	在会计核算确认收入时间		100	
	纳税义务发生时间		按照 100 确认销项税额	

场景二：当期在会计核算确认收入，基于收款安排当期应收，但未实际收讫。财务核算如下：

当期：确认收入，确认销项税额；

后续实际收讫款项期：不重复确认销项税额。

表 6.10   纳税义务发生时间点确定场景二

示例		1 月	2 月（当期）	3 月
一笔贷款，按照合同约定于每季末收息，但实际于下季收到款项	基于收款安排应收时间		100	
	实际收讫款项时间			100
	在会计核算确认收入时间		100	
	纳税义务发生时间		按照 100 确认销项税额	不重复确认销项税

场景三：当期收讫款项，在之后期间递延确认收入。财务核算如下：

收款期：不确认收入，确认销项税额；

确认收入期：确认收入，不确认销项税额。

表 6.11　　　　　　　　纳税义务发生时间点确定场景三

示例		1 月	2 月（当期）	3 月
假设当期预收一笔中间业务收入款项，在当期及之后期间递延确认收入	基于收款安排应收时间		100	
	实际收讫款项时间		100	
	在会计核算确认收入时间		20	20
	纳税义务发生时间		按照 100 确认销项税额	不重复确认销项税

场景四：之前在会计核算确认收入，基于收款安排在本期应收，但未实际收讫；财务核算如下：

确认收入期：确认收入，不确认该期的销项税额；

当期：只确认该期的收入，确认往期未计提的销项税额（以及该期应计提的销项税额，如有）；

后续实际收讫款项期：不重复确认销项税额。

表 6.12　　　　　　　　纳税义务发生时间点确定场景四

示例		1 月	2 月（当期）	3 月
一笔贷款，按照合同约定每半年收息，但实际于下期收到款项	基于收款安排应收时间		200	
	实际收讫款项时间			200（针对 Q1 和 Q2 的收入收款）
	在会计核算确认收入时间	100	100	100（属于 Q3 正常计提）
	纳税义务发生时间	不确认销项税额	按照 200 确认销项税额	不重复确认销项税额，Q3 确认的收入应在 Q4 确认收入

3. 折扣处理

根据"营改增"政策预期，如果按照低于标准收费/费率规定的价格/费率的折扣价格向客户收取，或者虽无标准收费/费率，但采用折扣方式进行销售或提供服务，需将"原价"、"折扣金额"和"实收金额"体现在同一张增值税发票上，并按照折扣后的金额计算销项税。

具体场景描述如下：（说明：下面所述"监管机构规定的标准收费/费率"、"固定收费/费率"是指由监管机构规定的不可变动也不可浮动的价格/费率，限定最高价格、最低价格、上下浮动比例均不在此列。另外，本部分内容仅适用于非"金融商品买卖"。）

场景一：不会体现折扣

该产品价格/费率并不由监管机构规定，且对外的各类宣传资料、凭证（包括合同、增值税发票及其他单据）等信息上也不体现折扣，因此无需针对折扣进行系统改造。

场景二：低于监管机构标准价格/费率

该产品价格/费率由监管机构规定，但实际价格低于该标准，因此需要在系统的表单包含"原价"、"折扣"和"实收金额"字段，对外的各种凭证［包括合同、增值税发票及其他单据（暂不考虑其他监管机构对银行业单据的相关限制）］均应展示"原价"、"折扣"和"实收金额"。

场景三：对外的宣传资料或凭证体现折扣

该产品价格/费率虽不是固定的，但现有的各类宣传资料或凭证（包括合同、发票及其他单据）中体现有折扣，因此需要在系统的表单应包含"原价"、"折扣"和"实收金额"字段，对外的各种凭证［包括合同、增值税发票及其他单据（暂不考虑其他监管机构对银行业单据的相关限制）］均应展示"原价"、"折扣"和"实收金额"。

第七节　本章小结

"营改增"涉及商业银行核心系统以及外围系统的改造工作，这些工作面临着需要在极短时限内提出需求分析、设计、编程开发、改造升级、测试推广等工作。同时，"营改增"在商业银行内部涉及所有业务部门和大量分支机构，做好组织分工、协调沟通、统筹推进是开展这项工作的重中之重。

"营改增"专业工作团队要做好各项工作的统一安排，统筹协调相关部门按照分工要求开展工作，配合专业部门进行业务流程梳理、系统改造、需求评估，实施方案和架构设计。同时，要加强与财政税务部门的沟通协调，就改革实施的重点难点问题与税务机关充分协作，共同寻求解决方案。各业务部门要对本专业业务流程进行梳理，横向纵向结合，寻找和锁定"营改增"业务流程和系统改造节点，提出业务及系统改造方案与需求。科技部门要采取灵活可配置的系统改造方法，及时做好业务系统、核算系统、管理系统的改造和测试工作；同时要与外部供应商协作，共同开发"金税工程"系统接口模块。运行管理部门要根据"营改增"业务特点，研究开发客户的纳税人身份识别系统，做好发票管理等业务流程和制度的完善。法律事务部门要研究制订增值税税制下的全行格式合同文本，增加纳税人身份信息、合同标的价格定义、支付时间、发票开具种类、发票开具时间及送达方式等合规信息。同时要切实加强舆论宣传工作，使"营改增"为境内外投资者所理解、所接受，形成良好的舆论氛围。各有关部门要各司其职，互相配合，相互支持，形成合力，共同推进"营改增"工作顺利开展。

第七章 "营改增"商业银行 业务系统改造

金融业"营改增"是国际公认的难点，且我国即将是国际上第一个对金融业全面开征增值税的国家，其困难程度不言而喻。作为金融业的重要组成部分，大型商业银行，产品种类繁多，其改造涉及上百个系统和上万个服务项目，并且各产品体系和业务系统相互交叉，彼此关联，各商业银行需按增值税申报及管理的要求，重新对业务产品和业务系统进行全面梳理，因此业务系统的改造将是商业银行"营改增"工作的一个重大挑战。

商业银行需要重新设计和调整业务系统及内部管理系统的相关功能模块，如对所有涉税业务应用价税分离原则进行处理和记录、对购销双方发生退货需要开具红字发票的业务进行处理和记录、判断供应商/客户是否为一般纳税人以确认开票类型及增值税发票管理等、判断各明细采购及费用业务科目是否可抵扣、收集并汇总分支行增值税信息及开发相关增值税报表等。本章以前文理论为基础，结合商业银行"营改增"的要求及商业银行"营改增"面临的困难，从价税分离、发票管理和应税管理三个方面提出商业银行业务系统改造思路和方案。

第一节 商业银行"营改增"系统改造概述

一、商业银行业务系统现状

由于"营改增"涉及银行的各项业务交易、账务处理、凭证管理等内容，其涉及的系统范围将涵盖银行的核心系统、各相关的业务系统、财务、运营等，主要包括渠道系统、业务系统、管理信息系统等。

渠道系统：渠道系统包括柜面系统、网上银行、电话银行、手机银行、短信平台等，是银行提供产品和服务给客户的途径，是客户信息、交易信息等价税分离基础信息的入口。

业务系统：业务系统通常包括核心业务系统、国际结算系统、保理业务系统、外汇清算系统、银行卡系统、基金托管系统、债券交易系统、外汇交易系统、黄金交易系统等，是银行业务执行和运营的载体。其中，核心业务系统是重中之重，集成了交易处理、产品创新、客户关系管理、风险管理和资本配置等多种应用组群的系统，将是"营改增"的重要改造对象。

管理信息系统：管理信息系统通常包括客户关系管理系统、风险管理系统、财务管理系统、管理会计系统等。其中财务管理系统包括财务、应收应付、固定资产、低值易耗品管理、递延及无形资产管理、在建工程管理、费用报销、预算管理等模块。在"营改增"过程中，由于增值税管理带来的科目、账务处理方面的变化，也将对财务管理系统提出新的要求。

传统的银行核心系统主要是通过银行交易系统实现会计核算和支付清算，在交易系统中加进了一些事中处理流程管理，包括信贷管理、风险管理、财务管理的部分流程管理，客户基本信息置于系统内，系统结构通常采用紧耦合的方式，被称之为"胖核心"。对于"瘦核心＋大外围"的建设模式，强调松耦合、模块化的"瘦核心"，通常指剥离了大部分事中、事后管理功能的交易处理系统，可完成存款业务、贷款业务、支付业务、结算业务等银行基础产品的业务处理。

无论是紧耦合还是松耦合的系统模式，"营改增"价税分离都需要对会计核算的核心系统和支持业务交易相关的系统进行改造。除了核心系统，其外围系统（如银行的财务系统、会计要素系统）也需要进行相应的改造，以满足"营改增"带来的业务处理的改变，以及增值税发票管理的要求。

二、商业银行"营改增"系统改造目标

商业银行"营改增"系统建设旨在为增值税管理业务提供系统支持，在满足计税、开票、纳税申报要求的基础上实现系统化纳税申报、统计分析、风险监控、进项管理等功能，辅助应税业务高效管理，减少应税人员繁杂的税务处理工作。同时系统建设还需考虑对未来业务发展的支撑，保证系统建设兼容性和可拓展性。

"营改增"系统建设需要与银行信息化发展战略保持一致，各个银行应根据自身的系统架构，综合考虑实效性、系统负载、改造难度等方面因素，选择合适的改造方案。对于系统建设以自主研发为主的银行，可以采用自主开发为主，结合税控设备供应商提供接口的方式开展改造工作；对于自主研发能力相对薄弱的银行，通常采取与厂商合作的模式，通过采用成熟的套件并对其进行相应的改造、优化和创新，满足对业务的有效支撑。

三、商业银行"营改增"系统改造流程

"营改增"是国家财税体制改革的一项重要内容，将对银行业的经营效益和经营活动乃至上下游实体经济产生重大影响。商业银行在主动跟踪财税政策制定部门"营改增"方案设计的同时，要积极协调各业务部门梳理业务，搭建增值税管理系统框架，有条不紊地开展"营改增"各项准备工作，完善"营改增"工作组织领导、成立"营改增"专业工作团队，同时外聘专业咨询机构，深入调研已入围行业的成功实施经验，全面推动"营改增"工作进程，提前为商业银行实施"营改增"做准备。

为做好此项工作，一般来说，商业银行对此项工作的流程图如下。

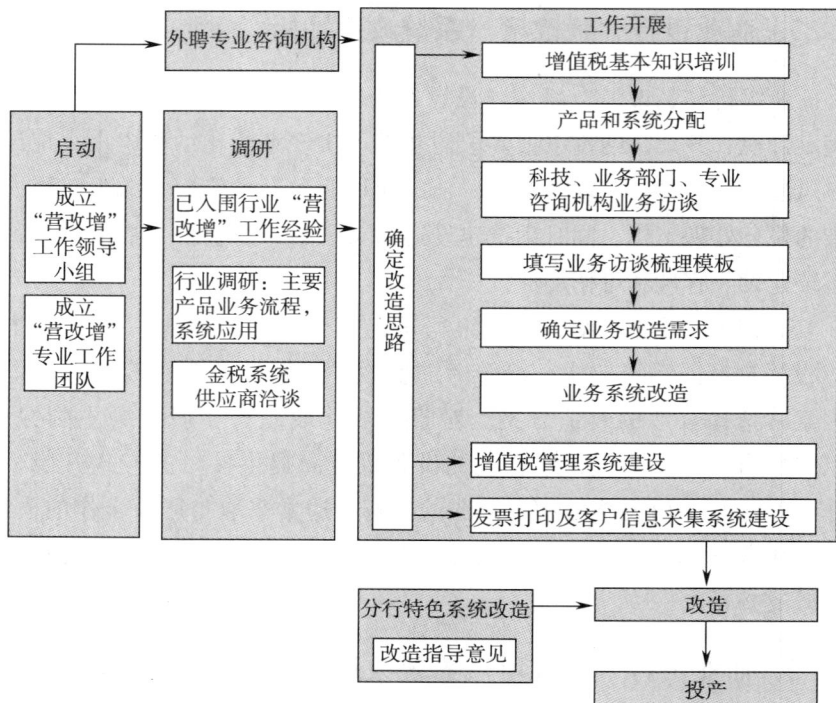

图7.1 商业银行"营改增"系统改造流程图

四、商业银行"营改增"系统改造架构

为深入推进商业银行"营改增"项目的前期准备，精心组织、全行统筹，商业银行需从以下几方面加强对"营改增"的组织推动：

（一）加强组织协调，推动全行充分认识"营改增"工作的重要性

召集各涉税部门召开"营改增"工作启动会，对"营改增"工作进行整体部署，并对"营改增"的重要性和意义进行专题讲解，强化各涉税部门、机构对"营改增"工作重要性的认识。同时，在全行建立"营改增"工作联系人制度，指定专门联系人负责本专业条线"营改增"统筹工作，并集中业务骨干组建"营改增"实施推广工作专业团队，负责全行"营改增"工作的具体实施。

（二）整合资源，搭建全行"营改增"系统改造整体架构

根据增值税基本原理，银行应在前期对"营改增"总体政策方案设计分析和总结的基础上，对不同类型的应税收入和可抵扣成本实施"价税分离"。因此，"营改增"的核心问题在于如何改造系统并进行价税分离，使得收入和成本在"价税分离"后正确核算入账。一般来说，商业银行的系统改造应涵盖以下三个方面：一是从产品入手实现收入"价税分离"后正确核算入账；二是建立统一的发票管理模块，实现增值税专用发票税控管理；三是构建全行增值税管理系统，支持商业银行的应税管理。

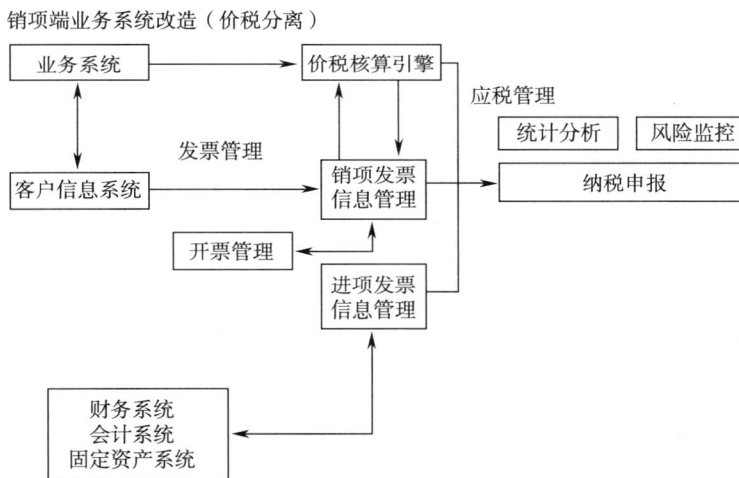

图7.2 商业银行"营改增"系统改造主要模块

价税核算系统改造主要涉及商业银行的涉税业务系统，通过系统改造，充分满足发票打印、纳税申报等增值税业务所需的基础数据信息，如客户信息、增值税应税收入的类型（一般征收、简易征收）、发票信息等。

发票管理的系统建设，需要基于销项端的价税分离信息，与"金税系统"进行系统集成，实现销项发票的开具和信息记录；同时，对进项发票信息进行统一的管理。建设发票管理功能时，还需要与商业银行的客户信息系统、财务系统、会计系统、固定资产系统等系统进行集成，以满足增值税管理的要求，同时满足商业银行经营管理和风险控制的需要。

增值税管理系统是以价税分离和发票管理系统的建设为基础，通过收集和处理价税分离后的销项数据，发票管理系统的销项票开票信息和进项票抵扣信息，按照税务机关的要求以及商业银行税务管理的需求，实现增值税的纳税申报，以及增值税业务的统计分析和风险监控，辅助税务人员进行增值税应税事务管理。

第二节　商业银行"营改增"价税核算系统改造

价税核算系统改造是指商业银行以准确采集增值税销项税额相关明细信息为目的的一系列业务功能改造，包括如何确定核算税基、如何建立价税分离引擎及如何准确识别销项税额明细等业务功能的改造及开发。通过系统改造实现交易信息和客户信息的精准匹配是"营改增"价税核算系统改造的基本思路，本节将从如何识别课税范围和如何构建价税分离引擎等方面，阐述商业银行业务系统改造的方法。

一、商业银行增值税课税范围的界定

课税范围是增值税计税的基础，也是"营改增"价税核算系统改造的前提，合理规范的计税基础一直是税收政策制定和税收征管的首要问题，历来是征纳双方博弈的焦点。银行业的计税基础确定较之其他行业有着更大的难度，商业银行增值税征税范围的设计，要结合金融业务的现状和营业税征税范围综合考量，但必须明确的是金融业增值税征收范围不等同于金融机构的业务范围。本节结合商业银行及"营改增"的总体目标，坚持维持税收环境稳定、提高税收征管效率、促进经济发展的客观要求，将课税范围按商业银行业务种类划分为八大类：对公贷款利息、个人贷款利息、中间业务收入、金融同业往来、金融商品交易、一般商品买卖、债券持有收入、不动产销售和租赁收入。

二、构建业务系统间的"双层滤网"体系

商业银行拥有数万计产品以及每日上亿规模的交易量，且产品存在跨部门、跨地区的服务项目交叉情况。价税分离最终要实现各业务系统间精

准的涉税信息采集、准确的申报数据信息生成、完整的发票信息打印，则需要建立"双层滤网"体系。第一层滤网首先要过滤出应税收入信息；第二层滤网要对应税收入进行价税分离生成增值税信息。第一层可通过产品特征值参数实现，第二层滤网可通过价税分离引擎完成，最终过滤结果将统一生成涉税产品销项明细登记簿。

产品特征值是系统赋予单个产品唯一的参数编码，系统通过产品参数编码可以准确识别每个产品，产品特征值参数表（产品特征值参数集合）是勾稽三者映射关系的关键链条。此外，价税分离引擎是另一个系统改造关键部分，主要用于对涉税业务收入的"价"、"税"分离。价税分离后的信息登记在涉税销项明细登记簿，登记簿主要记载涉税业务的基础信息，包括：登记价税分离后的销项涉税明细，每笔收入的购销双方标识、价税合计金额、税率、价税分离后的销售额和税额，以及视同销售、即征即退等特殊识别信息。销项明细登记簿主要用于纳税申报表的系统自动生成、统计分析、风险监控等。

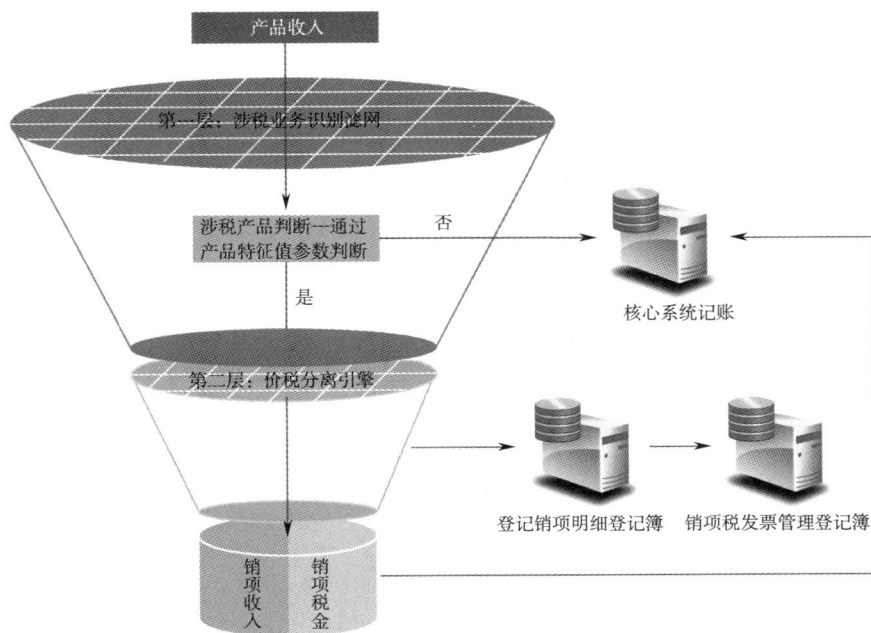

图 7.3 商业银行业务系统间涉税信息"双层滤网"体系

构建业务系统间涉税信息的"双层滤网"体系的主要思路是确保能够通过业务系统判断该笔交易是否纳税。若纳税，则需要将客户纳税人信息、产品收入类别、交易金额、折扣信息，及其他特殊的计税信息等要素记录在销项明细登记簿。核心系统将以销项明细登记簿为基础，通过税务引擎进行价税分离和记账。下文将从以下几个方面提出核心系统和外围系统的改造思路。

（一）涉税业务的识别

涉税业务的识别是价税分离基础，核心系统根据产品独有的特征值对业务收入进行识别，即税基配对。对于规则完整的产品，由系统自动根据产品的特征值和计税类别进行相应匹配，并进行涉税状态标记；但对于系统无法通过产品特征值直接判定是否涉税的业务收入，需要在发生该笔交易时，增加人工的涉税状态标记功能，以确保全面识别涉税收入，避免漏税风险。基于不同交易的发起方式，计税收入识别可通过如下三种方式判定对应的计税收入分类：一是基于产品，依据产品的识别信息；二是基于交易，依据交易代码和收入参数；三是基于总账科目，依据收入计入的损益类科目。

（二）纳税人信息的采集

在向客户开具增值税发票时，客户需要提供准确的纳税人识别号、纳税人类型、纳税人名称、纳税人地址、电话、开户行及账号等信息，并在系统中进行维护，以此满足开票需求。客户信息通过特征值进行索引，实现和交易流水匹配，故各产品系统均需确定识别客户的唯一特征值，并在客户信息库中登记，在登记销项明细的时候，由产品系统提供客户识别特征值，登记销项明细登记簿。客户信息识别特征值可以通过不同产品所赋予的客户识别代码设置，如表7.1所示。

表 7.1　　　　　　　　商业银行客户信息识别特征值类型

类型	含义
1	账号（卡号）
2	商户编号
3	银行卡组织代码
4	基金公司代码

类型	含义
5	同业金融机构代码
6	全国组织机构代码证书
7	代理债券客户代码
8	养老金业务代码
9	委托贷款协议号
10	资产管理交易对手代码
11	债券投资交易对手代码
12	金融市场交易对手代码
13	金融市场同业机构编号
14	纳税识别号

在目前的商业银行业务系统中，客户信息并不是十分完整，尤其客户的纳税人识别信息，需要对客户信息系统进行升级。例如在客户信息管理系统中，新增客户税务信息维护模块，支持对纳税人信息进行维护、变更，建立纳税人的税务信息与账户的关联，实现账户关系类型、纳税人名称、纳税人识别号等纳税人信息的统一管理。纳税人基本信息的维护由客户凭有效的税务证件（如税务登记证、三证合一或一证一码的新版营业执照）到商业银行网点进行备案登记。业务操作员录入客户信息时，应充分进行鉴别，以确保记录的客户信息真实有效，满足后续开票需求。

（三）特殊计税信息采集规则

在商业银行业务收入价税分离的改造过程中，会遇到一些特殊计税情形，例如商品折扣、递延、计提、视同销售等，这些业务如果按照一般业务进行计税信息采集，将难免遗漏计税信息，形成违反税法规则的系统风险。因此需根据不同的业务场景、计税规则进行价税分离处理。

1. 商品折扣信息采集

按照增值税征收管理要求，对于提供折扣的服务，如果销售额和折扣额在同一张发票上分别注明，可按折扣后的销售额征收增值税；如果将折扣额另开发票，不论其账务上如何处理，均不得从销售额中减除折扣额。这就要求，在交易中，对于国家标准收费的项目，系统在计费时如涉及折扣优惠，需进行相应的改造，以提供应收金额、实收金额、减免金额等折

187

扣信息，并登记到销项明细登记簿中，从而避免未按照税法要求进行发票开具而产生的税务风险。

2. 递延和计提类业务信息采集

日常业务往来中，一些服务的费用需分期收取或到期一次性收取，按照权责发生制，凡是应属本期的收入和费用，不论其款项是否收付，都应在本期进行确认；反之，凡不属于本期的收入和费用，即使已收到款项或付出款项，都不应在本期进行确认，即需要根据权责发生制对收入或费用进行相应的递延或计提处理。

商业银行的递延类业务和贷款类业务是典型的按照权责发生制进行会计核算的业务，对于此类业务进行系统改造时，需要防止对同一笔业务重复征税。对于递延类业务收入，需要在收到客户付款时全额进行价税分离计算销项税额，此后根据递延时点逐期进行确认，若该笔递延业务收入每期确认时进行价税分离，一方面与纳税义务发生时间确认原则相悖，另一方面，不利于增值税发票打印的准确性。而对于计提类业务，如贷款业务，由于付息期存在跨月或跨季的情形，按税收征管的要求，需要在约定的付息期进行价税分离并进行纳税申报。然而按照会计的权责发生制，报表须反映真实的账务关系，所以每期计提的应收利息均应价税分离，但不进入纳税申报，仅作为会计核算真实反映经营状况的管理需要。

3. 视同销售商品信息采集

企业在生产经营活动中，时常会遇到对外投资、捐赠等一些特殊经营行为。该行为不同于一般的销售商品、提供服务，税法上称为"视同销售"，需要缴纳增值税。商业银行在提供金融服务的同时，为了加强客户的黏性、提升客户体验，日常经营活动中，商业银行会向客户赠送一些服务商品，如向客户赠送网银证书。

由于"视同销售"行为属于涉税业务，商业银行需要对系统进行改造，支持"视同销售"数据的录入功能。该数据包括纳税人信息、视同销售含税销售额、适用税率等要素。"视同销售"不仅不会产生直接的收入，还需从成本费用科目中列支相应的税金，使得商业银行的成本费用增加，故为了控制经营成本，应对"视同销售"的确认权限进行层级控制。

4. 特色业务系统改造

由于商业银行历史积淀因素，业务平台前端存在多种记账方式，大型商业银行的各级分支机构开发了大量的区域性、特色化应用系统，特色应用系统通过核心系统接口进行账务数据的传输，缺乏标准化的税务信息识别特征值。鉴于此，商业银行需要对各类系统的记账方式建立标准化的税务信息处理应用，对业务处理应用系统逐一进行梳理，对税务识别信息不完整的系统应用进行改造，对改造不完整的系统应用进行关闭，以确保价税分离、发票打印、统计分析的精准性。

三、商业银行价税分离引擎的设计方案

（一）商业银行价税分离引擎的基本元素

价税分离引擎是商业银行"营改增"系统改造工作的基础，该引擎包括两个基本元素：价税分离条件表和价税分离计算组件。通过价税分离引擎处理后的涉税业务明细，统一登记到销项明细登记簿，作为纳税申报和发票开具的基础性数据源。

1. 价税分离条件表

基于前端业务系统改造时的设置，应用产品、交易和科目的计税收入的分类识别信息，对应计税税率，形成价税分离条件表，以确保各类收入通过系统识别后能在此表中匹配对应的税率。

表 7.2 商业银行价税分离条件表样式

产品信息	税基	纳税标志	科目类型
1—对公贷款利息	X0001—对公贷款利息		0—普通损益
2—个人贷款利息	X0002—个人贷款利息		1—金融商品价差类
3—中间业务收入	X0003—中间业务收入		2—应收计提科目
4—金融同业往来	X0004—金融同业往来	1. 征税项目	3—拆借利息价差类
5—金融商品交易	X0005—金融商品交易	2. 免税项目	4—递延专用科目
6——般商品买卖	X0006——般商品买卖	3. 不征税项目	
7—债券持有收入	X0007—债券持有收入		5—表内欠息科目
8—不动产销售和租赁收入	X0008—不动产销售和租赁收入		

189

2. 价税分离计算组件

基于增值税价税分离的计算公式，设定统一的价税分离计算方式，以保障价税分离运算的一致性：

方式一：销售额 = 含税销售额/（1 + 税率）；销项税额 = 销售额 × 税率；

方式二：销售额 = 含税销售额/（1 + 税率）；销项税额 = 含税销售额 - 销售额；

方式三：销项税额 = 含税销售额/（1 + 税率）×税率；销售额 = 含税销售额 - 销项税额；

经过价税分离计算后，销售额计入原有损益科目，销项税额计入"应交税金——应交增值税——销项税额"科目。

（二）商业银行价税分离引擎方案

本节以商业银行"营改增"的要求和商业银行业务系统特点为基础，从业务系统的改造思路出发，分别从交易、产品和科目三个维度设计三种价税分离方案，并对其进行分析比较。

1. 商业银行价税分离方案分析比较

（1）交易维度

交易是客户办理业务的基础账务明细，根据增值税计税的要求，对于

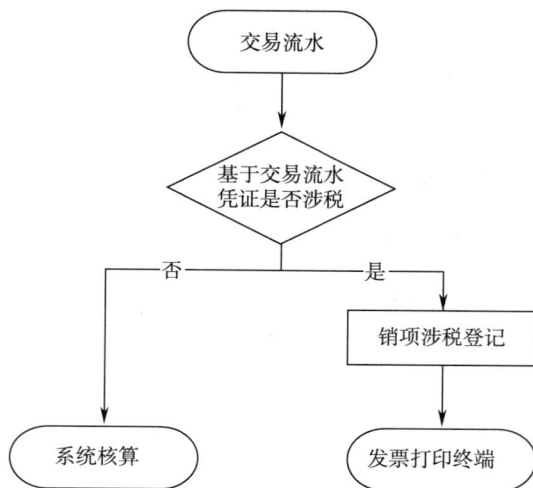

图 7.4 商业银行"交易维度"价税分离引擎模式

每一笔涉税业务流水都必须进行价税分离。以交易流水为基础，并结合对应的入账涉税科目，进行价税分离处理，便于涉税业务梳理，同时对于系统参数的配置更为简化，可以较大程度减少业务系统改造工作量。但通过逐笔过滤业务交易，完成价税分离，对系统要求较高，尤其核心系统运行负荷较大。

（2）产品维度

增值税是以商品（含应税劳务和应税服务）在流转过程中产生的增值额为对象而征收的一种流转税，从定义理解，增值税以产品作为课税基础，将产品流转过程中产生的增加额作为课税对象。根据管理会计的理念，"营改增"系统改造不仅要完成纳税申报的税务要求，而且要满足商业银行自身财务管理精细化要求。而基于交易和科目组合的价税分离方式仅仅实现的"价"和"税"的简单分离，并不能从管理会计的视角满足商业银行对增值税管理要求，而产品维度的价税分离模式，能较好地弥补此方面的不足。但商业银行庞大的产品体系，存在多种产品识别规则，需要

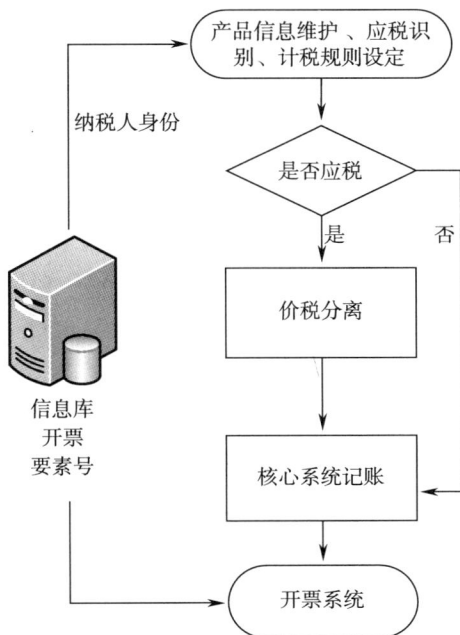

图7.5 商业银行"产品维度"价税分离引擎模式

商业银行按照增值税的管理要求，建立统一的产品识别规则，而重新进行产品梳理，工作量大且产品信息可能不完整，会导致系统改造范围不全面，产生漏税风险。

（3）科目账号维度

科目账号主要用来核算日常业务收入，所有的收入都将在相应的科目账号进行反映。以科目账号为基础建立税务引擎进行价税分离，通过科目进行批量处理价税分离，一方面可以解决"营改增"时间仓促问题，对银行的核心系统负荷较小，另一方面相对于使用产品进行梳理的工作量较小。但是，通过科目进行批量处理价税分离，一方面不能满足商业银行对增值税精细化管理的要求，另一方面由于税务引擎置于业务交易的后端，如果某项产品税务信息发生更新，系统不能及时作出调整，系统税务信息的更新将滞后。

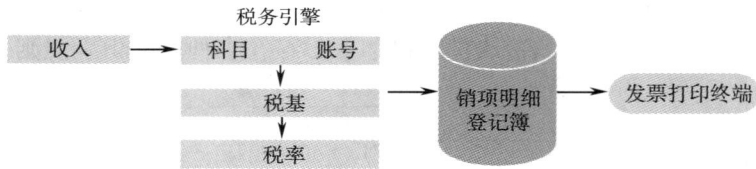

图7.6 商业银行"科目账号维度"价税分离引擎模式

2. 商业银行价税分离方案选择

商业银行的金融服务方式朝多样化、复杂化方向发展，尤其近年金融衍生品种类日益繁多，所以一定程度上为金融服务设计一套通用的增值税计税方式非常困难。但增值税作为一项重要税种，未来将是商业银行负担的主要税种之一，精细化管理是商业银行税务管理大趋势。

税负成本作为影响商业银行经营绩效的一个重要因素，一定程度上间接地对商业银行产品结构和经营结构构成影响。此外，增值税实施后，增值税无疑将是影响产品经营绩效的重要部分，所以以产品维度进行价税分离可以更好地满足商业银行增值税管理及经营管理的要求。以产品维度进行价税分离，要求商业银行必须有完整的产品体系及统一的产品识别规则，同时，商业银行各产品系统对于发生的涉税收入业务，需记录纳税人的信息、产品收费类别、交易金额等信息，并通过联机或者批量的方式，调用核心系统的会计核算接口，将客户信息和交易信息登记在涉税销项明细登记簿中。

结合商业银行产品和系统的现状特点，尤其是大型商业银行庞杂的产品体系和业务系统，在实践过程中每一种方案的适用条件都可能是部分存在的，因此需要综合各方面因素，设计出一种适合自身情况的方案。综合考虑商业银行自身特点及增值税管理要求，商业银行价税分离应坚持以产品维度为主，交易和科目账号维度为辅的模式，产品维度主要针对识别规则完整的产品，而交易和科目账号维度则是主要应对产品识别规则不健全或者产品识别规则较为复杂的商业银行业务。

四、商业银行特殊业务改造方案

商业银行作为传统行业，历史原因造成商业银行业务之间、部门之间交叉性强，单纯地依据一套计税规则无法完成增值税的管理，针对一些特殊业务，商业银行必须单独考虑，有针对性地进行系统改造设计，如分润业务、冲正交易、商品折扣、视同销售、非主营业务等。

（一）分润业务①

分润业务在商业银行内部是一种普遍现象，源于商业银行的内部考核机制，它依据部门之间的服务贡献比例统一由牵头机构进行系统内部分配。根据增值税规则，不同纳税主体之间需要相互开具增值税专用发票，以形成增值税的抵扣链条。系统内增值税专票的开具涉及发票的信息采集、传递、保管等，且系统内结算频度高，导致开票量和成本都将无法估计、人工处理效率低。

商业银行分润业务交易频繁，尤其月末、季末和年末，如果依靠人工处理系统内增值税发票相关业务，将严重影响业务的正常运营。为此，商业银行应结合业务量和系统改造，设计一套专用分润业务的"营改增"方案，主要是通过开发专用交易，实现交易信息、纳税人识别信息和发票打

---

① 分润业务主要指商业银行某一独立纳税机构对牵头提供服务产生的收入，向系统内其他独立纳税机构进行分配的行为。

印信息通过待确认系统内进项登记簿①进行自动关联匹配，最大限度减少人工处理，尽量避免人为操作风险。图7.7为某商业银行总行将一笔从第三方接收的业务收入划拨到一级分行的处理场景，其中收到收入时总行对客户统一开票，同时确认销项税额，接收分润分行根据收到的收入向总行开具发票，接收分润分行开具的销项发票相对于总行为进项发票，系统将根据交易信息实现接收分润分行销项发票登记簿和总行的进项发票登记簿自动关联，以此进行增值税核算和专用发票的打印。

该方案需要设计分润专用交易，在分润分出行调用专用交易时即进行应收进项核算，因此需要在"应交税金——应交增值税"科目下增设"增值税专用应收应付"三级科目，下设"分润"专用账户。

通过图7.7，参与分润的机构根据销项登记簿和待确认系统内进项明细登记簿查询本机构应开出发票金额，根据查询匹配结果开具专用发票并在以上两登记簿中登记相关票据开具信息。同时分润方案支持按分润分出行机构汇总开票，开票后将分润接收行销项登记簿记录置为已开票，将分润分出行待确认系统内进项明细登记簿中发票状态由"未开具"更新为"已开具"，推送相应发票信息至分润分出行进项发票登记簿，状态为"未登记审核"。分润分出行发票认证岗收到增值税专用发票后，更新进项发票登记簿状态，将发票状态修改为"已登记审核"，完成认证后，更新进项发票登记簿发票状态，将发票状态修改为"认证通过"。核算系统在当日账务核算时，将读取进项发票登记簿已认证发票信息，更新待确认系统内进项明细登记簿中增值税专用发票状态，将发票状态变更为"已认证抵扣"，账务核算上自动将"增值税专用应收应付"三级科目核算的应收进项税额转入"进项税额"科目。

---

① 主要用于登记系统内增值税分润发票及参与分润的机构之间信息，内容包括：日期、地区、网点、支付科目、支付账号、不含税金额、税金、业务摘要、分润分出行名称、分润分出行机构号、分润分出行发票接收状态、分润接收行名称、分润接收行机构号、分润接收行发票开出状态、增值税税票票号。

194

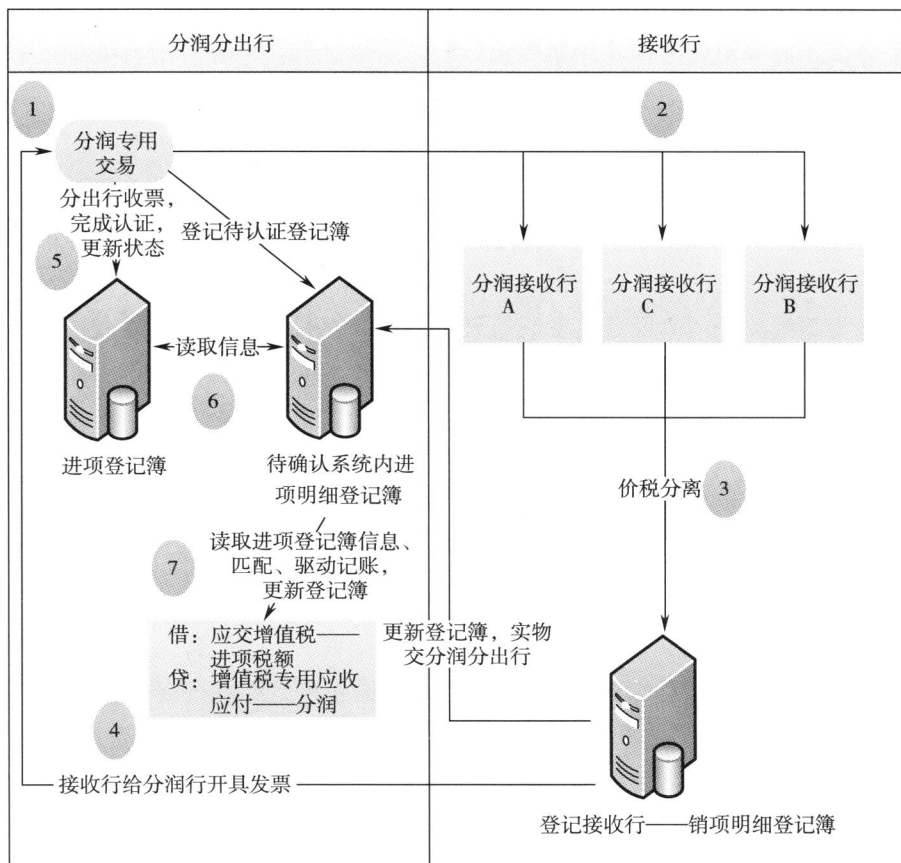

图 7.7 某商业银行分润业务"营改增"处理场景

（二）商业银行冲正交易

冲正是对原始交易的反交易账务处理。按照商业银行目前的操作流程，冲正交易的操作在系统中直接撤销即可，但"营改增"后，涉及损益科目的冲正交易还需要对增值税进行冲减，对增值税计税产生影响。对此，商业银行可以有两种方案选择：方案一是按增值税申报管理要求，研发专用冲正交易，对涉税业务增加销项税额冲减处理功能；方案二是以涉税业务正交易为基础，对每一种涉税业务的原冲账交易进行改造，满足"营改增"后涉税处理需求。方案一相对于方案二，优点是时间短、效率高，尤其在目前"营改增"时间仓促的状况下，可以较快满足需求。但另一方面，商业银行由于业务品种繁多、交易信息量大，业务前台处理端和后台管理端之间交叉复杂，专用冲正交易不能囊括全部业务交易信息，一定程度上将造成巨大的系统风险，影响金融系统安全。尽管方案二对商业银行"营改增"的工作量和工作精细度提出了较高要求，但结合商业银行的特点，方案二能够较好地弥补方案一的不足，更能满足"营改增"的整体需求。

为防范虚开增值税专用发票的风险，商业银行涉税冲正交易改造，应坚持业务原始交易信息和冲正交易信息相互匹配的原则，对冲正交易增加识别税务信息的输入方式。冲正交易主要分为三个步骤：首先，系统前端根据业务相关信息判断该笔业务是否涉税，若不涉税，系统自动完成冲账；若涉税，系统根据该笔业务的纳税人留存信息进一步鉴别纳税人身份，判断是否为一般纳税人，根据判断结果，参照增值税管理要求完成相关冲账操作。对于纳税人身份为一般纳税人的客户，系统将记录该笔冲正交易需求信息，形成一般纳税人冲正交易登记簿；其次，以一般纳税人冲正交易登记簿为基础，按照冲正交易和对应的正交易进行逐一勾稽的原

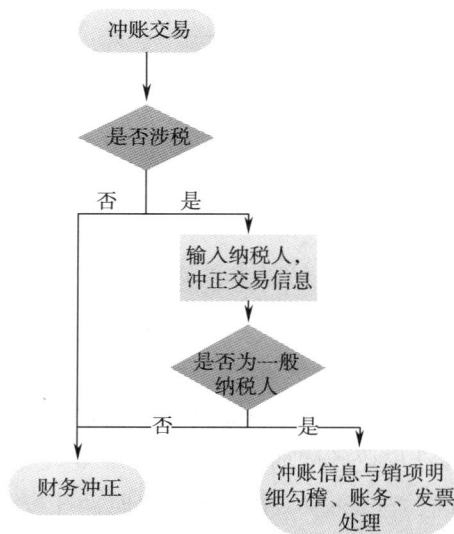

图 7.8　商业银行冲正交易模式

196

则,逐笔确认一般纳税人冲正交易对应的蓝字增值税发票状态,形成一般纳税人冲正交易需求信息的完整链条;最后,商业银行发票管理人员根据完整的一般纳税人冲正交易信息登记簿,进行冲账、销项税额冲销、发票作废、开具红字增值税发票等后续管理工作。

鉴于冲正交易涉及增值税发票的处理,如发票作废、开具红字发票等,情况较为复杂,针对此种情况,本节将冲正交易分为非红字发票冲正交易和红字发票冲正交易两部分进行描述。

1. 非红字发票冲正交易

非红字发票冲正交易根据增值税税法要求可以分为未开具发票的冲正交易和已开具发票冲正交易两种情况,以上两种分类根据增值税税法的要求,冲正处理流程存在差异,下文将结合商业银行系统的特点,分别展开论述。

(1)对于未开具增值税发票的冲正交易,并不需要销售方(或购方)向税务机关申请开具红字增值税发票,商业银行可以借鉴"营改增"前冲正交易,对价和税直接进行冲正,由于非红字发票冲正交易对应的增值税蓝字发票尚未打印,需要在销项登记簿进行标识取消,满足系统生成纳税申报表的要求。

(2)已开具发票的非红字发票冲正交易主要适用于已经开具发票但还未进行抄报税,且未超过开票当月及购方未进行认证(如为增值税专用发票)的增值税发票,该发票应作废处理。商业银行的发票管理人员在业务系统中确定需作废的发票后提起发票作废申请,经相关人员审批同意后,将由系统判断该张发票是否符合"已开具发票的非红字发票冲正交易"标准,若符合条件,业务系统将调用"税控系统发票作废接口"作废对应的蓝字发票电子信息,完成后更新发票登记簿和销项明细登记簿状态,同时在对应的增值税发票的各联次右上角注明"作废"字样,并将全联次留存。

2. 红字发票冲正交易

已开具的增值税发票若已被购买方认证(如为增值税专用发票)、销售方抄报税或者超过开票当月,此时进行冲正交易,需要开具红字增值税

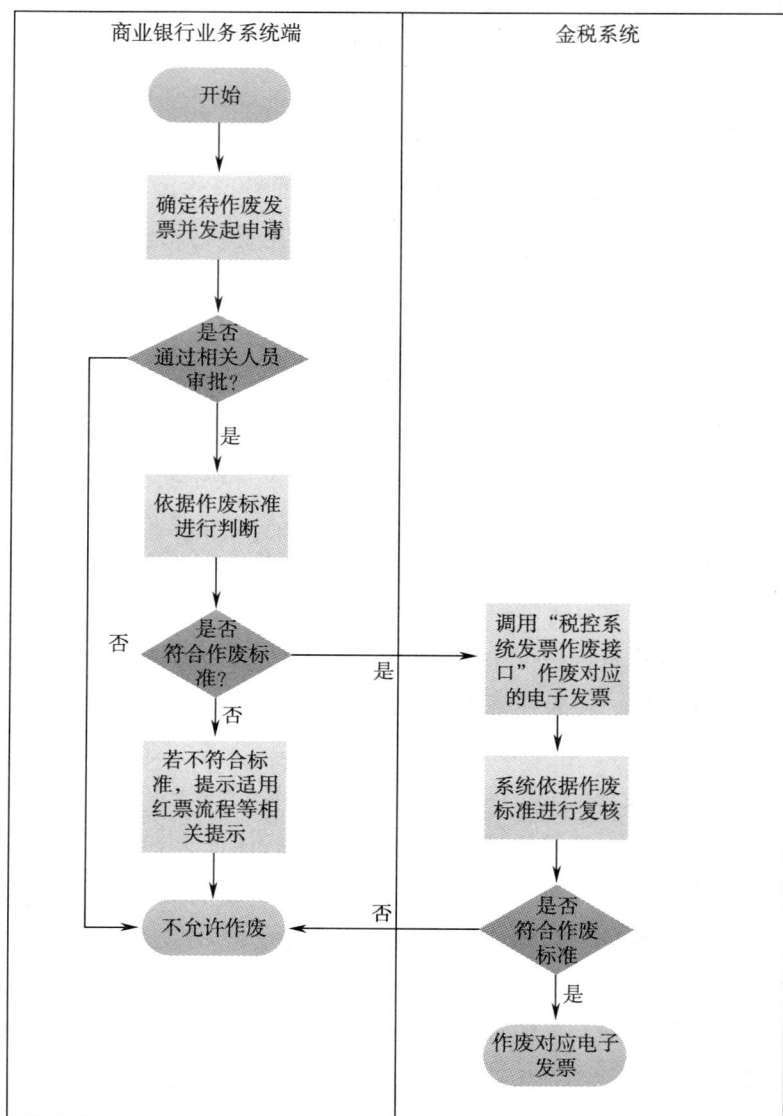

图 7.9 商业银行增值税发票作废流程模式

发票。本节仅以销售方申请开具红字专用发票为例，简述商业银行红字发票冲正交易方案。

对于符合开具红字专用发票的冲正交易，商业银行可以将此类冲正交易分为价的冲正交易和税金的冲正交易两部分。根据增值税税法规定的退货流程，销售方应通过金税系统填报《开具红字增值税专用发票信息表》（以下简称《信息表》），依据金税系统生成的《信息表》编号向购货方开具红字增值税专用发票，凭红字增值税专用发票进行价和税冲正交易。

对于其他特殊情况，如客户口头拒收发票，但是客户又未及时将增值税专用蓝字发票交回销售方，鉴于商业银行自身会计核算要求和增值税发票管理要求，商业银行可以将价和税分开冲正，即待蓝字发票收回，进行税金的冲正交易，以此避免违规开具增值税专用发票，同时为了满足纳税申报的要求，需将此笔冲正交易在销项登记簿进行标识。

上述非红字增值税发票冲正交易和红字增值税发票冲正交易均为发票和业务交易——对应情景，"营改增"后，将存在大量一笔交易对应多份增值税专票或一份增值税专票对应多笔业务交易的情形。针对此种状况，在进行发票作废和红字发票处理后，要进行冲正金额与发票开票金额的检查。存在三种情况：（1）冲正金额与发票开票金额一致，则不需补打，此张发票直接作废或开具红票。（2）冲正金额小于发票开票金额，则需要针对剩余金额补开发票。（3）冲正金额大于此张发票的金额（存在于一笔收入开多张发票后，发生冲正的情况），在销货方申请开具红票的情况下，要检查发票是否全部收回，并根据收回发票的情况，检查每张发票是否作废或开具红票，并依据冲正金额和发票金额差额做蓝字发票补打印处理。

3. 商品折扣、视同销售及非主营业务

增值税对不同业务不仅课税税率不同，而且征收的规则也不同，比如对于商业银行的一些属地征收的税目，在采用总分形式预、汇缴的商业银行的增值税实际操作、管理难度更高。为了满足增值税改革要求，本节对一些特殊情况，以某商业银行为例，提出下列建议：

（1）为拓展业务，商业银行会在日常经营过程中向客户提供一些服务折扣，而根据财税［2013］106号文件附件1第三十九条规定：纳税人提供应税服务，将价款和折扣在同一张发票上分别注明的，以折扣后的价款为销售额；未在同一张发票上注明的，以价款为销售额，不得扣减折扣额。除了发票有特殊要求外，系统也须进行特殊的改造，由于很多业务都

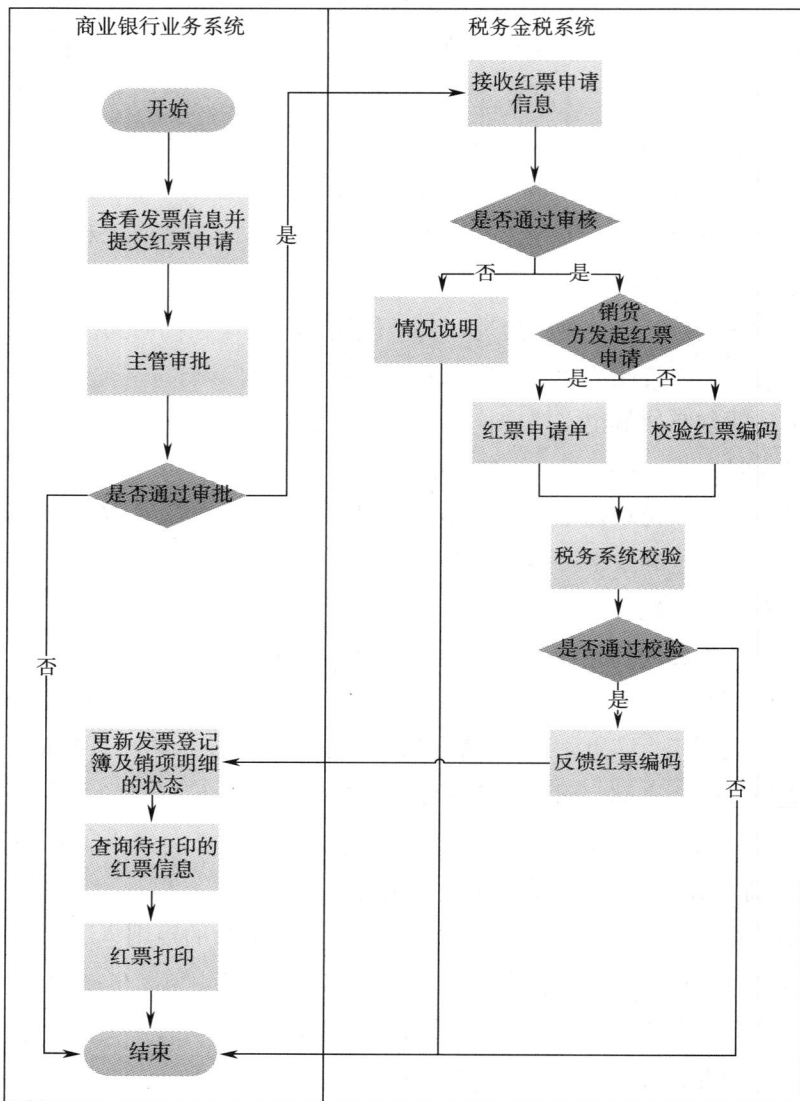

图 7.10　商业银行红字增值税发票开具流程

可能涉及折扣情况，因此升级后的系统存在三个价格字段，即"应收金额"、"实收金额"和"折扣金额"，即操作员录入相关业务信息前需要判断该服务是否存在折扣信息。

（2）为了防止增值税税款抵扣链条的中断，按增值税税法，将自产或者委托加工的货物用于非增值税应税项目及集体福利或者个人消费等情况属于视同销售行为，均需要征收增值税。对于预、汇缴模式的总分企业，如"出售不动产收入"、"出售已抵扣进项设备收入"、"出售未抵扣进项设备收入"等非主营业务根据增值税属地征收的原则，可能需要就地缴纳增值税。鉴于此，根据两者业务的特点，结合税法规则要求，系统需要单独增加处理视同销售和非主营业务的模块。

第三节 商业银行"营改增"发票管理体系方案

增值税是流转税种的组成部分，根据其管理特点，商业银行发票管理体系建设的思路分为销项发票管理和进项发票管理两部分，其中，销项发票管理的实现依赖于商业银行业务系统的信息集成，更倾向于在业务运营管理系统中增加"增值税发票管理模块"，通过与企业客户信息系统、核算系统、金税系统的集成，实现销项发票购买、入库、分配与领用、发票打印以及发票作废、进项发票管理以及发票信息查询等处理。进项发票管理则纳入增值税管理系统进行全程管控。增值税发票管理模块的功能与其他系统之间的集成如图7.11所示。

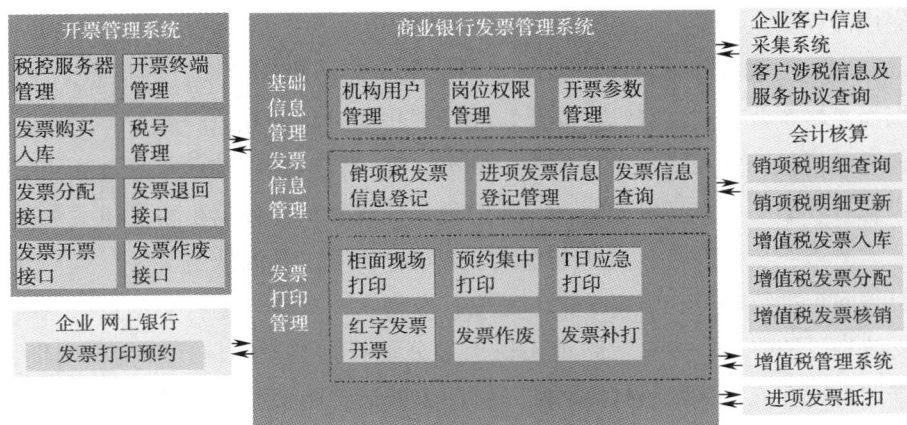

图7.11 商业银行增值税发票管理模块与其他系统集成

一、企业客户信息采集系统

从设计理念上来说，商业银行企业客户信息采集系统着眼于满足商业银行内部客户管理及发票打印的需要，通过新建企业客户信息采集系统的方式，重新按照增值税管理要求维护客户信息并单独储存，以保证发票打印的规范化和准确性。

按照管理内容划分，企业客户信息系统维护信息包括基础信息与签约信息。基础信息包括：纳税人识别号、纳税人类别（一般纳税人和小规模纳税人）、户名、出票账号、地址、电话、开户行等票面要素信息；签约信息包括纳税人申请打印增值税发票时约定的发票的领取方式、领取地点、发票打印周期、领取人等相关信息。同时，基础信息与签约信息通过"纳税人识别号"关联，一条基础信息可对应多条签约信息，同一纳税人（即同一纳税人识别号）名下的一个账户对应一条签约信息。

从采集渠道上看，将对存量和新增客户采用不同的方式采集客户信息。针对存量客户，商业银行客户信息采集方式分为柜面和电子银行两种方式，柜面信息采集采取交互式填单、客户签章确认的方式，用于采集客户基础和签约信息；同时，电子银行渠道支持客户自行填写、下载打印涉税信息表，方便客户自助办理业务。针对新增客户，将优化单位账户的开户交易，在综合签约模块中增加客户信息采集功能，支持新增客户一次性完成涉税信息采集。

客户发票打印分为维护企业客户信息和客户确认发票打印信息两步：柜面新增企业客户信息维护模块，支持客户通过柜面和电子银行，对纳税人基础信息和签约信息进行维护、变更。其中，纳税人基本信息维护由客户凭有效的纳税人身份证明（一般纳税人证明材料：包括由税务机关加盖的"一般纳税人"字样的税务登记证或税务机关出具的认定文件）到商业银行网点进行登记；由客户提出发票打印需求，确认发票打印信息。系统支持柜员按账号、名称、纳税人识别号分别查询纳税人信息和销项明细，查询后经客户确认发票打印明细及打印方式后，柜员打印增值税发票。具体办理流程如图 7.12 所示。

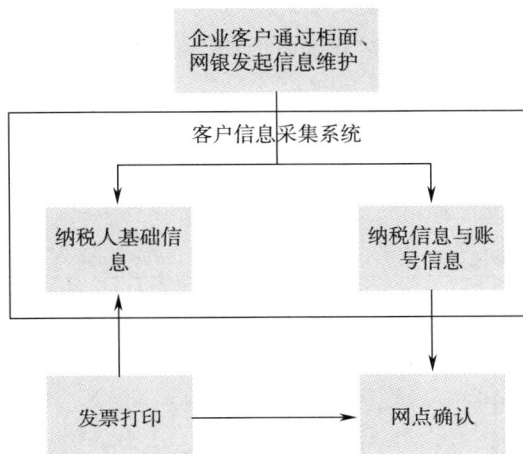

图 7.12 企业客户信息采集流程

二、增值税发票管理系统的建设

增值税发票管理只有从实践中不断总结经验,才能提升发票管理水平,更好地管控商业银行增值税税务风险。一般来说,为实现增值税发票管理的需要,商业银行发票管理包含发票信息管理、发票打印信息流转和发票打印三个基本功能。

(一)销项发票管理

1. 发票信息管理

从管理内容上说,发票信息管理涉及两方面内容:一是空白增值税发票管理,二是已打印增值税发票管理。下文将从管理内容上阐述商业银行增值税发票信息管理的基本功能。

(1)空白增值税发票的管理

空白增值税发票的管理是商业银行增值税发票管理的前提和基础,加强对发票的管理,要从源头控制税务风险。增值税实施以后,空白增值税发票作为商业银行的一种空白重要凭证,同样需要纳入空白重要凭证管理系统。但有别于其他空白重要凭证,具有如下特点:第一,来源于外部,第二,其凭证号段受到外部系统控制。这导致对增值税发票的管理需要在

203

业务运营系统中新增功能模块来实现。

空白发票的管理涉及两部分主要内容，一是发票的领购及交接；二是发票发放及使用。

①发票的领购及交接可能涉及商业银行内部不同职能部门、多个系统（例如金税系统、商业银行核算要素系统），发票领购及交接流程图如7.13所示：

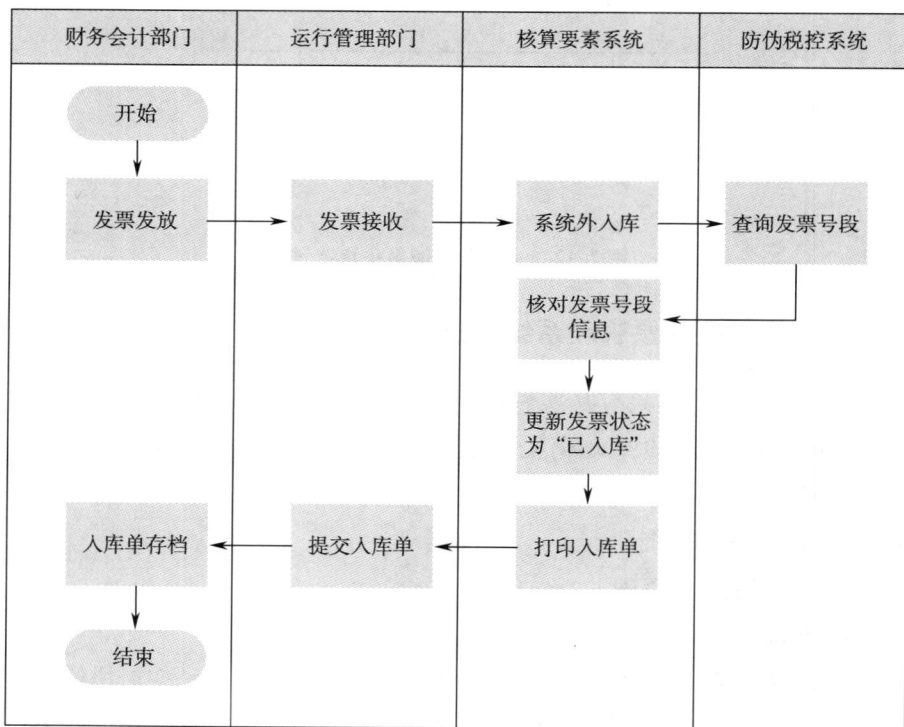

图7.13 发票交接流程图

②发票发放及使用功能需要包含：发票入库、商业银行内部发票请领和发放、发票行内调配、发票上缴和回收发票挂失以及发票销毁等功能。发票发放及使用流程如图7.14所示。

发票入库，即指商业银行指定专人购买增值税专用发票时，税务机关将发票电子信息与实物发票信息核对一致后导入金（报）税盘，商业银行

发票打印网点	运营管理部门	核算要素系统	防伪税控系统

开始

发票请领 → **发票出库**

发票入库 → **更新发票状态**

读取柜员打印权限参数,明确具体操作权限

发票发放给柜员 → **更新发票状态** → **更新发票状态和归属终端信息**

发票签发 → **发票联动销号** → **同步更新发票状态为"已使用"**

结束

开始

日终发票轧账 → **调取库存记录** → **查询发票当前状态信息**

轧账完成 ← 核对相符 ← **核对库存记录**

结束

开始

发票上缴 → **发票回收** → **更新发票库存数量** → **更新发票归属机构**

结束

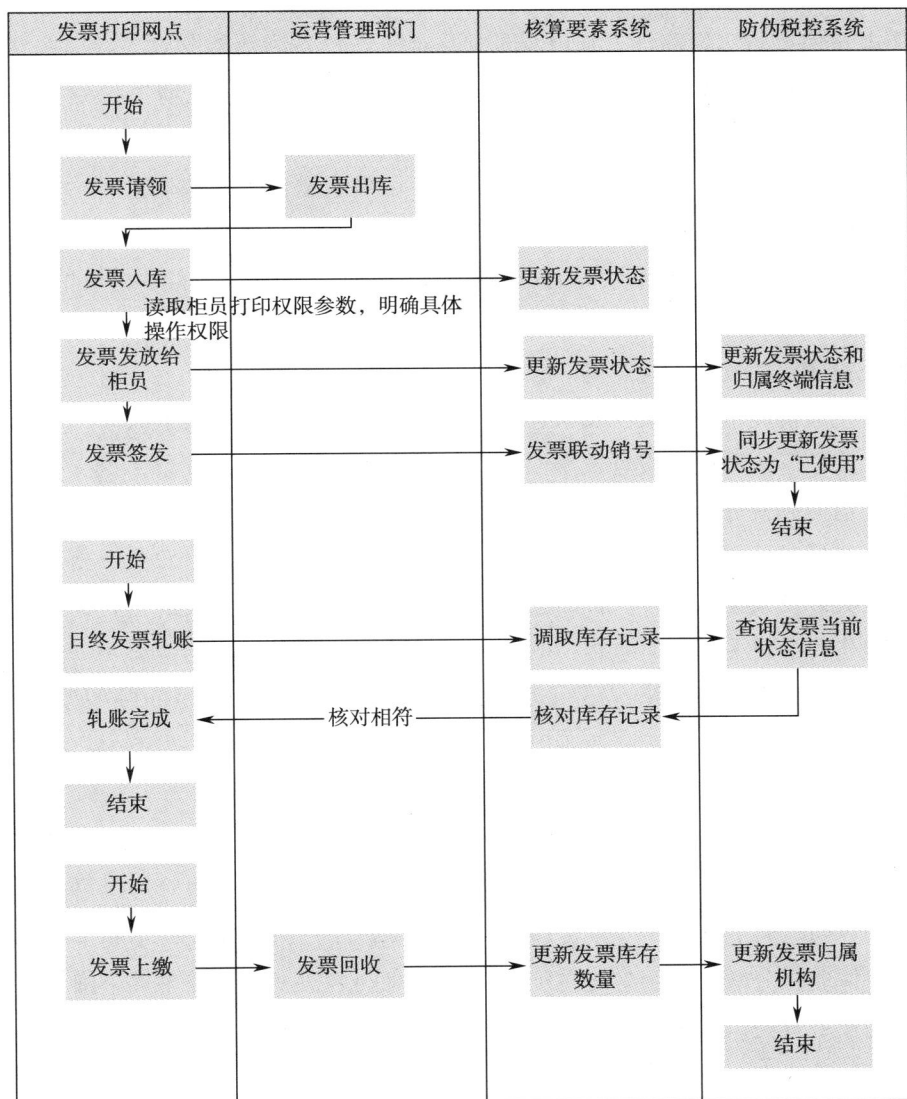

图7.14 发票发放、使用流程图

税务管理人员通过金(报)税盘将电子发票通过税控终端导入防伪税控开票系统,并与银行系统内凭证管理人员完成实物交接。凭证管理人员按照空白重要凭证会计要素流程完成发票系统外入库。

　　商业银行内部发票请领与发放是凭证管理人员与发票打印网点之间发票电子信息与实物发票的流转。同时，对实物发票请领与发放，要建立发票号段与打印终端管理，联动"防伪税控开票系统"完成增值税发票的分配。

　　发票行内调配是指在发票打印过程中，由于增值税发票用量不均，导致不同网点间会产生发票重新调配的需求，比如 A 网点的增值税发票已用尽，而 B 网点增值税发票尚有存余，凭证管理人员可根据实际用量情况，通过发票管理系统上收 B 网点部分增值税发票并划拨给 A 网点。发票管理系统完成实物发票调配的同时，应更新相应的发票电子信息。

　　一般情况下，增值税发票存在换版的现象，会出现发票上缴与回收情况。发票管理系统应设置发票回收功能，支持从网点回收发票，也支持将发票退回到税务机关。

　　增值税发票挂失情形涉及三个场景：发票未开出丢失、发票开出未认证丢失以及发票开出并认证后丢失，在发现增值税发票丢失的当日，须书面报告税务机关，同时登报声明作废。

　　增值税发票两种情况下可以销毁，一是属于有印刷质量问题的发票；二是由于税务机关换版、改版以及超过税务机关规定的使用期限的发票。

　　（2）已打印发票管理

　　商业银行发票打印方式分为两种模式：集中打印和分散打印模式。集中打印的优势在于发票打印效率高，将空白增值税发票集中管理，可有效控制风险。其劣势在于发票传递过程的风险较高，耗时较长，不利于提升客户体验。分散打印的劣势在于商业银行网点多，规模大，实现全网点打印的税务管控风险较高。因而，商业银行应根据网点经营规模、客户结构、运营成本、风险控制等因素合理的设置打印网点，同时制定配套的业务管理流程和空白增值税发票管理办法。已打印发票管理涉及网点间配送、邮寄、领取及超期未领等情形。

　　发票集中打印模式下，发票的发放方式分为两种：即由商业银行将已打印发票邮寄配送给客户，或客户自行到商业银行网点领取。集中打印模式下，已打印发票发放流程如图 7.15 所示。

集中打印网点	打印 → 质检 → 打印编号与明细清单 → 打印交接清单			客户确认	
快递公司		快递 → 回执			
配送			封箱 → 配送		
领取网点				领箱 → 拆包	
客户				客户领取	

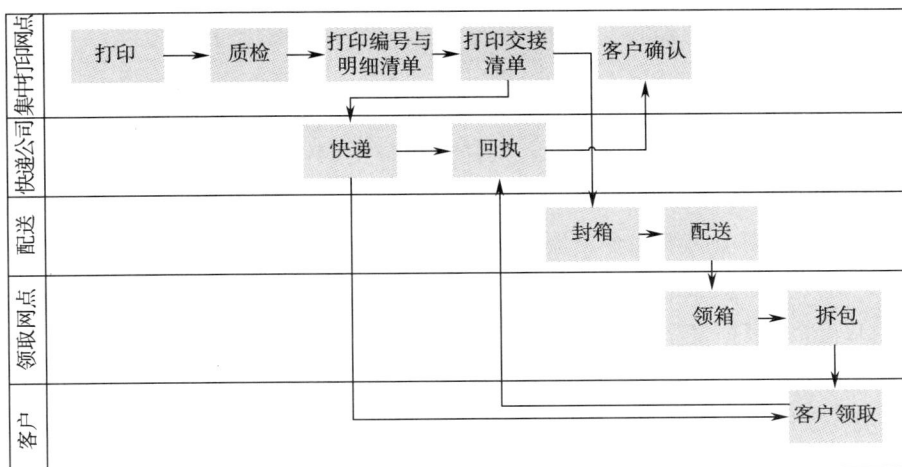

图 7. 15　商业银行已打印发票的发放

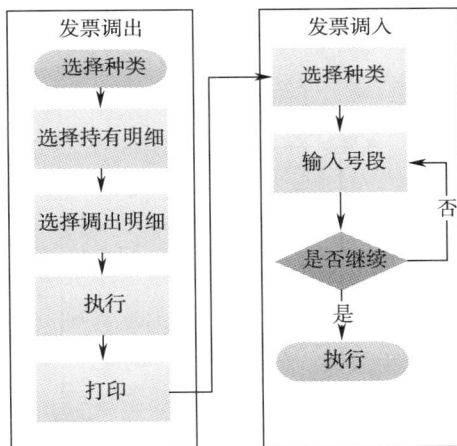

图 7. 16　网点间配送操作流程

2. 发票打印

（1）发票打印信息流转

对于商业银行来讲，开具规范、合规、准确的增值税发票，才能有效提升客户满意度，体现银行的服务性本质。增值税发票打印的合规性对商业银行系统之间数据传递的一致性提出了更高要求。完整规范的增值税发

207

票处理流程涉及三个系统之间的信息传递，分别为核心系统、税控系统和发票管理系统。

商业银行发票信息在各个系统中的流转环节应包含以下六个步骤：一是根据核心系统产生的应税收入交易明细，生成销项明细登记簿；二是客户需要打印增值税发票时，由打印终端发起，查询销项明细；三是发票管理系统根据销项明细和客户预约信息，生成待加密的发票信息；四是税控系统对发票信息加密后，发票管理系统生成需要打印的发票票面信息；五是打印终端根据发票票面信息打印发票，并记录打印日志；六是在发票管理系统中对已打印发票的配送和领取进行管理和控制，流程如图7.17所示：

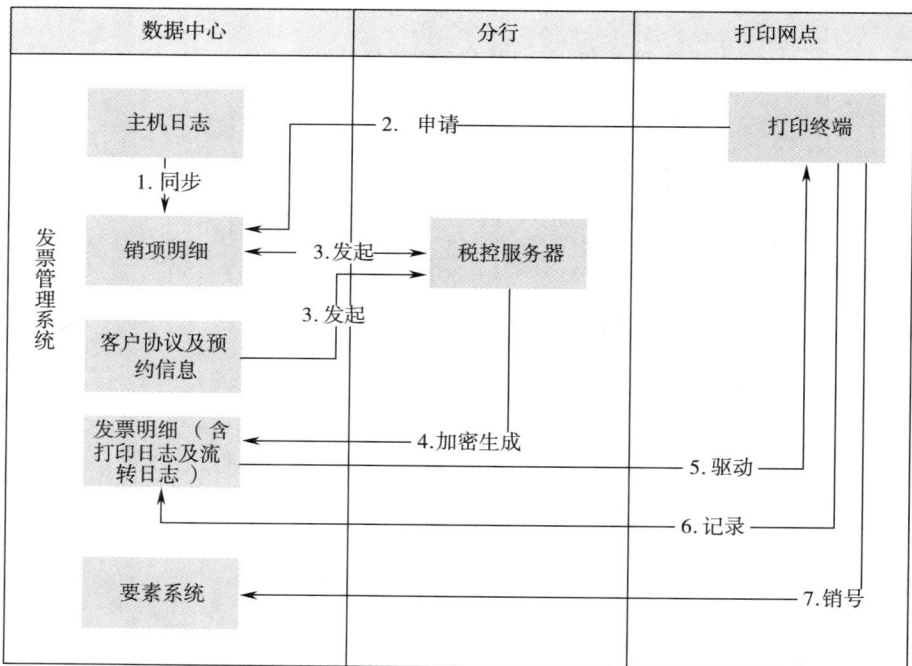

图 7.17　增值税发票打印及流转环节

（2）客户发票打印流程

通用开票流程分为客户信息核实、发票打印预处理和发票打印三个环节。

第一，企业客户信息核实是商业银行开具发票的前提和基础。企业客户提交开票申请，已纳入客户信息采集系统的客户需核实企业客户信息，核实内容包括企业纳税人识别号、企业名称、纳税人类别、纳税义务发生时间、成为一般纳税人时间等。未纳入客户信息采集系统的企业客户需提交相关证明材料并确认。

第二，发票打印预处理是指以纳税识别号为查询条件的客户信息识别，通过客户信息识别和涉税明细的关联，生成完整的发票打印预处理数据。客户可自行选择发票打印范围和打印方式（例如逐笔打印、合并打印或拆分打印等）。

第三，按照客户已确认的打印范围和打印方式完成发票打印。打印发票号码应与系统推送的发票号码保持一致。

（3）发票打印特殊处理功能

在发票打印功能建设的过程中，不仅要关注通用开票流程，还要关注特殊场景，比如发票作废、红字增值税发票开具等业务的办理，从而形成能够应对上述各类特殊场景的发票打印体系。以下将以增值税专用发票为例，阐述可能出现的特殊业务场景及处理方式。

①发票作废

增值税专用发票的作废必须同时符合以下三个条件：收到退回的发票联、抵扣联时间未超过销售方开票当月；销售方未抄税并且未记账；购买方未认证或者认证结果为"纳税人识别号认证不符"、"专用发票代码、号码认证不符"。发票作废业务场景相对简单，选择发票作废明细信息后，通过系统设置作废操作界面进行作废操作。

②红字发票的开具

一般纳税人开具增值税专用发票后，发生当日或隔日冲正、开票有误、应税服务中止以及发票抵扣联、发票联均无法认证等情形但不符合作废条件，或者因销货部分退回及发生销售折让，需要开具红字增值税专用发票。红字增值税发票开具流程相对复杂，需由商业银行或者客户根据原发票号码、纳税人识别号、账号、原发票打印日期区间等信息查询原发票信息，选择需开具红字发票处理的涉税明细后填开并上传《开具红字增值税专用发票信息表》（商业银行发起的信息表由商业银行填开，客户发起的信息表由客户填开），核对红字增值税发票信息表号码后进行打印。

③红字发票开票流程

按照商业银行内部管理要求及系统实现的功能，红字发票申请信息通过税控系统向税务机关申请。具体流程如下：

A. 红字发票开具申请由税务人员在税控服务器中的"红字发票管理"模块中进行操作。申请方式包括购方申请和销方申请，申请通过后，通过税务机关下载《开具红字增值税专用发票信息表》查看审批结果。

B. 对于销售方开具红字发票，业务人员通过发票管理系统提交开具红字发票申请，税务人员查询到运管提交的申请后，使用金税系统中的"红字发票申请"菜单向税务机关提交申请。

C. 税务人员查询并下载通过审批的《开具红字增值税专用发票信息表》，并将其关联到发票管理系统，便于查询税务机关审批结果。

D. 发票管理系统开具红字发票时，调用《开具红字增值税专用发票信息表》，按照负数开票流程进行开票处理。

（4）发票打印注意事项

除此之外，商业银行按照增值税发票打印规范性要求，对给客户提供折扣优惠的服务和业务需体现"折扣"信息，并应按照"原价"、"折扣"和"实收金额"的方式打印发票。

3. 发票管理涉及的参数管理

（1）发票管理涉及的参数表

商业银行既要满足发票打印需求，又要加强风险管控。所以为了定义发票打印网点、实现发票打印预约和发票打印权限的控制，系统中应设置"发票集中打印网点参数表"、"发票打印预约日期参数表"、"发票打印权限控制表"三张基本参数表。

发票集中打印网点参数表用于定义发票打印的模式，分为集中、分散两种模式。按照集中打印网点设置的基本原则，一个地区只设置一条记录，定义一个集中打印网点。通过标识"打印网点"和"被代理网点"，设置本地区发票打印集中网点。分散打印模式，可以设置两条或两条以上的记录，定义多个打印网点。发票打印预约日期参数表用来定义"预约领取日期"和"领取截止日期"，用于控制客户网上预约时，选择相应日期。

发票打印权限控制参数表用于设置柜员发票打印权限，此柜员需要拥有税控钥匙使用权限。

（2）发票打印客户预约流程

为了满足企业客户在企业网上银行等线上渠道自助预约领取发票的需求，商业银行提供"客户主动打印"（即指由客户发起发票打印需求）和"银行批量打印"（即指银行无需客户发起，就进行打印）等线上预约功能。

企业客户办理发票打印预约流程分为：①客户预约。客户登录网银后，在客户服务模块选择"增值税发票打印预约"功能。②预约查询及撤销。客户登录网银后，在客户服务模块选择"增值税发票打印预约查询及撤销"功能，输入查询条件，系统根据查询条件，显示客户全部预约记录，客户可以点击撤销按钮，进行撤销。撤销的条件是必须满足该笔预约状态为"待银行确认"，客户也可以查看该笔的发票明细信息。③预约银行确认。用于打印网点对由于空白发票库存不足等原因，无法按客户需求处理的，预约记录的确认反馈。查询需本网点集中打印的预约记录，输入拒绝理由等信息后反馈客户。对于银行后台未处理的预约记录，客户可以主动撤销；对于银行后台已确认的记录则不允许客户主动撤销，需将银行处理状态展现给客户（例如未处理、已打印、已邮寄等）。

（3）发票打印涉及的其他功能

发票对账与监控：发票对账涉及：①增值税发票明细与销项明细登记簿；②增值税发票明细与核算要素系统；③增值税发票明细与金税系统之间的对账。发票监控涉及对发票不同流转状态、发票当日打印状态与中间状态的监控。

（二）增值税进项发票管理

1. 增值税进项发票管理思路

由于商业银行业务产品的特殊性，导致商业银行无法针对每一笔业务同时确定销项税额和进项税额，收支两条线模式又会导致难以监测进项发

211

票开立情况，难以控制可以作为进项抵扣的进项发票是否全额获得进项发票并全额抵扣。

　　基于以上特征，商业银行应建立进项发票登记簿，监测进项发票的流转环节，联动更新进项发票的流转状态，加强发票管控能力，提升商业银行进项抵扣率，降低商业银行税负。

　　2. 进项发票管理流程

　　增值税进项发票管理（仅指增值税专用发票）需要实现对进项发票全流程跟踪，及时监测进项发票流转状态，所涉及的功能包含进项发票录入、交接审核、认证、红字发票信息查询、记账人员查询等。进项发票管控需要监控发票流转各个环节，及时更新进项发票状态，一般来说，进项发票管理流程如图 7.18 所示：

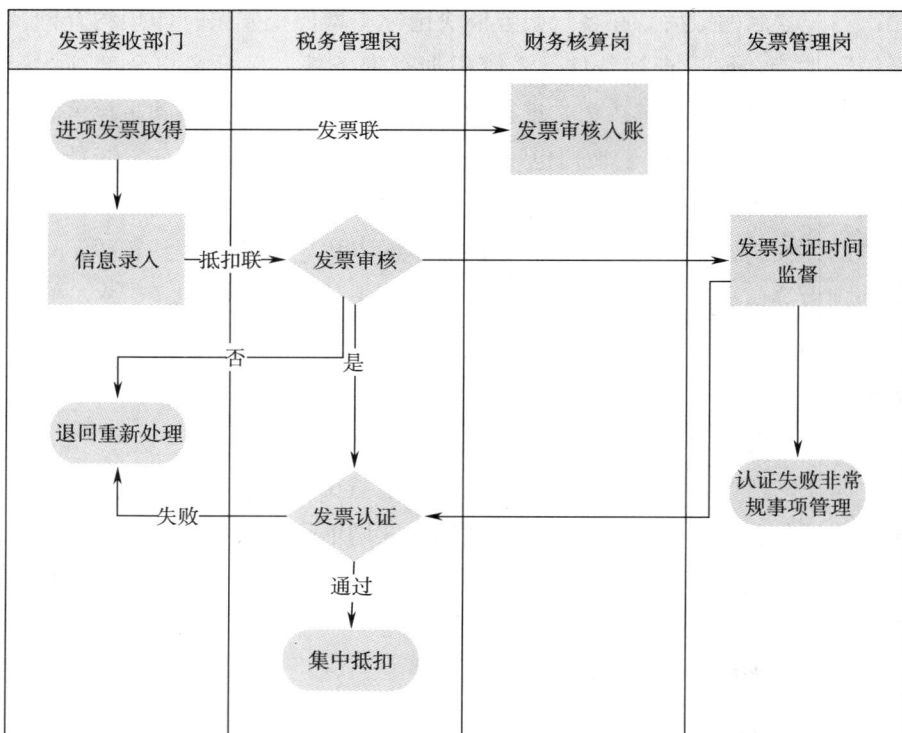

图 7.18　增值税进项发票管理流程

首先，发票接收部门取得进项发票（包括税控增值税专用发票和其他抵扣凭证）后，对发票基本信息进行检查。初步审核无误后，将专用发票信息录入进项发票登记簿。录入的信息包括发票或凭证的票面信息、发票类型、登记日期、认证截止时间、经办人、经办人所属部门、联系电话。信息录入完成之后，将发票抵扣联交送发票认证岗。系统自动根据发票日期推算180天并生成认证截止时间，对超过150天未认证的发票信息，进行风险提示。

其次，发票认证岗取得发票接收部门交送的发票后，对发票进行再次审核，审核事项包括发票抬头公司名称、金额和发票专用章等信息。如果审核无误，发票认证岗可以进行发票认证工作。如果审核发现问题，发票认证岗应将发票退回发票接收部门。

最后，发票认证岗应将发票的认证时间安排告知发票管理岗，发票管理岗对发票认证时间进行监督并督促发票认证岗进行认证时间调整。发票认证岗对审核无误的发票及时进行认证和抵扣。如果发票认证通过，发票认证岗应及时更新记录发票认证信息。如果发票认证不通过，发票认证岗应及时与发票接收部门沟通，了解原因并尽快解决问题。

3. 进项发票登记簿系统建设

进项发票登记簿是应税人员加强进项发票管理和监测的基础，是实现"以票控税"的前提，可以在实现降低涉税风险的同时，为增值税申报表系统生成提供数据支持。

（1）进项发票状态流转

增值税体制下，进项税发票实质上是一种现金权利凭证，发票在经过认证抵扣后实质是行使了票据所负载的现金权利。要加强进项税的管理，进项发票登记簿的建立要便于应税人员管理应用。进项发票登记簿在系统中的流转涉及三种状态，分别为认证状态（未认证、已认证）、记账状态（未记账、已记账和已冲红）和抵扣状态（未抵扣、已抵扣、暂不允许抵扣），三种状态的跟踪通过系统联动更新和手动修改实现。例如，系统通过勾选已认证发票记账，关联的进项发票即可实现系统联动记账更新抵扣状态；又例如，目前进项发票认证需通过金税系统，无法与商业银行内部

213

系统挂接，因此，进项发票的认证状态需要手动更新。进项发票状态更新流程如图 7. 19 所示：

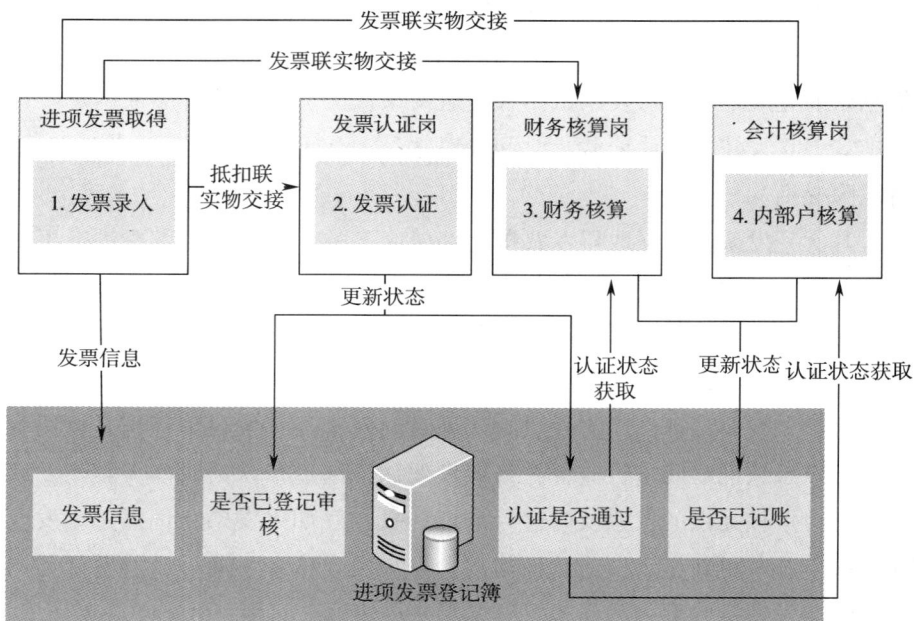

图 7. 19　增值税进项发票状态更新流程图

进项发票登记簿主要实现对进项税发票和红字发票信息表的综合管理，录入明细信息主要包括发票票面信息、信息表信息、发票类型、登记日期、认证日期、认证截止时间、经办人、经办人所属部门、联系电话、发票状态等。发票认证涉及的主要信息包括认证时间及认证状态；核算信息主要包括记账人员、记账时间及记账状态。

（2）红字发票处理逻辑

进项发票登记簿围绕申报表纳税需求建立，通过状态信息和科目余额取得申报数据源。比如增值税是认证当期抵扣，通过进项发票登记簿取得进项发票状态，当系统提示已认证，并且进项税金已转入"进项税额"科目核算时，发票的进项税额才可以生成纳税申报表中可抵扣进项税额。而对特殊情况下，税务机关通知取得发票暂不允许抵扣，对已认证发票要将进项税转出，并标记待抵扣状态。

进项发票登记簿还可以实现对红字进项发票的管理，发票录入员在登记簿中录入《红字发票申请通知单》，在取得红字进项发票后，财务核算员关联《红字发票申请通知单》信息记账，将进项发票对应的税额做进项税额转出处理。由于发票录入员已将原蓝字发票号码录入登记簿，原蓝字发票自动更新为已冲红，申报表中进项税额转出明细中的"红字专用发票通知单注明的进项税额"据此统计相关数据。

（3）海关进口增值税专用缴款书与代扣代缴税收缴款凭证处理流程

商业银行进项可抵扣发票涉及增值税专用发票、代扣代缴税收缴款凭证和海关进口增值税专用缴款书三种。

海关进口增值税专用缴款书是指商业银行发生海关进口业务，收到海关进口增值税专用缴款书后，须在缴款书开具之日起 180 天内登录税务机关网站，报送《海关完税凭证抵扣清单》，税务机关对稽核比对通过的缴款书反馈《海关进口增值税专用缴款书稽核结果通知书》，当期商业银行进行进项抵扣。对应增值税纳税申报表，未收到稽核比对结果前，需要将本月上传的税额记入申报表附表二的"待抵扣进项税额"；收到数据的稽核比对通知书时，将前期申报表的"待抵扣进项税额"转入本期申报表的"申报抵扣的进项税额"。

代扣代缴业务场景的产生主要基于从境外购买服务，由于无法取得增值税专用发票，由支付一方将税款代缴至税务机关，税务机关代海外供应商开具《代扣代缴税收缴款凭证》。由于存在海外供应商为个人的可能性，所以《代扣代缴税收缴款凭证》存在可抵扣和不可抵扣两种场景，可抵扣的《代扣代缴税收缴款凭证》由业务人员录入进项发票登记簿，税务人员复核后直接将状态更改为认证状态，并将税金转入确认进项；而不可抵扣的《代扣代缴税收缴款凭证》需从费用直接列支，所以商业银行代扣代缴增值税进行核算时，需设置两个核算科目，分别处理可抵扣的代扣代缴税收缴款凭证和不可抵扣的代扣代缴税收缴款凭证。同时，由于可作进项税抵扣的代扣代缴增值税额在价税分离时即确认了应收进项税额，因此还需在"增值税专用应收应付"三级科目下增设"代扣代缴"专用账户单独核算，待取得《代扣代缴税收缴款凭证》后转入"应交增值税——进项税额"科目核算。假定购买境外服务需支付 100 万元, 适用税率为 6%, 代扣代缴金额为 6 万元。图 7.20 展示了商业银行对代扣代缴增值税业务场景的处理流程。

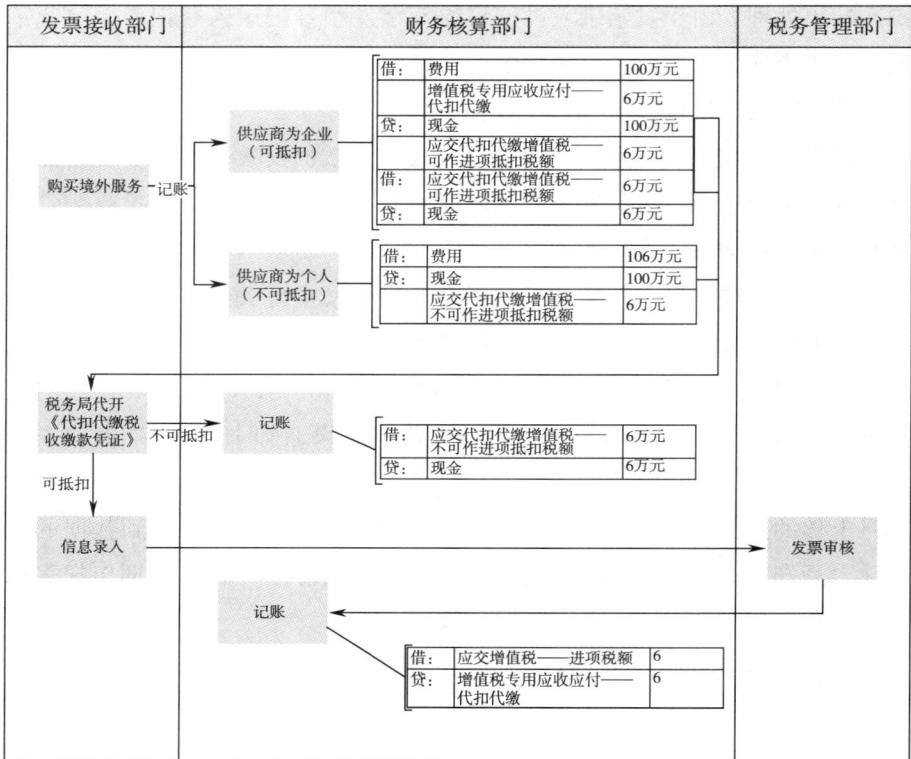

图 7.20 商业银行对代扣代缴业务场景的处理流程

（三）进项发票管理登记簿与其他系统集成

为了便于各部门进项发票登记簿进行进项发票的管理及业务活动的开展, 同时为各层级管理者提供决策信息及更有效地推进增值税进项税管理的精细化, 商业银行需构建以进项税登记簿为基础的集成系统应用模块, 通过集成系统达到进项发票信息的充分共享。

1. 增值税管理系统与进项发票登记簿的交互

商业银行层级多, 总公司对下级机构的管控尤为重要。因此, 增值税管理系统应对进项发票部分数据进行统计分析, 提供上级机构查看对应下

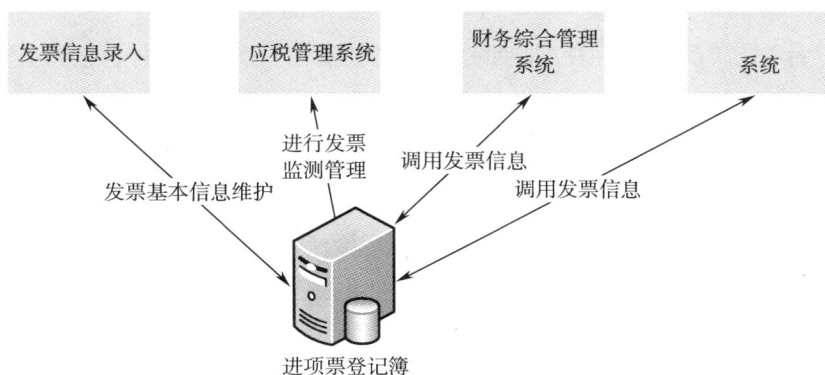

图 7.21 增值税进项发票登记簿与各业务系统交换关系

级机构统计数据。其中统计数据主要包括：进项发票的份数、进项发票的金额、进项发票的类型、进项发票的认证情况等，增值税管理系统以时间段为基础，以纳税主体为维度通过查询、统计、导出等方式实时监控本级或下级机构进项发票的相关信息。

2. 财务核算系统与进项发票登记簿的交互

对进项发票的监控，实现进项发票登记簿与财务核算系统的同步，应建立商业银行进项发票登记簿与记账的对应关系。从流程及系统上实现进项发票状态的及时更新，完善财务费用及固定资产核算的相关功能，实现"以票控税"。

（1）财务核算系统与进项发票登记簿的交互

实现"以票控税"、加强财务记账与进项发票登记簿的关联度、确保进项发票获得充分抵扣，商业银行就要在原有记账流程基础上增加三个基本功能。一是增加"以票控账"的功能，记账时，系统联动展现待记账进项发票信息，通过与进项发票"记账联"核对，实现费用列支的同时实现税金转入"进项税额"科目，将进项发票登记簿发票状态修改为"已记账"；二是支持未认证发票记账，税金转入"待认证进项"科目（需增设），认证后再确认转入"进项税额"科目；三是建立"以票记账"配套差错调整功能。涉及税金调整的差错，必须实现"以票记账"方式调整会计分录，不涉及税金调整的差错，按照原有流程处理。

217

（2）固定资产管理系统与进项发票登记簿的交互

固定资产系统与增值税管理的交互同样体现在对发票的管控，在固定资产系统中通过增加固定资产卡票字段信息方式实现，字段内容包括：税金、发票代码（包括发票代码＋发票号码）、发票类型、税率、开票日期、认证日期、抵扣期限、已累计抵扣增值税税额等加强固定资产系统与增值税系统进项发票信息的关联度，实现增值税进项发票与固定资产建卡、财务记账的高度一致。由于政策尚未确定，对固定资产抵扣是分期抵扣还是一次性抵扣无法估计，设置"已累计抵扣增值税税额"明细可实现分期抵扣固定资产管理。另外，固定资产管理系统"历史成本"将由含税成本变更为不含税成本。

除此之外，固定资产管理系统还要实现投资预算的控制调整、增加在建工程价税分离功能、增加接受捐赠、系统内调拨固定资产价税分离功能；增加固定资产损毁、重置等进项税额转出功能。

（3）业务运营管理系统与进项发票登记簿的交互

业务运营管理系统涉及登记簿的主要功能是财务核算时需要调用进项发票的认证状态信息，对已认证且允许抵扣的发票对应的进项税记入"应交增值税——进项税额"科目，并修改进项发票登记簿的记账状态为"已记账"。最终增值税纳税申报表根据进项发票登记簿中当期具有"已记账"、"已认证"和"允许抵扣"状态的发票信息，生成进项抵扣数据。

（四）商业银行各系统与金税系统

1. 金税系统简介

金税系统是国家金税工程中，用来开具增值税发票的子系统。金税工程是指利用覆盖全国税务机关的计算机网络对增值税发票（包含增值税专用发票和增值税普通发票）和企业的纳税状况进行严密监控的体系，包括"一个网络和四个系统"。"一个网络"是指在全国范围内建立从国家税务局到省、地市以及县区级统一的计算机主干网；"四个系统"是指应用于增值税一般纳税人的防伪税控开票子系统、税务部门建立发票认证以及增值税计算机稽核和发票协查的四个子系统，通过计算机网络税务机关实现对全国企业增值税发票以及纳税状况的稽核管理。

2. 防伪税控系统

金税系统要实现发票打印功能,需由第三方提供防伪税控系统。防伪税控系统是集计算机、微电子、光电技术以及数据加密等技术为一身。整个系统以增值税专用发票为核心,从发售发票源头上控制,发票填开时的防伪与计税到发票抵扣时的识伪,以及增值税专用发票的抄、报税等各个环节提供了强有力的监控手段,即通过票源、税源控制和防伪、识伪技术达到对增值税专用发票和防伪税控的双重功效。

增值税防伪税控开票管理,通过"税企互联"主要实现增值税专用发票的流程管理,对发票发售、开具、申报、认证、稽核等进行控制,各环节环环相扣、相互制约,随着技术的不断更新,最终实现发票在线购买、远程抄、报税处理。商业银行要实现增值税防伪税控开票管理和增值税发票认证功能,则必须使用金税工程的相关软件和硬件,与商业银行内部业务管理系统整合集成。防伪税控产品涉及的软硬件包括:金税服务器(金税卡)、税控钥匙、报税盘、开票管理软件、开票客户端许可软件等。

3. 商业银行对第三方增值税税控设备和系统的选择

商业银行客户交易信息庞大,存在批量开具和打印增值税发票,以及发票数据集中管理的需求,具有时效性与准确性并重的特点,因此需要商业银行选择适合其自身经营模式和组织机构的第三方供应商提供增值税税控设备和系统。目前,增值税税控设备和系统主要有单一税控系统和税控盘组系统两种模式,特点如下:

表7.3　　　　　　税控设备和系统功能对比表

	单一税控系统	税控盘组系统
系统内容	二级系统:销项税管理系统、进项税管理系统、票据管理系统、纳税申报管理系统、快递管理系统、行业数据分析系统	二级系统:销项开票管理系统、税控管理系统
加密算法	不提供,可能出现尾差	提供,无尾差
开票效率	一台税控服务器能支持约三十个开票终端。发票打印速率为每张4秒	一台税控盘组可支持20个纳税人识别号,每个纳税人识别号可以支持200个开票终端。发票开具速率为每秒1500张。同时具备良好的可扩展性,可通过增加税控钥匙实现开票能力扩展
申报效率	支持申报期和非申报期系统抄、报税	支持申报期和非申报期系统抄、报税
发票打印时效性	目前无法实现实时发票打印	支持实时发票打印

经过分析比对发现，单一税控系统服务内容覆盖面广，但是发票打印效率较低。由于一台税控设备仅支持三十个开票终端，设备采购数量巨大。相比之下，税控盘组系统在开票效率和发票数据集中存储方面有更大的优势，不仅可以实现批量发票开具时效性的高要求，而且符合商业银行数据集中管理的要求。考虑到商业银行客户信息保密性的要求，避免泄密风险，对增值税管理涉及的销项、进项及申报的管理需求可以由商业银行自行研发设计。所以，税控盘组系统更加符合商业银行的业务和客户特点。

4. 商业银行总体部署

商业银行在选择税控设备供应商时，需要其提供开票服务接口和终端插件，支持具有电子发票的基础架构，为商业银行后续推行电子发票提供支持；提供税控服务器盘组接口，在发票分配环节实现会计核算要素系统与税控系统的无缝集成，在发票打印环节查询下一张发票号码，避免柜员打印错误；提供客户端插件，商业银行可自主开发打印界面，调用公司控件进行数据签名和发票密码生成。

考虑到内控管理同时，也要提高发票管理可行性，商业银行应争取当地税务机关的同意，按照二级分行（即市、地区）设置发票统一领购、发放层级。发票打印点则设置在网点或者后台，通过 IE 浏览器调用税控接口，实现发票打印。IE 浏览器设置于"增值税发票管理"系统中，通过接口方式与税控开票系统互联互通，而为了业务管理需求，商业银行将自主研发"增值税发票管理"相关功能，同时调用系统基础数据满足金税系统税控要求。

（1）商业银行税控设备部署方案及产品采购

税控设备采购的硬件设备包括税控盘组（含税控核心板）、税控钥匙和报税盘。同时，对开票客户端软件许可和开票服务管理系统两种软件也需进行购买。一般来说，商业银行在购买硬件设备时，应按照以下三个原则，一是每个发票打印点配置 2 把税控钥匙（一主一备），用于盘组数据签名使用；二是每个税号至少配置 1 个报税盘；三是税控服务器（含其中的税控核心板）的生产用机与灾备用机器按照 1:1 的比例进行配置，实现真正意义上的税控设备应用级灾备，可以在主用税控损坏的情况下，20 分钟内完成灾备切换，保证业务延续性。图 7.22 展示了增值税税控产品涉及的软硬件。

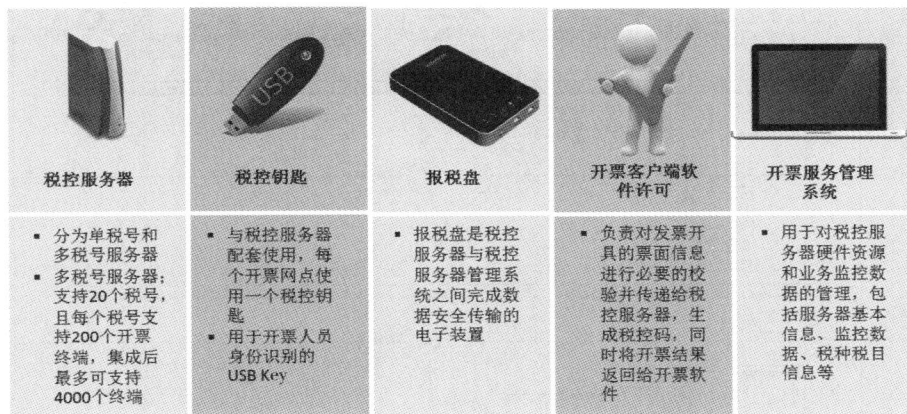

图 7.22 增值税防伪税控产品涉及的软硬件

（2）商业银行税控设备部署的实施方案

税控设备实施部署方案涉及税号及发票打印点的设置、系统集成方式与服务器部署三部分，一般来说商业银行按照二级分行（地区）设置纳税人识别号，若存在税号层级变化的情形，则通过参数设置实现调整；系统集成方式主要实现发票管理模块与防伪税控开票系统的互联互通，考虑到服务器部署的可行性，商业银行可以将公司税控服务器及其管理软件部署在一级分行机房。图 7.23 展现了商业银行税控服务器部署的网络拓扑。

①增值税发票管理模块部署在数据中心，使用业务运营现有服务器。

②各分行使用防伪税控开票系统部署在一级分行。

③总行使用的防伪税控开票系统部署在数据中心。

④发票打印及管理终端所需税控部署在各开票网点或者分行管理人员的设备上，此设备需开放并支持插入税控钥匙。

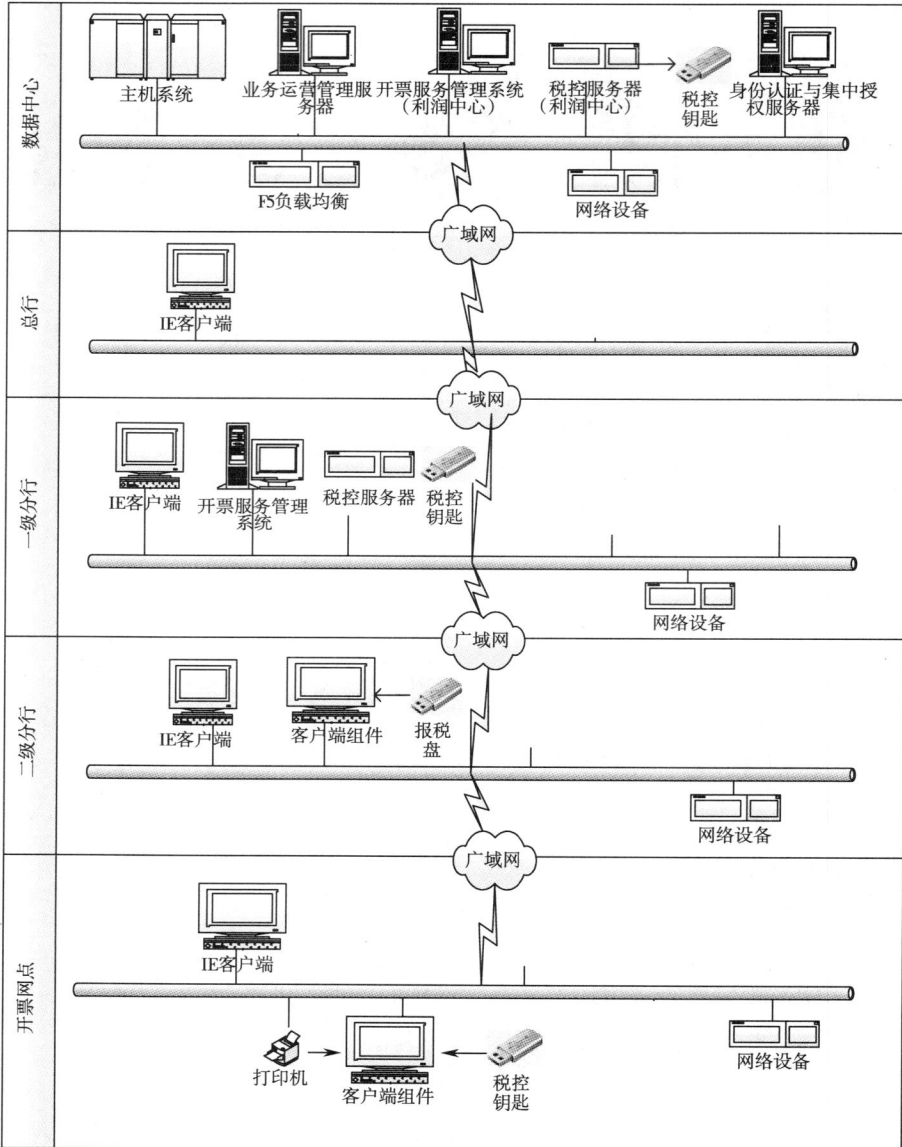

图 7.23　商业银行税控服务器网络拓扑

三、增值税发票系统建设实例解析

商业银行系统建设要综合考虑多种情形，尤其应着重考虑特殊发票的处理流程。

（一）商业银行为预算管理需要和税务筹划的要求应支持"先认证后记账"和"先记账后认证"两种模式。进项税额处理系统设计如图7.24所示：

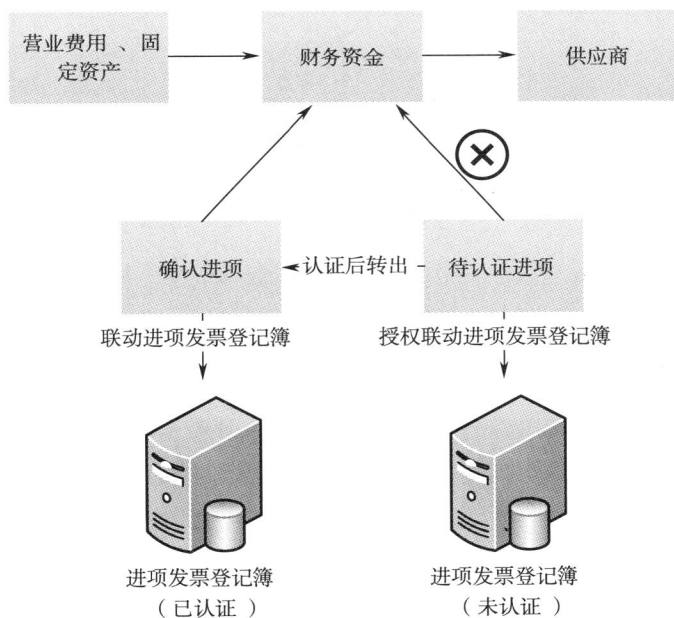

图7.24 进项发票登记簿与财务核算交互关系

支持"先记账后认证"情形需符合特殊场景，一是对年末或者季度末等特殊时间段，开放全部权限，记账人员可根据预算需要记账；二是对需应急支付的场景，支持业务部门走线下审批流程，发起报账申请，记账人员可以根据签批单记账并支付款项，次月认证已记账发票做进项抵扣。

例如，商业银行发生一笔咨询费增值税（不含税金额 100 万元，税金 6 万元）的进项税抵扣业务，则先记账后认证账务处理如图 7.25 所示：

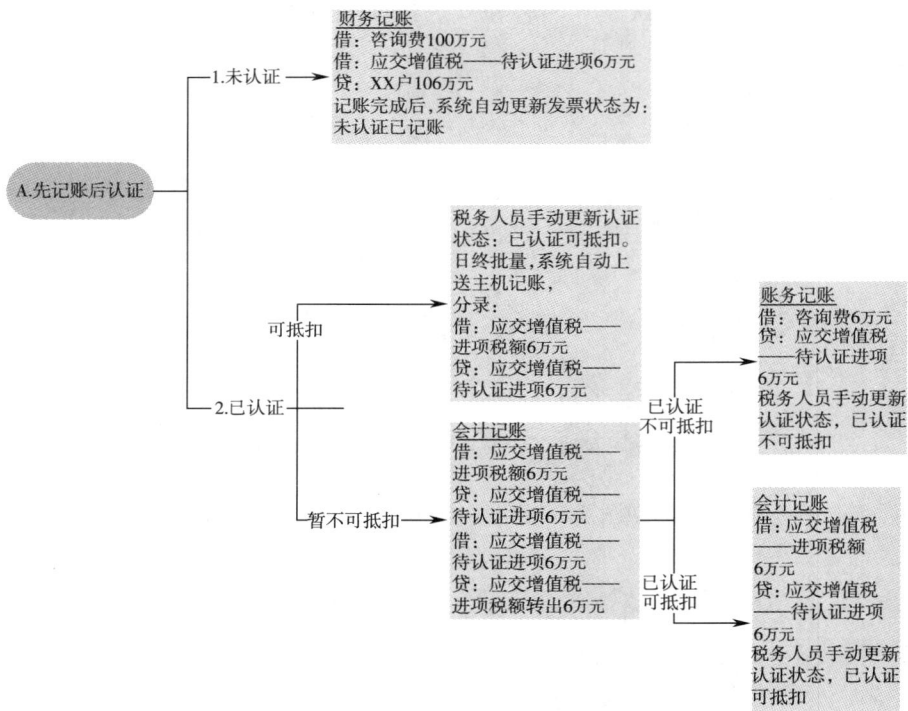

图 7.25　商业银行先记账后认证账务处理

（二）商业银行建立进项发票登记簿，并跟踪进项发票状态，需要综合考虑进项发票在流转过程中的所有环节，现按照退货和重开发票两种情形概述系统在各种场景下的处理逻辑和修改意见。

表7.4 商业银行进项发票特殊场景处理模式（一）

情形		未认证	已认证
退货	未记账	财务未调用发票信息记账，由应税人员处理，将进项发票登记簿明细退回发票录入员，发票录入员对明细进行"删除"或者"修改"处理。 已经报账途中的进项发票登记簿明细，财务人员将报账退回报账员，进项发票登记簿明细由财务人员退回应税人员，应税人员锁定该明细不再流转，可对进项发票做"作废"或者"修改"处理。	通过税控设备向税务局填写《红字发票申请单》，待税务局反馈《红字发票通知书》并取得红字发票后，做进项转出。 发生税务局通知暂不允许抵扣情形，应税人员向财务人员发出记账指令，对进项税做进项转出；税务局通知允许抵扣，则确认进项。记账状态发生改变时，进项明细登记簿信息的发票记账状态应实现同步更新。
	已记账	供应商将资金退还回商业银行集中支付账户后，对支付的费用（不含税）进行冲销。可作废进项税金发票，由供应商作废，需冲红的发票由供应商申请开立红字发票。	供应商将资金退还回商业银行集中支付账户后，对支付的费用（不含税）进行冲销。并通过金税系统，向税务局申请开立红字发票。红字发票开立后，由财务人员对税金做进项转出。为保证风险可控，需锁定此进项发票登记簿。

表 7.5　　　　　　商业银行进项发票特殊场景处理模式（二）

情形		未认证	已认证
重开发票	未记账	未报账发票由应税人员直接退回发票录入员，由发票录入员作废原发票，并将新发票信息录入进项发票登记簿。 报账中发票，由财务人员将进项发票登记簿信息退回发票录入员，发票录入员作废原发票，并重新录入新开发票信息。	暂不允许抵扣，由应税人员在进项发票登记簿中更新状态，并发指令给财务人员将税金做进项税金转出；可以抵扣，则再转回"进项税额"，若不允许抵扣，则进项发票登记簿明细结束，并从成本/费用中列支进项税金。已认证进项税金，申请开立红字发票后记账，并将发票状态更改为"已冲红"，同时新增新开发票信息，应税人员复核后认证，财务人员关联新发票信息进行记账。
	已记账	由应税人员将发票信息退回发票录入员，作废原发票，录入新开蓝字发票后，应税人员复核和认证，并更换发票信息通知财务人员和固定资产建卡人员，及时替换发票。	暂不允许抵扣，由应税人员在进项发票登记簿中更新状态，并发指令给财务人员将税金做进项税金转出；可以抵扣，则再转回"进项税额"，若不允许抵扣，则进项发票登记簿明细结束，并从成本/费用中列支进项税金。供应商重开发票，财务人员将原发票信息退回到发票录入员，更改发票状态为"已冲红"，同时新增新发票信息。若重开发票金额与原发票金额一致，则由财务人员重新关联发票，若金额不一致，则需对费用（含进项税金）冲红，重新记账。

　　针对不同的特殊场景，账务处理流程不同，例如：商业银行发生一笔咨询费增值税（不含税金额 100 万元，税金 6 万元）的退货业务，账务处理流程如图 7.26 所示。

226

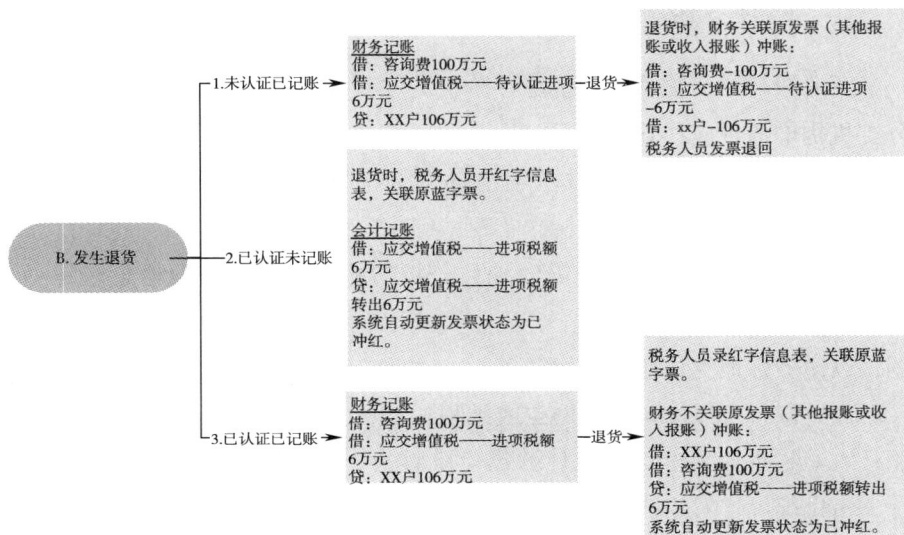

图 7.26 商业银行发生退货账务处理

（三）进项税转出的业务场景。所有进项税转出均为联机交易，会计柜员通过调用核心系统专用交易记账。记账时针对进项税金转出的免税项目"非应税项目用、集体福利、个人消费；非正常损失；简易计征方法征税项目用；纳税检查调减进项税额；红字专用发票通知单注明的进项税额"等十个项目设置十个账户，增值税纳税申报表按照账户余额获取进项税转出税额。部分项目可以通过系统进行验证，例如：通过红字专用发票通知单账户金额与进项税发票登记簿明细列表核对，校验数据准确性。

第四节 商业银行增值税管理系统的设计

增值税管理系统主要用于增值税业务的统筹管理，服务对象为商业银行各级税务人员，主要功能模块包括：统计分析、风险监控和纳税申报三大模块。

一、统计分析

商业银行增值税管理系统统计分析的主要任务是准确、及时监测辖属分支机构增值税应税管理情况，为各层级管理者提供决策信息。统计分析可以从产品、科目和组织机构等维度对销项管理、进项管理、发票管理以及纳税申报管理进行统计分析，实现精细化应税事务管理。

为了支持增值税管理所需的统计分析功能，在全面获取增值税销项、进项、发票信息数据的基础上，还需要获取企业绩效和其他相关的统计数据，以便更好地支持业务发展需要。

商业银行可以以各核算网点或纳税机构为最小统计单位，根据需要按照月、季、年的频率获取统计数据。统计分析方式包括但不限于汇总统计、占比统计、对比统计和趋势分析等内容。

应税管理统计分析数据主要来源于核心系统中的"销项明细登记簿"、发票管理系统的销项发票数据、进项发票数据，以及增值税纳税申报表汇总数据。

（一）销项税额统计分析

销项税额统计分析数据基于"增值税纳税申报表"、"销项明细登记簿"的数据及发票管理数据，对收入与销项税负对比分析、销售额和销项税额汇总统计、销项统计等内容进行统计分析，供增值税税务管理参考。

1. 收入与销项税负对比分析用于统计收入和税负情况，各机构从科目维度对不同税率下增值税专用发票销售额和销项税额、开具其他发票销售额和销项税额、未开票销售额和销项税额、合计的销售额、销项税额、价税合计的统计。各机构可以对本机构销项收入总额与销项税额总额进行整体的税负对比分析，满足税务机关监管要求和商业银行自身的管理要求。数据源来自"销项明细登记簿"。

2. 产品利润和税负的比例用于统计产品利润与应缴税额的比例，各机构从产品的维度对产品营业贡献、营业规模、增值税额、税负率（增值税额/利润）、毛利润率（营业贡献/规模）进行统计，通过分析产品利润率和税负率，进一步优化银行产品结构，提高收益。营业贡献、营业规模数

228

据源取自企业绩效管理系统，销项（应纳）税额根据"销项明细登记簿"的产品字段进行汇总计算。

3. 汇总计税统计用于统计当月销售额、销项税额、当年累计销售额和销项税额情况，是对以机构和科目维度进行当月销售额汇总计税处理的当月销售额、当月销项税额、全年累计销售额和累计销项税额的统计，其统计指标如有异常的变动，可及时发现管理中可能存在的问题。数据源取自"销项明细登记簿"。

4. 销项统计分析包括开票和未开票金额比率统计、各纳税机构用票量（蓝字发票、作废发票和红字发票）趋势分析、视同销售税额占比趋势分析等。其中开票和未开票金额比率统计用于查看已开专票金额、已开普票金额和未开票金额占当月销售收入总额的比率，量化当月开票情况。如专票有大的变动，可能有三种情况：①商业银行客户由小规模纳税人转为一般纳税人；②业务变动；③开票可能存在问题。开票和未开票金额比率统计的数据来源于增值税纳税申报表附表一的销项数据。各纳税机构用票量趋势分析主要查看正常发票、作废发票和红字发票的数量，并以机构维度查看不同类别票据的开具情况。若废票率激增，则说明销项开票可能存在问题；若红字发票激增，则说明销项开票或者交易管理可能存在问题。各纳税机构用票量趋势分析数据来源于发票管理系统发票类型的统计数据。视同销售税额占比趋势分析主要统计总销项税额中视同销售的销项税额占比情况和趋势走向。视同销售税额占比趋势分析数据来源于"视同销售登记簿"和"增值税纳税申报表附表一"中"合计销项（应纳）税额"数。

（二）进项税额统计分析

进项税额统计分析基于增值税纳税申报表以及进项明细的数据，主要包括进项税额与进项抵扣对比分析、进项税额与销项税额对比和趋势分析、当期进项税额汇总统计等内容。

1. 进项税额与进项抵扣对比分析从机构和科目维度，统计各机构已抵扣的进项税额与进项税额总额的占比，通过分析进项税额与进项抵扣额，提高商业银行成本抵扣率。

2. 进项税额与销项税额对比分析用于分析查看进项税额与销项税额的

对比情况。各机构可按照组织机构维度进行对比分析，充分了解当期税负情况。销项税额数据取自增值税纳税申报表附表一中"合计销项应纳税额"数，进项税额数据取自增值税纳税申报表附表二中"当期申报抵扣进项税额合计"数减去"本期进项税额转出额"数。

3. 进项税额汇总统计用于统计进项税额，从科目维度分别统计各进项的税额，满足商业银行分析各项成本抵扣比率情况。

（三）发票统计

发票统计分析基于发票管理系统发票管理的相关数据，包括销项发票统计和进项发票统计两部分内容。

销项发票统计包括发票使用量、库存量、作废发票统计、红字发票统计、手工开票统计，了解发票的使用情况，实现对发票管理系统发票管理情况及变化趋势的同步追踪，提高发票管控水平，实现发票资源的优化配置。

1. 发票使用量统计用于分析各纳税机构发票使用的趋势和盘点使用情况。针对增值税专用发票，对本机构及下属机构发票使用量进行统计。如果每月/季发票使用数量与总票量之比呈上升趋势，可以分析开具发票的需求，进而决策是否需要调整发票的采购计划，增加发票采购数量。

2. 发票库存量统计用于各纳税机构发票库存的盘点。针对增值税专用发票，对本机构及下属机构发票库存量进行统计。如果发票库存较大，分析当月是否出现大量未开具发票的情况，根据分析结果进而决策是否需要调整发票的采购计划，调减发票采购数量。

3. 作废发票统计用于进行各纳税机构发票作废的数量统计。针对增值税专用发票，对本机构及下属机构发票作废量进行统计，如果发票量与总票量之比，即废票率激增，则说明销项开票可能存在问题。

4. 红字发票统计用于进行各纳税机构红字发票的数量统计。针对增值税专用发票，对本机构及下属机构发票冲红数量进行统计，如果红字发票量与总票量之比，即红字发票率激增，则说明销项开票或交易管理可能存在问题。

5. 手工开票统计用于进行各纳税机构手工开具发票的数量统计。针对增值税专用发票，对本机构及下属机构手工开具发票的数量进行统计，如果手工驱动开票数量与总票量之比激增，则说明手工开票存在较大的虚开增值税发票的风险，应重点关注。

进项发票统计包括进项发票认证率、当期认证抵扣率、红字发票数量统计等内容。进项发票管理数据来源于发票管理系统中进项发票登记簿。

（1）进项发票认证率用于统计各机构当期已认证发票的比例，如发票认证率降低，应及时查找并分析商业银行自身或者供应商的原因。

（2）当期认证抵扣率用于统计当期认证已抵扣发票占当期认证通过的发票的比例，若发现认证已抵扣的进项税额和当期认证通过的进项税额存在差异，则应查找未全额抵扣的原因。

（3）红字发票数量统计用于统计进项红字发票的数量，了解进项发票为红字发票的情况，如果红字发票数量过高，应及时发现银行自身或者供应商的原因。

二、风险监控管理

商业银行风险管理包括风险预警、风险计量和风险应对三部分，是商业银行风险管理实践中的核心内容，商业银行在已经确定的风险类别上，通过对风险表征指标的观测，对其发生风险的危害程度进行判别的一种风险识别行为。

随着"营改增"的推进，商业银行需要对纳税申报风险监控与管理高度重视，对应税管理过程中的应税指标进行监控和分析。当应税指标变化达到预警阈值时，可及时了解当前进项管理、销项管理、纳税申报等风险情况，并予以及时的处理。

风险监控包括销项风险管理、进项风险管理和应税风险管理。风险监控的数据来源于"销项明细登记簿"、发票管理系统销项发票和进项发票的数据、"增值税纳税申报表"数据及统计分析结果数据，根据预设的风险监控指标阈值进行风险预警。

（一）风险监控指标选取原则

商业银行在增值税管理过程中，税务管理部门应根据业务管理需要建立与业务强相关的风险监控指标，指标建立原则如下：

1. 代表性：应设定能够反映销项管理、进项管理和纳税申报风险水平

231

变化情况，并可定期监控的统计指标，该指标指向的风险和问题具有较高的业务重要性与关注度。

2. 综合性：能够涵盖税务管理风险存在的主要环节，反映税务管理信息系统多种要素的风险状况。

3. 敏感性：能够通过指标波动直接体现应税管理风险水平的变化情况。

4. 可获取性：监控的指标能够通过信息系统直接获取、或者通过定量计算间接获取，具备明确、可靠的数据来源。

（二）预测预警的参数设置

1. 增值税管理风险指标预警阈值设置需要根据增值税管理业务平稳运行的情况，确定出合理的数值，设定预警上限值、预警下限值、报警上限值及报警下限值。

2. 增值税管理风险指标预警阈值设置需要参考业内实践，调整预警上限值及报警上限值。

3. 增值税管理风险指标预警阈值设置需要根据增值税纳税申报管理的相关政策和规定进行相应参数的设置，例如发票认证期限为自发票开具日期后的 180 天内完成认证。

（三）预测预警的方式

针对监控参数可以同时采用接近超限预警和异常数据识别预警两种方式或者其中一种方式进行风险监控。

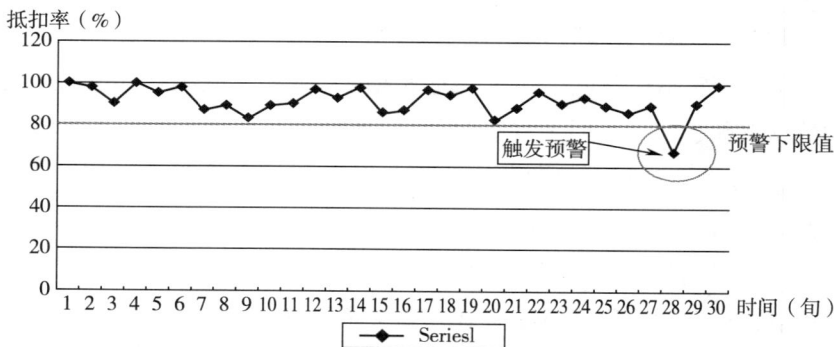

图 7.27　增值税发票风险预警示例图

1. 接近超限预警

在超限报警的基础上，在上下限值之间增加"接近超限"的限值。当参数的数值达到预设的"接近超限"限值时，触发预警。

2. 异常数据识别预警

当超过限值的比例超限后，进行异常数据识别预警。

算术平均值：

$$s^2 = \frac{1}{n}\left[(x_1 - x)^2 + (x_2 - x)^2 + \cdots + (x_n - x)^2\right]$$

方差：

$$\sigma = |s| = \sqrt{s^2}$$

标准差：

$$\mu = \overline{x} = \frac{1}{n}\sum_{i=1}^{n}x_i$$

根据 3σ 准则，

数值分布在（$\mu - \sigma$，$\mu + \sigma$）中的概率为 68.26%；

数值分布在（$\mu - 2\sigma$，$\mu + 2\sigma$）中的概率为 95.44%；

数值分布在（$\mu - 3\sigma$，$\mu + 3\sigma$）中的概率为 99.74%。

可以认为，正常数据的取值几乎全部集中在（$\mu - 3\sigma$，$\mu + 3\sigma$）区间内，超出这个范围的可能性仅占不到 0.3%，可认为是异常数据。

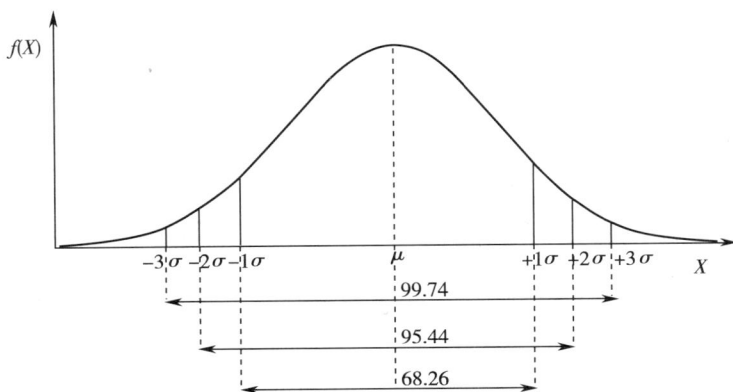

图 7.28 异常数据识别预警——置信区间图

当区间内数值与算数平均值之差大于阈值 T（$T=3\sigma$）时，

即：$x-\mu>3\sigma$ 时，触发预警。

此外，对于均值 μ 和阈值 T（3σ）的确定，需根据不同监控项的实际情况，在运行一段时间后得到一定量可靠样本数据后给出相应数值。

n 为可配置参数。可设定 $n=12$，处理规则如下：

对于第 7 个月到第 12 个月，$n=$ 月份 -1，即 7 月的时候，以 $1\sim6$ 月数据为基础样本，12 月的时候，以 $1\sim11$ 月数据为基本样本。

对于 12 个月之后，n 取 12，及当前月的前 12 个月的数据为基础样本。

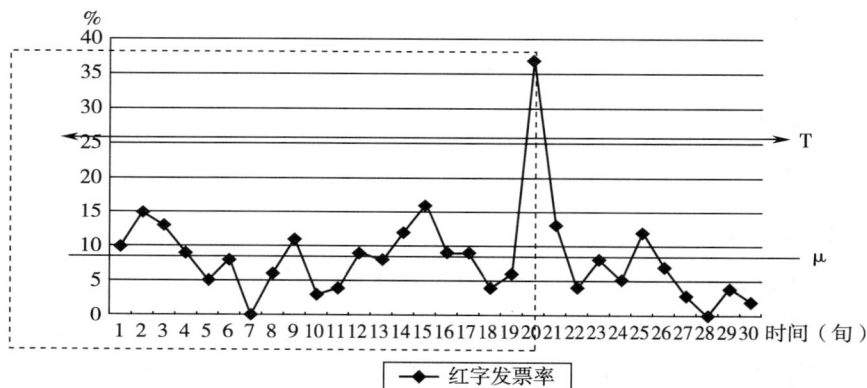

图7.29　红字发票异常数据监控示例图

（四）风险监控内容

1. 销项风险

商业银行销项风险主要是对纳税申报销项数据进行风险控制。例如增值税管理系统记录的开票金额占比、废票率、红字发票率、金税系统中票据量和实物发票凭证数据量统计、手工开票与总票量比例等进行监控，并对异常情况及时进行分析和处理。如果已开票金额激增或骤减，则说明可能存在虚开发票或大客户流失的风险；如果废票率激增，则说明销项开票可能存在问题；如果红字发票激增，则说明销项开票或者交易管理可能存在问题；如果金税系统中票据量和实物发票凭证数据量存在较大差异，则说明发票实物管理存在问题；如果手工开票存在较大的虚开增值税发票的风险，应重点关注。

234

2. 进项风险

商业银行进项风险主要是对纳税申报进项数据进行风险控制。例如增值税管理系统记录的抵扣率、发票认证期限、单笔发票监测等进行监控，并对异常情况进行分析和处理。如果抵扣率小于一定比率，说明存在一定量在规定期限内的未认证发票或未在当期进行抵扣；如果发票认证期限超期，导致进项票不能进行抵扣，会造成银行损失。

3. 应税风险

商业银行应税风险主要是对纳税申报应税管理进行风险控制。例如对增值税管理系统记录的进项税额与销项税额比例及整体税负率进行监控，并对异常情况进行分析和处理。如果进项税额与销项税额比例激增或骤减，说明业务出现变化或存在虚开发票的风险；如果税负率过高，则可能在进项取得、定价策略上存在问题；如果税负率过低，则可能存在漏税等问题，容易引起税务局关注。

表7.6 销项、进项和应税风险监控指标样本

类别	参数类别及描述	接近超限	异常数据	参数设置
销项风险	开票金额占比		√	根据一段时间的运行情况给出合理占比参数，根据系统自动计算得出结果设定预警上限值、预警下限值、报警上限值及报警下限值
销项风险	红字发票率	√	√	根据业内实践及系统运行计算得出的稳定参数，设定预警上限值及报警上限值
销项风险	废票率	√	√	根据业内实践及系统运行计算得出的稳定参数，设定预警上限值及报警上限值

类别	参数类别及描述	接近超限	异常数据	参数设置
销项风险	金税系统中票据量和实物发票凭证数据量	√		根据业内实践及系统运行计算得出的稳定参数，设定预警下限值及报警下限值
销项风险	手工票与总票量比例	√		根据业内实践及系统运行计算得出的稳定参数，设定预警上限值及报警上限值
进项风险	抵扣率	√		根据业内实践及系统运行计算得出的稳定参数，设定预警下限值及报警下限值
进项风险	发票认证期限	√		根据规定的180天认证期限及实际情况考虑（包括交通、天气、地区发达程度等），设定预警上限值及报警上限值
进项风险	单笔发票期限监测	√		根据规定的180天认证期限及实际情况考虑（包括交通、天气、地区发达程度等），设定预警上限值及报警上限值
应税风险	进项税额与销项税额比例		√	根据一段时间的运行情况给出合理比例参数，根据系统自动计算得出结果设定预警上限值、预警下限值、报警上限值及报警下限值
应税风险	整体税负率	√		根据业内实践及系统运行计算得出的稳定参数，设定预警上限值、预警下限值、报警上限值及报警下限值

（五）风险监控管理规则和说明

商业银行风险监控层级颗粒度可以根据管理要求，以各核算网点或纳税机构为最小单位。各级机构可以在进行本级风险监控的基础上，查看其下辖机构的风险监控结果，以达到全面和局部风险监控目的。在各监控项中，取数时间颗粒度与统计分析取数时间颗粒度保持一致。所需数据来源包括销项统计分析、进项统计分析、发票统计分析部分的各项数据。

三、纳税申报管理模块①

纳税申报是增值税管理的重要环节，是"营改增"其他基础工作的最终落脚点。目前还未出台针对商业银行的申报表要求，因此采用现行的增值税申报表进行申报管理设计。

《增值税纳税申报表》是增值税一般纳税人在进行增值税纳税申报时需要提交的主要申报资料之一，由《增值税纳税申报表》主表和《本期销售情况明细》、《本期进项税额明细》、《应税服务扣除项目明细》、《税额抵减情况明细》及《固定资产进项税额抵扣情况表》等附表组成。

在完成收入价税分离和记录、增值税销项发票开具，进项税额处理及发票管理的基础上，可以通过系统生成申报表，从而辅助商业银行税务人员提升增值税申报工作的效率和准确率。

（一）纳税申报表填报

1.《增值税纳税申报表》主表：

主表填写内容分为三个部分，分别为销售额，税款计算及税款缴纳，共计38栏次，每个栏次又按照一般货物、劳务和应税服务的本月数及本年累计，即征即退货物、劳务和应税服务的本月数及本年累计分别进行统计。

对于一般纳税人增值税纳税申报，主表数据主要来源于附表，根据主表和附表的勾稽关系和计算逻辑获取处理后的数据作为主表纳税申报的数据源。

---

① 此处参考的是《增值税纳税申报表（一般纳税人适用）》及其所附资料填写说明。

附件1

增值税纳税申报表

（一般纳税人适用）

根据国家税收法律法规及增值税相关规定制定本表。纳税人不论有无销售额，均应按税务机关核定的纳税期限填写本表，并向当地税务机关申报。

税款所属时间：自　年　月　日至　年　月　日　　　填表日期：　年　月　日　　　金额单位：元至角分

纳税人识别号											所属行业：			
纳税人名称		（公章）	法定代表人姓名		注册地址		生产经营地址							
开户银行及账号			登记注册类型						电话号码					

项目		栏次	一般货物、劳务和应税服务		即征即退货物、劳务和应税服务	
			本月数	本年累计	本月数	本年累计
销售额	（一）按适用税率计税销售额	1				
	其中：应税货物销售额	2				
	应税劳务销售额	3				
	纳税检查调整的销售额	4				
	（二）按简易办法计税销售额	5				
	其中：纳税检查调整的销售额	6				
	（三）免、抵、退办法出口销售额	7			—	—
	（四）免税销售额	8				
	其中：免税货物销售额	9				
	免税劳务销售额	10				
税款计算	销项税额	11				
	进项税额	12				
	上期留抵税额	13			—	
	进项税额转出	14				
	免、抵、退应退税额	15			—	
	按适用税率计算的纳税检查应补缴税额	16			—	
	应抵扣税额合计	17＝12＋13－14＋16		—		
	实际抵扣税额	18（例如17＜11，则为17，否则为11）				
	应纳税额	19＝11－18				
	期末留抵税额	20＝17－18			—	
	简易计税办法计算的应纳税额	21				
	按简易计税办法计算的纳税检查应补缴税额	22			—	—
	应纳税额减征额	23				
	应纳税额合计	24＝19＋21－23				
税款缴纳	期初未缴税额（多数为负数）	25				
	实收出口开具专用缴款书退税额	26				
	本期已缴税额	27＝28＋29＋30＋31				
	①分次预缴税额	28		—		—
	②出口开具专用缴款书预缴税额	29		—		—
	③本期缴纳上期应纳税额	30				
	④本期缴纳欠缴税额	31				
	期末未缴税额（多数为负数）	32＝24＋25＋26－27				
	其中：欠缴税额（≥0）	33＝25＋26－27		—		—
	本期应补（退）税额	34＝24－28－29				
	即征即退实际退税额	35	—	—		
	期初未缴查补税额	36				
	本期入库查补税额	37				
	期末未缴查补税额	38＝16＋22＋36－37			—	—

授权声明	如果你已委托代理人申报，请填写下列材料： 　　为代理一切税务事宜，现授权 　（地址）　　　　　　　为本纳税人的代理申报人，任何与本申报表有关的往来文件，都可寄予此人。 　　　　　　　　　　授权人签字：	申报人声明	本纳税申报表是根据国家税收法律法规及相关规定填报的，我确定它是真实的、可靠的、完整的。 　　　　　　　　　　声明人签字：

主管税务机关：　　　　　　　　　　　　接收人：　　　　　　　　　　　　接收日期：

销售额

项目		档次	一般货物、劳务和应税服务		即征即退货物、劳务和应税服务	
			本月数	本年累计	本月数	本年累计
销售额	（一）按适用税率计税销售额	1				
	其中：应税货物销售额	2				
	应税劳务销售额	3				
	纳税检查调整的销售额	4				
	（二）按简易办法计税销售额	5				
	其中：纳税检查调整的销售额	6				
	（三）免、抵、退办法出口销售额	7			—	—
	（四）免税销售额	8			—	—
	其中：免税货物销售额	9				
	免税劳务销售额	10				

销售额部分（第1栏至第10栏），主要体现本期的销售情况汇总，其主要数据来源为"销项明细登记簿"、"纳税检查调整登记簿"以及本年度内各期《增值税纳税申报表》主表。

系统在生成此部分数据时，需要特别注意以下情况：

第2栏及第3栏"其中：应税货物销售额"，"应税劳务销售额"：要求体现按适用税率计税的应税货物或劳务的销售额汇总。需要从"销项明细登记簿"中获取数据，需要在销项明细中区分货物、劳务及服务。

第4栏"纳税检查调整的销售额"：要求体现纳税人在收到税务、财务、审计部门通过税务稽查出具的税务事项/处理/处罚通知书中按照适用税率计税所调整的销售额汇总。由于享受增值税即征即退政策的货物、劳务和应税服务，经纳税检查发现偷税的，不填入"即征即退货物、劳务和应税服务"列，而应填入"一般货物、劳务和应税服务"列。本栏一般计税列本月数的数值与附表1形成勾稽关系，等于一般计税方法的纳税检查调整金额。

第5栏"（二）按简易办法计税销售额"：指按照简易办法计税的货物、劳务和服务的销售额汇总。分支缴纳机构需要将本月的参与汇总计算缴纳增值税的销售额也填入本栏。此处需注意，尽管在附表一中不填写按简易计税办法计税的纳税检查调整销售额与税额，但是在实际情况中会发生按简易办法计税的纳税检查调整。因此，本栏"一般货物、劳务和应税服务"列本月数的数值等于按简易计税方式计税的全部征收项目的销售额减去其中的即征即退部分。

第6栏"其中：纳税检查调整的销售额"：体现纳税人在收到税务、财务、审计部门通过税务稽查出具的税务事项/处理/处罚通知书中按照适用税率计税所调整的销售额汇总。由于享受增值税即征即退政策的货物、劳务和应税服务，经纳税检查发现偷税的，不填入"即征即退货物、劳务和应税服务"列，而应填入"一般货物、劳务和应税服务"列，但是在实际操作过程中，税务机关出具的税务事项/处理/处罚通知书中会存在按简易计税办法进行纳税检查调整的情况，因此本栏"一般货物、劳务和应税服务"列本月数的数值需要从"纳税检查调整登记簿"中获取数据，同时"纳税检查调整登记簿"中需要区分一般计税纳税检查调整和简易计税纳税检查调整。

税款计算

税款计算	销项税额	11
	进项税额	12
	上期留抵税额	13
	进项税额转出	14
	免、抵、退应退税额	15
	按适用税率计算的纳税检查应补缴税额	16
	应抵扣税额合计	$17 = 12 + 13 - 14 - 15 + 16$
	实际抵扣税额	18（例如 $17 < 11$，则为 17，否则为 11）
	应按税额	$19 = 11 - 18$
	期末留抵税额	$20 = 17 - 18$
	简易计税办法计算的应纳税额	21
	按简易计税办法计算的纳税检查应补缴税额	22
	应纳税额减征额	23
	应纳税额合计	$24 = 19 + 21 - 23$

税款计算部分为第 11 栏至第 24 栏，主要体现本期销项税额、进项税额、留抵税额、进项转出税额、减征税额、应纳税额等税额的汇总金额，其主要数据来源为本年度内各期《增值税纳税申报表》主表，大部分数值可以通过公式计算获得，其他数据来源还包括本期"销项明细登记簿"、本期"进项登记簿"、"纳税检查调整登记簿"以及本期税额抵减情况。

系统在生成此部分数据时，需要特别注意以下情况：

第 11 栏"销项税额"：指按照一般计税方法计税的货物、劳务和应税服务的销项税额。本栏与附表一形成勾稽关系，"一般货物、劳务和应税服务"列本月数等于本期销售情况明细中按一般计税方式计税的销项税额减去即征即退部分以及应税服务扣除项目部分［附表一（第 10 列第 1、3 行之和 – 第 10 列第 6 行）＋（第 14 列第 2、4、5 行之和 – 第 14 列第 7 行）］；"即征即退货物、劳务和应税服务"列本月数等于本期销售情况明细中按一般计税方式计税的即征即退部分减去应税服务扣除项目部分（附表一第 10 列第 6 行 + 第 14 列第 7 行）。需注意的是，对于附表一中的不同适用税率的销项税额，17% 税率的货物及加工修理修配劳务、13% 税率以及即征即退货物及加工修理修配劳务不存在应税服务扣除项目，因此使用第 10 列的合计销项税额进行计算；对于 17% 税率的有形动产租赁服务，11% 税率，6% 税率以及即征即退应税服务存在应税服务扣除项目，需要使用扣除之后的销项税额进行计算。

第 16 栏"按适用税率计算的纳税检查应补缴税额"：指税务、财政、审计部门检查，按一般计税方法计算的纳税检查应补缴的增值税税额。由于纳税检查调整会有极小概率出现调增进项的情况，因此，本栏"一般货物、劳务和应税服务"列本月数为按一般计税方式计税的销项纳税检查调整与纳税检查调整的进项税额之和（小于等于附表一第 8 列第 1 至 5 行之和 + 附表二第 19 栏）。

第22栏"**按简易计税办法计算的纳税检查应补缴税额**":填写纳税人本期因税务、财政、审计部门检查并按简易计税方法计算的纳税检查应补缴税额。一般来讲,按简易计税办法计算的项目,经过纳税检查调整后应按照适用税率进行调整,因此本栏严格意义上应当填写"0"。但是在各地实际执行过程中,仍有将按简易计税方法计算的检查调整按照简易计税办法进行调整的情形存在。

第23栏"**应纳税额减征额**":填写纳税人本期按照税法规定减征的增值税应纳税额。包含按照规定可在增值税应纳税额中全额抵减的增值税税控系统专用设备费用以及技术维护费。待政策出台后,此栏应反映全部减征项目所减征的应纳税额,目前可确定的减征项目包括"营改增"前购入的固定资产处置(依3%征收率减按2%征收)。

税款缴纳

税款缴纳	期初未缴税额(多数为负数)	25
	实收出口开具专用缴款书退税额	26
	本期已缴税额	27 = 28 + 29 + 30 + 31
	①分次预缴税额	28
	②出口开具专用缴款书预缴税额	29
	③本期缴纳上期应纳税额	30
	④本期缴纳欠缴税额	31
	期末未缴税额(多数为负数)	32 = 24 + 25 + 26 − 27
	其中:欠缴税额(≥0)	33 = 25 + 26 − 27
	本期应补(退)税额	34 = 24 − 28 − 29
	即征即退实际退税额	35
	期初未缴查补税额	36
	本期入库查补税额	37
	期末未缴查补税额	38 = 16 + 22 + 36 − 37

税款缴纳部分为第25栏至第38栏,其主要数据来源是本年度内各期《增值税纳税申报表》主表,其余部分需要人工判断并手工填写。

系统在生成此部分数据时，需要特别注意以下情况：

第27栏"本期已缴税额"：反映缴纳时间发生在本期，纳税人所缴纳的全部税额，不包含本期入库的查补税款。例如：在7月提交纳税申报表时，税款所属期为6月，本栏反映发生在6月申报时所缴纳的税额。不包括6月入库的查补税款。

第30栏"③本期缴纳上期应纳税额"：填写缴纳时间发生在本期，纳税人所缴纳的上一税款所属期应缴未缴的税额。例如：在7月进行申报时，税款所属期为6月，本栏反映发生在6月申报时，所缴纳的5月的应缴未缴税额。之所以称为"应缴未缴"，是由于在6月进行缴纳动作的时点，5月的"应缴"税款仍处于"未缴"状态，故此称为"应缴未缴"。换言之，由于5月份的应缴税款尚未缴纳，才需要在6月申报时进行缴纳，如果5月申报时发生了多缴，那么在6月申报时，应缴部分就会分为"应缴已缴"和"应缴未缴"两个部分。其中"应缴已缴"部分属于提前缴纳，而"应缴未缴"部分并不违背税务局规定的缴税期限，属于正常缴纳，因此在此处不应将"应缴未缴"与"欠税"混淆。

第31栏"④本期缴纳欠缴税额"：反映纳税人本期实际缴纳和留抵税额抵减的增值税欠税额，但不包括缴纳入库的查补增值税额。如果出现欠缴税款的情况，此栏由人工进行填报。

第37栏"本期入库查补税额"：反映纳税人本期因税务、财政、审计部门检查而实际入库的增值税额，包括按一般计税方法计算并实际缴纳的查补增值税额和按简易计税方法计算并实际缴纳的查补增值税额。查补税额由纳税检查调整产生，根据税务事项/处理/处罚通知书列示金额进行缴纳，本栏数值最终由税务人员根据实际缴纳金额确定，并进行手工填报。

2.《附表一：本期销售情况明细》

增值税纳税申报表附列资料（一）

（本期销售情况明细）

税款所属时间：　　　年 月 日至　　年 月 日

纳税人名称：（公章）　　　　　　　　　　　　　　　　　　　　　　　　金额单位：元至角分

项目及栏次				开具税控增值税专用发票		开具其他发票		未开具发票		纳税检查调整		合计			应税服务扣除项目本期实际扣除金额	扣除后	
				销售额	销项（应纳）税额	销售额	销项（应纳）税额	销售额	销项（应纳）税额	销售额	销项（应纳）税额	销售额	销项（应纳）税额	价税合计		含税（免税）销售额	销项（应纳）税额
				1	2	3	4	5	6	7	8	9＝1＋3＋5＋7	10＝2＋4＋6＋8	11＝9＋10	12	13＝11＋12	14＝13÷（100%＋税率或征收率）×税率或征收率
一、一般计税方法计税	全部征税项目	17%税率的货物及加工修理修配劳务	1													—	—	—	—
		17%税率的有形动产租赁服务	2													—	—	—	—
		13%税率	3																
		11%税率	4																
		6%税率	5	—	—	—	—	—	—						—	—	—	—
	其中：即征即退项目	即征即退货物及加工修理修配劳务	6																
		即征即退应税服务	7																
二、简易计税方法计税	全部征税项目	6%征收率	8													—	—	—	—
		5%征收率	9													—	—	—	—
		4%征收率	10													—	—	—	—
		3%征收率的货物及加工修理修配劳务	11													—	—	—	—
		3%征收率的应税服务	12																
		预征率　%	13a													—			
		预征率　%	13b													—			
		预征率　%	13c													—			
	其中：即征即退项目	即征即退货物及加工修理修配劳务	14	—	—	—	—	—	—						—			
		即征即退应税服务	15	—	—	—	—	—	—						—			
三、免抵退税	货物及加工修理修配劳务		16			—	—	—	—									—
	应税服务		17			—	—	—	—									—
四、免税	货物及加工修理修配劳务		18			—	—	—	—									—
	应税服务		19			—	—	—	—									—

本期销售情况明细表分为四个部分，即一般计税方法计税，简易计税方法计税，免抵退税及免税。其中，一般计税方法计税和简易计税方法计税根据不同税率分别进行统计。本期销售情况明细表反映了不同税率下的开票情况、销售额、应纳税额等信息。

《本期销售情况明细》的数据来源来自于"销项明细登记簿"及"纳税检查调整登记簿"。其中"销项明细登记簿"中需要对销项明细的商品/服务类型、收入日期、计税分类、发票状态、开票日期、发票类型、税率/征收率、是否属于一般计税/简易计税/免税/免抵退税、记账状态、是否即征即退、是否参与预汇缴进行标记。

通过对销项数据明细的各个字段进行标记，根据不同的条件筛选销项明细并进行汇总。例如，如需填写17%税率的货物及加工修理修配劳务业务的销售额中已经开票的部分，则需要在"销项明细登记簿"中筛选满足以下条件的销项明细："税率/征收率"字段满足"17%"，"商品/服务类型"字段满足"货物"或"劳务"，"开票期间"字段满足"本期"，"发票种类"字段满足"增值税专用发票"，"发票状态"字段满足"已开票"。核心系统对"销项明细登记簿"完成筛选后，将汇总值传输至增值税管理系统应税管理模块。

除简易计税方法计税部分的预征率一栏，其余栏次均按照以下逻辑填写：

开具税控增值税专用发票指本期开具的增值税专用发票，货物运输业增值税专用发票，机动车销售统一发票。从目前看，商业银行"营改增"后仅能开具增值税专用发票。根据相应项在"销项明细登记簿"中获取销售额与销项税额汇总额。

开具其他发票指本期开具的增值税普通发票，通用机打发票及其他形式发票。根据相应项在"销项明细登记簿"中获取销售额与销项税额汇总额。

未开具发票是指形成销售或视同销售但未开具发票的情况。根据相应项在"销项明细登记簿"中获取销售额与销项税额汇总额。

纳税检查调整反映经税务、财政、审计部门检查并在本期调整的销售情况。纳税检查调整可能会对销售额，税额单独或共同进行调整。本列根据相应项在"纳税检查调整登记簿"中获取销售额与应纳税额汇总额。

合计项为开具增值税专用发票，开具其他发票，未开具发票及纳税检查调整的合计额，其中价税合计的值等于合计销售额与合计销项（应纳税额）之和。

应税服务扣除项目指由于提供部分服务，但全额开票给客户，需要将不属于本企业提供的服务部分所占的销售额扣除。其金额等于应税服务扣除项目明细表中的本期实际扣除金额。

扣除后销售额及销项（应纳）税额应填写减去应税服务扣除项目后的销售额以及销项（应纳）税额。无应税服务扣除项目则不填。

"纳税检查调整登记簿"需要对调整日期，是否属于一般计税/简易计税，税率/征收率，是否即征即退进行标记。

3.《附表二：本期进项税额明细》

增值税纳税申报表附列资料（二）

（本期进项税额明细）

税款所属时间：　　年　月　日至　　年　月　日

纳税人名称：（公章）　　　　　　　　　　　　　　　金额单位：元至角分

一、申报抵扣的进项税额				
项目	栏次	份数	金额	税额
（一）认证相符的税控增值税专用发票	1 = 2 + 3			
其中：本期认证相符且本期申报抵扣	2			
前期认证相符且本期申报抵扣	3			
（二）其他扣税凭证	4 = 5 + 6 + 7 + 8			
其中：海关进口增值税专用缴款书	5			
农产品收购发票或者销售发票	6			
代扣代缴税收缴款凭证	7		—	
运输费用结算单据	8			
	9	—	—	—
	10	—	—	—
（三）外贸企业进项税额抵扣证明	11	—		
当期申报抵扣进项税额合计	12 = 1 + 4 + 11			

续表

二、进项税额转出额		
项目	栏次	税额
本期进项税转出额	13＝14 至 23 之和	
其中：免税项目用	14	
非应税项目用、集体福利、个人消费	15	
非正常损失	16	
简易计税方法征税项目用	17	
免抵退税办法不得抵扣的进项税额	18	
纳税检查调减进项税额	19	
红字专用发票通知单注明的进项税额	20	
上期留抵税额抵减欠税	21	
上期留抵税额退税	22	
其他应作进项税额转出的情形	23	

三、待抵扣进项税额				
项目	栏次	份数	金额	税额
（一）认证相符的税控增值税专用发票	24	—	—	—
期初已认证相符但未申报抵扣	25			
本期认证相符且本期未申报抵扣	26			
期末已认证相符但未申报抵扣	27			
其中：按照税法规定不允许抵扣	28 小于等于 27			
（二）其他扣税凭证	29＝30 至 33 之和			
其中：海关进口增值税专用缴款书	30			
农产品收购发票或者销售发票	31			
代扣代缴税收缴款凭证	32		—	
运输费用结算单据	33			
	34			

四、其他				
项目	栏次	份数	金额	税额
本期认证相符的税控增值税专用发票	35			
代扣代缴税额	36	—		—

本表共分为四部分，申报抵扣的进项税额、进项税额转出额、待抵扣进项税额及其他。

申报抵扣的进项税额

一、申报抵扣的进项税额				
项目	栏次	价数	金额	税额
（一）认证相符的税控增值税专用发票	1 = 2 + 3			
其中：本期认证相符且本期申报抵扣	2			
前期认证相符且本期申报抵扣	3			
（二）其他扣税凭证	4 = 5 + 6 + 7 + 8			
其中：海关进口增值税专用缴款书	5			
农产品收购发票或者销售发票	6			
代扣代缴税收缴款凭证	7		—	
运输费用结算单据	8			
	9	—	—	
	10	—	—	—
（三）外贸企业进项税额抵扣证明	11	—		
当期申报抵扣进项税额合计	12 = 1 + 4 + 11			

申报抵扣的进项税额，待抵扣的进项税额及其他栏中本期认证相符的税控增值税专用发票的数据来源于进项数据明细表、进项数据需要对抵扣凭证类型、开票日期、登记日期、发票认证状态、认证日期、抵扣状态、是否允许抵扣、记账状态、红字发票开具状态进行标记以满足申报表数据获取的要求。

其中，申报抵扣的进项税额反映本期认证相符的税控增值税发票及其他在本期申报抵扣的扣税凭证（海关进口增值税专用缴款书、农产品收购发票或者销售发票、代扣代缴收缴款凭证、运输费用结算单据）。本表的数据源主要来源于进项明细登记簿。

申报抵扣的进项税额主要依据进项发票登记簿中的发票进行条件筛选，将发票状态处于已认证，未抵扣的发票的金额进行汇总，并根据发票类型分别填写入不同栏次内。

248

其中，海关进口增值税专用缴款书与其余扣税凭证的申报方式存在区别。对于其他扣税凭证，在收到认证结果后在收到日期所在的税款所属期申报时点进行申报即可。但是对于海关进口增值税专用缴款书，在当月 13 日之前收到的缴款书，需要填入收到日期上一个税款所属期的纳税申报表内，并在当月进行申报。由于部分系统无法实现反向记账，故建议通过在申报中进行人工调整。

进项税额转出额

二、进项税额转出额		
项目	栏次	税额
本期进项税转出额	13 = 14 至 23 之和	
其中：免税项目用	14	
非应税项目用、集体福利、个人消费	15	
非正常损失	16	
简易计税方法征税项目用	17	
免抵退税办法不得抵扣的进项税额	18	
纳税检查调减进项税额	19	
红字专用发票通知单注明的进项税额	20	
上期留抵税额抵减欠税	21	
上期留抵税额退税	22	
其他应作进项税额转出的情形	23	

进项税额转出额体现本期按照税法规定应当进行进项税额转出的税额，根据进项转出原因不同分为免税项目用，非应税项目用、集体福利、个人消费，非正常损失，简易计税方法征税项目用，免抵退税办法不得抵扣的进项税额，纳税检查调减进项税额，红字专用发票通知单注明的进项税额，上期留抵税额抵减欠税，上期留抵税额退税以及其他应作进项税额转出的情形。在进项税额转出科目下可设置 10 个相应的账号，根据本期各个账号发生额填写进项税额转出额。

待抵扣进项税额

三、待抵扣进项税额				
项目	栏次	份数	金额	税额
（一）认证相符的税控增值税专用发票	24	—	—	—
期初已认证相符但未申报抵扣	25			
本期认证相符且本期未申报抵扣	26			
期末已认证相符但未申报抵扣	27			
其中：按照税法规定不允许抵扣	28			
（二）其他扣税凭证	29＝30至33之和			
其中：海关进口增值税专用缴款书	30			
农产品收购发票或者销售发票	31			
代扣代缴税收缴款凭证	32		—	
运输费用结算单据	33			
	34			

待抵扣进项税额主要体现根据税法规定暂不允许抵扣的增值税专用发票及其他扣税凭证。按照相应凭证的份数，金额及税额进行填写。需要从进项发票登记簿中，筛选出发票抵扣状态为不允许抵扣的，汇总填入本栏。

其他栏次

四、其他				
项目	栏次	份数	金额	税额
本期认证相符的税控增值税专用发票	35			
代扣代缴税额	36	—	—	

其他栏中本期认证相符的税控增值税专用发票体现本期的增值税专用发票认证结果情况，从进项明细登记簿中筛选出认证日期为本期的进项明细进行汇总并填入此栏，代扣代缴税额按照代扣代缴相关科目中的发生额进行填写。

4.《附表三：应税服务扣除项目明细》

增值税纳税申报表附列资料（三）

（本期应税服务扣除项目明细）

税款所属时间：　年　月　日至　年　月　日

纳税人名称：（公章）　　　　　　　　　　　　　　金额单位：元至角分

项目及栏次	本期应税服务价税合计额（免税销售额）	应税服务扣除项目				
		期初余额	本期发生额	本期应扣除金额	本期实际扣除金额	期末余额
	1	2	3	4＝2＋3	5（5≤1且5≤4）	6＝4－5
17%税率的有形动产租赁服务						
11%税率的应税服务						
6%税率的应税服务						
3%征收率的应税服务						
免抵退税的应税服务						
免税的应税服务						

本表为应税服务扣除项目的明细表，按照不同的税率/征收率分别列示。当采取分支机构预缴、汇总机构汇缴的模式时，分支机构在本表填写参与预缴/汇缴的服务的销售额及应税服务扣除额，将参与就地缴纳的服务的应税服务扣除额填写在附表一中。

本表的数据来源于应税服务扣除项目登记簿，需要对应税服务扣除项目的税率/征收率、扣除项目类型、是否属于一般计税/简易计税/免税/免抵退税进行标记以满足申报表数据获取的要求。

目前增值税下征收项目中如融资租赁业务涉及应税服务扣除项目，金融业"营改增"后是否有业务涉及暂不明确。

251

5.《附表四：税额抵减情况表》

增值税纳税申报表附列资料（四）

（税额抵减情况表）

税款所属时间： 年 月 日至 年 月 日

纳税人名称：（公章）　　　　　　　　　　　　　　　　　　　金额单位：元至角分

序号	抵减项目	期初余额	本期发生额	本期应抵减税额	本期实际抵减税额	期末余额
		1	2	3 = 1 + 2	4 ≤ 3	5 = 3 − 4
1	增值税税控系统专用设备费及技术维护费					
2	分支机构预征缴纳税款					
3						
4						
5						
6						

本栏体现增值税税控系统专用设备费及技术维护费及分支机构预征缴纳税款的情况。

其中增值税税控系统专用设备费是指增值税一般纳税人首次购买增值税税控系统专用设备（金税盘，金税卡）时扣除进项税额后的费用支出，此部分费用可以全额抵扣销项税额；技术维护费是指每年对增值税税控系统的技术维护费扣除进项税额后的费用支出，此部分可以全额抵扣销项税额。此部分本期发生额通过专用的科目直接获取；期初余额，本期应抵减税额，本期实际抵减税额以及期末余额根据本期发生额计算得出。

分支机构预征缴纳税款是指汇总缴纳机构下辖的全部预缴机构在本期内所进行的预缴税额。本期发生额可以直接从相应科目获取；期初余额，本期应抵减税额，本期实际抵减税额以及期末余额根据本期发生额计算得出。

从目前各省的执行情况看，本表主要由汇总缴纳机构填写，预缴机构无需填写此表。

6. 《固定资产进项税额抵扣情况表》

固定资产进项税额抵扣情况表

填表日期：　　年　　月　　日

纳税人名称（公章）　　　　　　　　　　　　　　　　　　金额单位：元至角分

项目	当期申报抵扣的固定资产进项税额	申报抵扣的固定资产进项税额累计
增值税专用发票		
海关进口增值税专用缴款书		
合计		

　　本表为统计用表，在现行的税务征管系统中，没有与主表或其他附表产生勾稽关系。本表体现本期用于购买固定资产且申报抵扣的增值税专用发票和海关进口增值税专用缴款书的进项税额情况，累计值一栏则进行无限累计，即每期数值等于上期数值与本期发生额之和。

　　本表由于需要判断进项发票是否用于购买固定资产，需要介入人工判断，因此需要手工填写。

7. 《增值税减免税申报明细表》

增值税减免税申报明细表

税款所属时间：自　　年　月　日至　　年　月　日

纳税人名称（公章）：　　　　　　　　　　　　　　　　金额单位：元至角分

一、减税项目					
减税性质代码及名称	栏次	期初余额	本期发生额	本期应抵减税额	本期实际抵减税额	期末余额
		1	2	3 = 1 + 2	4≤3	5 = 3 − 4
合计	1					
××××减税性质代码及名称	2					
××××减税性质代码及名称	3					
××××减税性质代码及名称	4					
	5					
	6					

免税性质代码及名称	栏次	免征增值税项目销售额	免税销售额扣除项目本期实际扣除金额	扣除后免税销售额	免税销售额对应的进项税额	免税额
二、免税项目						
		1	2	3 = 1 + 2	4	5
合计	7					
出口免税	8	—	—	—	—
×××减税性质代码及名称	9					
×××减税性质代码及名称	10					
×××减税性质代码及名称	11					
	12					
	13					
	14					
	15					

本表由享受增值税减免税优惠政策的增值税一般纳税人和小规模纳税人填报。

"一、减税项目"由本期按照税收法律、法规及国家有关税收规定享受减征（包含税额式减征、税率式减征）增值税优惠的纳税人填报；"二、免税项目"由本期按照税收法律、法规及国家有关税收规定免征增值税的纳税人填写。仅享受小微企业免征增值税政策或未达起征点的小规模纳税人不需填写。一般纳税人填写时，本列"合计"等于主表第8行"一般货物、劳务和应税服务"列"本月数"。

（二）申报表汇总规则

系统支持每一个核算网点当期生成增值税纳税申报表基础信息，并在汇总机构汇总其所辖范围内的分支机构及该总机构的申报表。

（三）预缴及汇缴处理规则

分支机构预缴：按照各省实际的税务预缴要求，应当按月预缴的纳税主体，根据申报表的金融业销售额数据乘以规定的预征率，进行预缴；对应进项全额转出到汇缴机构，不得就地抵扣进项税额。

分支机构当期预缴额 = 当期应征金融服务增值税销售额 × 预征率

汇总机构汇缴：汇总机构汇总所辖范围内的分支机构及该总机构的申报表信息，生成汇缴申报表，形成汇总机构的当期应缴税额。

254

第五节 本章小结

本章主要研究商业银行"营改增"业务系统改造方案，主要包含三部分系统改造方案：增值税价税核算系统、增值税发票管理系统和增值税管理系统，通过三个系统的改造方案阐述商业银行如何将"营改增"业务系统落地实施。

第一，价税核算系统作为商业银行落地实施的基础，扮演的主要角色是实现客户交易信息和税务信息的匹配，为增值税缴纳申报和发票打印提供基础数据源。本章主要从商业银行课税范围的界定、构建系统间信息传递"双层滤网"体系及建立价税分离引擎等三个方面讲解如何建立完整的价税核算系统。此外，本章还针对商业银行一些特殊的业务场景，如商业银行分润业务和商业银行冲正交易，分析如何进行业务系统改造。

第二，增值税发票管理系统主要包含销项发票管理和进项发票管理两部分。本章首先主要从客户信息采集、空白发票凭证保管、增值税发票打印及发放等方面分析商业银行如何构建增值税销项发票管理体系，并对发票的一些特殊处理场景，如发票作废、红字发票开具，进行单独分析并提出处理方案；其次对于进项发票，主要从进项发票的交接、登记、审核和认证等方面，讲解商业银行如何通过构建进项发票登记簿管理进项发票、监测进项发票认证及记账状态，以此保障进项发票得到充分抵扣。此外，本章还讲述了商业银行增值税管理系统、财务管理系统、固定资产系统、业务运营管理系统如何改造，进而与进项发票登记簿实现信息交换，并完成账务的核算。

第三，增值税管理系统主要是加强增值税业务的跟踪管理，包括统计分析、风险监控和纳税申报三大模块。其中统计分析主要从商业银行产品、涉税损益科目和组织机构等维度对销项管理、进项管理、发票管理以及纳税申报管理进行统计分析，实现精细化应税事务管理；风险监控包括销项风险管理、进项风险管理和应税风险管理三个部分，根据对销项开票金额、红字发票率、废票率和进项发票抵扣率等指标，设定监控指标阈值进行风险预警；纳税申报主要包括商业银行如何通过销项税额、进项税额、增值税销项发票等基础性数据完成增值税的申报。

第八章　增值税税务风险管理

在"营改增"的浪潮中，商业银行不仅要对自身业务系统、流程进行改造，也需要把增值税税务风险管理纳入企业风险管理的体系中，使增值税的纳税申报、发票管理不会成为企业风险管理的漏洞。商业银行需要借鉴其他已经纳入增值税试点行业的经验，根据自身业务特点，建立一套完善的增值税管理体系，并通过审计等手段对其有效性和执行程度进行不定期测试。

第一节　税务风险和税务风险管理概述

一、概念界定

风险管理是20世纪初兴起的研究风险发生规律和风险控制的一门新兴科学，从20世纪70年代开始，风险管理技术已经被广泛应用于政府部门和企业的管理活动中，成为其内部管理控制不可或缺的一部分。

综观经济管理学家的著作对于风险定义的描述，总体来讲，一般定义下的风险需要包含"不确定性"以及"会带来损失"两个要素。企业风险管理的基础性前提是每一个主体的存在都是为它的利益相关者提供价值。所有的主体都面临不确定性，管理当局所面临的挑战就是在为增加利益相关者价值而奋斗的同时，要确定承受多大的不确定性[①]。风险管理，是对生产经营活动中可能产生的（"不确定性"）对生产经营活动有影响的事件的管理与控制，以确保将其对企业正常运行的负面影响（"会带来损失"）降到最低。相反地，风险也可能给企业带来机会，有效的企业风险管理机

---

① COSO 企业风险管理——整合框架内容摘要。

制可以使企业适时地抓住机会，增强创造价值的能力。美国 COSO 委员会对风险管理的定义是：企业风险管理是一个过程，它由一个主体的董事会、管理当局和其他人员实施，应用于战略制订并贯穿于企业之中，旨在识别可能会影响主体的潜在事项，管理风险以使其在该主体的风险容量之内，并为主体目标的实现提供合理保证。

对于税务风险，普遍的定义是："企业因未能全面履行或未能有效理解纳税义务而遭受利益损失或负面影响（包括法律制裁、财务损失或声誉损害等）的可能性"[①]。虽然企业的税务风险也会间接导致政府的税收风险，但其主要的、直接的表现还在于企业自身，比如对企业利润的侵蚀，对企业声誉的损害，影响企业健康发展等。坦率而言，国内市场的税收环境对于企业发展和金融创新不够友好，一旦风险酝酿积聚到一定程度，历史旧账和沉重的税费压力便将成为套牢在企业身上的枷锁，令创新寸步难行。

企业所面临的税务风险通常来源于两个方面：一是企业在日常经营管理活动中，不符合税法的要求，导致企业就应税义务未及时纳税或纳税不足而面临补缴税款、加收税收滞纳金、罚款甚至受到刑事处罚的风险；二是企业在日常经营管理活动中，未能准确掌握税法的规定或没有充分利用好税收优惠政策进行纳税筹划，导致企业缴纳了过多的税款。第一类风险会给企业带来经济利益和声誉等方面的损失；第二类风险会造成企业经济利益的流出，影响企业价值最大化的实现。

从企业角度出发，税务风险大致可分为三个种类：一是税法合规性风险，包括税收政策变动导致的风险、税务行政执法不规范导致的风险、涉税人员专业素质不足造成的税收违规风险等；二是税款核算风险，包括税收法规界定不明确导致的业务划分困难风险、税款计算依据和税率选择失误导致的风险等；三是税务筹划风险，包括经济环境变化风险、税务行政执法力度导致的风险、筹划人员的纳税意识风险、筹划人员的职业道德风险、财务管理和会计核算风险等。

---

① 张海霞：《浅谈企业税务风险及其防范》，载《中国经贸》，2014（6）。

二、税务风险管理发展进程

税务风险管理是指纳税人在纳税义务发生之前，通过系统合理的经营管理行为的调整，如财务活动的合理安排、投资行为的科学管理等，使企业的各涉税事项都符合税法的规定，最大限度地运用相关税收政策来降低企业的税收成本，从而为企业获得最大的税收利益的过程。税务风险管理要站在企业的角度，通过建立税务风险管理框架、把风险融入到企业内部审计范围并对其进行专门的审计和控制，确保企业所有的涉税问题都可以得到确定并做出正确的审查，从而解决企业日常经营过程中高风险领域的各类税务风险问题。

（一）萌芽阶段（1994～2008 年）

改革开放之前，在高度集中的计划经济体制下，企业自主性很小；改革开放到 1993 年之前，各种企业改革纷至沓来，"国营企业留利制"、"两步'利改税'"等诸多改革对规范政府和企业的分配关系，扩大国营企业的自主权，使企业取得一部分利润分配权起到了有效的推动作用。但这个阶段税务风险管理的观念、意识基本上不存在。

1993 年 11 月，十四届三中全会通过了《中共中央关于建立社会主义市场经济体制若干问题的决定》，这一决定明确了通过建立适应我国企业发展需要的现代企业制度来逐步扩大企业的自主权，并决定为企业培养风险防控意识提供制度保障。国内首次以法律形式提出有关税务风险管理方面的要求是在 1999 年修订的《会计法》，此法中对内部控制原则做出了相关规定。以此法为基础，随后制定了一系列有关内部控制规范的相关文件。这些文件在一定程度上为企业税务风险管理的观念、意识提供了法律的土壤。

2006 年，我国成立"企业内部控制标准委员会"，旨在从根本上杜绝"安然"及"世界通信财务欺诈"等事件的发生。当年 6 月，国务院下设的承担中央所属企业（不含金融类企业）国有资产监管职责的国有资产监督管理委员会（简称"国资委"）为在央企及其控股的上市公司内部全方位推进风险管理的建设，印发了《关于〈中央企业全面风险管理指引〉的通知》。这一《指引》对开辟我国企业风险管理建设的新局面具有积极指导意义，其作为首个相关指导意见的里程碑意义也是显而易见的。

此后几年，各相关职能部门相继出台更具指导性与操作性的文件，以更好地推进此项建设工程的实施。其中，财政部于 2008 年 6 月 28 日会同包括银监会、证监会在内的五部门，发布《企业内部控制基本规范》，并首先于 2009 年 7 月起在各上市公司中予以推行，同时建议其他非上市的大中型企业参照此规范进行具体的实务操作。

综上所述，我们可以发现我国在致力于企业内部控制体系的建设上有了很大突破。但期间，仍然不断有知名企业因没有足够重视企业税务风险管理而使企业面临困境，不仅遭受巨大的经济损失，而且企业声誉也受到破坏。此时，部分企业开始萌生管理税务风险的想法。

（二）起步阶段（2009 年至今）

2009 年 1 月，国家税务总局成立了大企业税收管理司，其主要职能在于为大企业提供各种税收服务，负责大企业的税收管理。同年 5 月，为更好地进行监督与管理，国家税务总局又印发《大企业税务风险管理指引（试行）》（国税发〔2009〕90 号），明确各税务机关要指导大企业开展税务风险管理。与此同时，我国部分大企业也意识到了税务风险管理的重要性，逐步走上了税务风险管理的发展道路。

2009 年下半年开展的大范围税务稽查，使众多企业的声誉受损、税收负担加重，企业的财税管理人员在面对税务机关的稽查时手忙脚乱，无力抵御涉税稽查风险，这同时暴露出企业在日常经营中的诸多潜在问题（如企业的税务风险防范意识低、税务风险内部控制薄弱等）。这时，很多企业纷纷开始探索、研究企业税务风险管理。

总的来说，在我国，真正开展税务风险管理实践的历史比较短，还处于起步阶段。

三、税务风险管理原则

（一）合规性原则

合规性原则指的是企业必须遵循税收法律法规，按照税法规定计算并缴纳各税种应纳税额，服从税务机关及其执法人员的合法管理行为。合规性原则是企业税务风险管理的基本原则之一，按照该原则，企业应当设立税务信息收集和管理制度，不但要掌握税收实体法，还要熟悉税收程序法，将企业的涉税事务处理框定在税收法律法规允许的范围之内。具体而言，企业的涉税事务通常包括纳税筹划、对税务事项的会计处理、纳税申报和税款缴纳、税务登记、账簿凭证管理、税务档案管理以及税务资料的准备和报备，合规性原则要求这些涉税事务必须符合税法和其他相关法律法规的规定。

（二）制度化原则

在企业税务风险管理实际操作层面必须具有制度，遵循制度化原则。所谓的制度化原则包含两个方面：一是将企业的涉税事项管理制度化。用完善的制度体系来管理企业内部涉税事项，包括企业业务流程管理制度、发票管理制度、核算管理制度等。二是涉税事项处理流程的程序化和标准化。诸如企业制定的具体业务涉税事项执行标准程序等。

（三）协调配合原则

企业的税务风险管理，需要运用协调配合原则。为了避免扯皮和脱节现象的发生，税务风险管理部门必须与企业各部门密切配合，通过各方面协调同步的工作，从而降低企业内耗，确保企业运行的连续性和有效性。为了使企业税务风险控制工作顺利运行，其基础是协调配合原则。信息交流和沟通的流畅性为协调配合提供了技术支持，倘若税务风险管理人员与相关人员之间沟通不顺畅，那么控制活动即使设计了再清晰的目标和措施也无济于事——因为信息不畅会直接影响责任人不能与相关部门沟通达成一致，从而导致实施效果不理想。因此，在保证信息交流与沟通流畅的前提下，税务风险管理部门与相关部门要协调一致，以保证企业税务风险管理的有效性。

（四）成本效益原则

成本效益原则是指企业在实行税务风险管理过程中，要争取低成本高收益的控制效果。企业为了保证在经营过程中收益大于其成本，体现税务风险管理的价值，应在税务风险管理活动中遵循成本效益原则。企业投入成本应与其产生的经济效益之间保持适当的比例，并且只有在风险管理方案耗费的成本低于其能获得的收益时，该风险管理方案才是合理、可行性的。

（五）重点监控原则

对风险较为集中、影响范围广的关键点进行控制，即为企业的重点监控原则。企业应当将有限的人力、物力资源集中投入到影响范围广的重要点，对影响程度有限的一般控制点无须花费过多的时间精力去控制。通过分析企业涉税过程中的关键税种，对其进行识别和评估，从而发现会产生重大影响的税务风险，通过及时采取应对控制措施，对其进行重点监控。

第二节　增值税税务风险概述

增值税作为我国的第一大税种，针对增值税的纳税风险管理是税务风险管理的重中之重。增值税税务风险一般是指由于政策不明确、税收机关人员对税法解释不统一、企业内部经营管理不善等多重因素最终导致企业不能准确缴纳增值税的情形。

一、增值税税务管理风险

（一）增值税专用发票风险

由于增值税专用发票具有一定的货币功能，反映企业与国家的税款结算关系，企业凭增值税专用发票可以抵扣税款，而原来使用的普通发票一般不能凭票抵扣税款。因此，商业银行从业人员要充分认识到增值税专用发票使用的风险性和监控管理上的严格性。

1. 增值税专用发票开具要求严格。增值税专用发票的内容比普通发票多，除了普通发票所要求填开的内容外，增值税专用发票填开的内容还包括纳税人税务登记号、不含税金额、适用税率和应纳增值税额等内容。开具增值税专用发票时填写要素不全，例如遗漏纳税人开户银行和账号、税务登记证号等内容，会导致开票方抄报税和收票方认证困难。

2. 增值税专用发票使用要求严格。对于增值税专用发票，《国家税务总局关于纳税人虚开增值税专用发票征补税款问题的公告》（国家税务总局公告 2012 年第 33 号）规定：纳税人虚开增值税专用发票，未就其虚开金额申报并缴纳增值税的，应按照其虚开金额补缴增值税；已就其虚开金额申报并缴纳增值税的，不再按照其虚开金额补缴增值税。税务机关对纳税人虚开增值税专用发票的行为，应按《中华人民共和国税收征收管理法》及《发票管理办法》的有关规定给予处罚。纳税人取得虚开的增值税专用发票，不得作为增值税合法有效的扣税凭证抵扣其进项税额。一般纳税人有虚开、私自印制、借用他人发票等情况，将承担不得领购开具专用发票、并处罚款等法律后果，这将对企业的正常经营和运转产生重大不利影响。

3. 增值税专用发票涉及刑事责任。涉及增值税专用发票的刑事犯罪多达 10 余种，常见的有虚开增值税专用发票、用于骗取出口退税、抵扣税款发票罪，伪造、出售伪造的增值税专用发票罪，非法出售增值税专用发票罪等。《刑法》对虚开、伪造、非法出售、非法购买增值税专用发票的量刑都相对较重，对于虚开或者伪造增值税专用发票，数量特别巨大，情节特别严重，严重破坏经济秩序的，甚至可以判处死刑并处没收财产。

（二）增值税进项抵扣风险

商业银行在抵扣进项税额时，必须满足规定范围、规定时限、规定凭证三个条件，否则将无法正常实现抵扣，请注意下列三个进项抵扣风险：

1. 业务混淆风险。主要是能够抵扣的业务范围和不能够抵扣的业务范围混淆风险。一是不可抵扣项目风险。根据税法规定，用于适用简易计税方法计税项目、非增值税应税项目、免征增值税项目、集体福利或者个人消费等项目的购进货物和劳务、接受应税服务项目的进项税额是不允许从销售税额中扣除的。二是共同负担进项税额处理风险。现代商业银行一般涉及的经营范围较为广泛，既有增值税应税业务，也有非增值税应税业务，因此合理划分应税项目与非应税项目，对于准确计算当期准予抵扣的进项税额，规避税收风险，显得尤为重要。三是改变用途的外购货物或者应税劳务的进项税额转出风险。

2. 认证时效风险。必须在规定的时间里及时前往税务机关认证取得的进项专用发票。收票商业银行要在发票开具之日起 180 日内到税务机关办理认证，并在认证通过的次月申报期内，向主管税务机关申报抵扣进项税额，逾期等情况会造成进项专用发票税额不能扣除。

3. 抵扣凭证风险。商业银行可以抵扣的增值税扣税凭证，包括增值税专用发票、海关进口增值税专用缴款书、农产品收购发票、农产品销售发票、运输费用结算单据和通用缴款书。其中，凭通用缴款书抵扣进项税额的，应当具备书面合同、付款证明和境外单位的对账单或者发票，资料如果不全，其进项税额不得从销项税额中抵扣。需要注意的是，上述扣税凭证中进项税额必须是真实有效实际发生的，如果是开票方虚开的，收票方是不允许认证抵扣的。

（三）增值税优惠政策风险

在享用税收优惠方面，商业银行需要防范的税务风险有以下几个方面。

1. 判断自己是否符合税收优惠政策的情形和范畴。一些商业银行为了符合税收优惠政策规定的情形和范畴，不从改变经营行为入手，而是简单采取一些账务处理技巧"靠近"政策规定，存在很大的政策风险。

2. 若符合税收优惠规定情形，是否按照主管税务机关的规定和业务流程履行必要的程序和备案手续。

3. 能否对应税项目和免税项目进行准确的核算，能否准确划分应税和免税项目共用购进货物和劳务、接受应税服务等包含的进项税额。

4. 处理好免税项目与增值税专用发票之间的关系。首先，商业银行提供应税服务享受免征增值税优惠政策的，不得开具增值税专用发票；其次，商业银行用于免征增值税项目的购进货物和劳务、接受应税服务的进项税额不得抵扣。

5. 由于增值税与商业银行所得税关系密切，增值税的变化将直接影响商业银行所得税的核算。因此，对于享受增值税优惠政策的商业银行，必须按照企业所得税法有关规定进行正确的税务处理。

二、增值税税务风险控制制度

金融业实施"营改增"后，对商业银行而言，既是机遇，又面临挑战，需要控制好相关税务风险。对于增值税税务风险，商业银行应当着重健全以下机制以实现风险防控：

1. 内部财务风险控制。由于增值税税制与营业税税制存在较大的区别，前者的管理难度远远大于后者。在"营改增"后容易产生会计核算不健全，导致税收核算不准确引发偷漏税款风险。为此，商业银行需要在合理范围内增加会计人员的配备，提高会计人员的专业素质和业务水平，同时相应调整会计核算管理制度，以防范新的增值税税制的风险。

2. 外部往来风险控制。在营业税税制下，商业银行财务风险主要是来源于内部，而"营改增"后涉及增值税抵扣，商业银行财务风险需要延伸到外部。银行财税人员要做好增值税扣税凭证的审核工作，即检查增值税专用发票、海关进口增值税专用缴款书的报告等是否真实、合法、有效。同时，要熟练掌握一些特殊业务事项，如：以物抵债业务；贵金属销售业务；人民币以外的货币结算销售额；服务中止或者折让；非增值税应税项目；销售使用过的固定资产和旧货；非正常损失等会计核算处理方法，尤其要做好提供适用不同税率或者征税率的应税服务，应当分别核算适用不同税率或者征收率的销售额。

3. 发票违法风险控制。增值税历来是税收违法犯罪的重灾区之一。最典型的就是虚开增值税发票，由此引发的大案时有发生。因此增值税发票相关违法犯罪的涉税风险应成为风险控制重点。银行财税人员要及时制订增值税发票的科学管理方法，积极防范与增值税发票有关的违法犯罪行为，不给虚开增值税发票等违法行为留下任何机会和空间。

第三节　增值税税务风险管理体系的设计及架构

一、基于企业风险管理整合框架的设计思路

2004 年 4 月美国 COSO 委员会颁布了《企业风险管理——整合框架》（Enterprise Risk Management Framework），该框架是各国现行企业建立自身的风险管理体系所参考的最先进的应用指南。该管理框架是在《内部控制——整合框架》（Internal Control – Integrated Framework）的基础上，并结合《萨班斯—奥克斯利法案》（Sarbanes – Oxley Act）的要求，同时吸收当时其他风险管理研究成果而形成的。

COSO 的《企业风险管理——整合框架》包含八个要素，分别为：内

部环境、目标设定、事项识别、风险评估、风险应对、控制活动、信息与沟通和监控（如图8.1所示）。增值税风险管理作为税务风险管理以及企业风险管理的重要部分，我们认为也可以借鉴《企业风险管理——整合框架》的设计思路，从以上八个要素来考虑增值税风险体系架构的搭建。

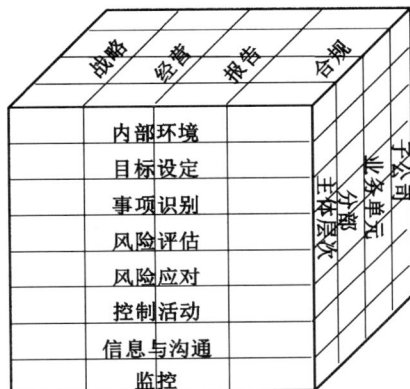

图8.1　企业风险管理——整合框架

二、企业风险管理体系的各要素在增值税下的应用

（一）内部环境

内部环境为商业银行风险管理内部控制体系设定了基调，是商业银行风险管理架构搭建的基础。内部环境对其他七个要素起着非常重要的作用，直接影响着商业银行内部控制活动的贯彻实施、商业银行内部业绩以及整体战略目标的实现。商业银行的经营活动的组织以及识别、评估风险也与内部环境有着密不可分的联系。商业银行控制活动、信息与沟通体系和监控措施的设计与运行也以内部环境为依托。内部环境确定了商业银行的总体态度，是内部控制所有其他组成要素的基础。

内部环境主要包括以下几个方面：诚信原则与道德价值观、员工的胜任能力、董事会和审计委员会、管理哲学和经营风格、组织结构、责任的分配与授权、人力资源政策以及错弊及报告[①]。增值税下的内部环境依托

---

① 郑洪涛，张颖：《企业内部控制暨全面风险管理设计操作指南》。

于商业银行整体的内部环境，因此良好的商业银行内部环境对增值税下有效的风险管理起着尤为重要的作用。

（二）目标设定

目标是整个风险管理的指明灯，有了目标，管理层才能以此为标杆识别影响目标实现的潜在因素。商业银行风险管理应该确保管理层通过适当的程序来确立商业银行运营管理目标，以确定该目标是符合商业银行长远战略目标的，并且在商业银行风险承受程度范围之内。

商业银行风险管理体系中的目标制定主要包括三个方面：目标的确立与分解、风险管理框架是否对于目标实现提供合理的保障和风险偏好与风险承受程度[①]。在增值税下，商业银行管理层在设立增值税管理目标时应确保以下几点包含在确定的目标内：

1. 商业银行应遵守国家增值税的相关政策与规定，严格按照其规定进行税负计算并缴纳税款；

2. 商业银行（总行）与分支机构应设立税务部门或岗位来负责税务相关事宜；

3. 商业银行应由税务人员发起，告知各部门积极配合税务部门争取和商业银行相关的税收优惠；

4. 商业银行应设立一些具体量化目标，例如税务计算偏差不能超过总税额的3%。

（三）事项识别

事项是源于内部或外部的对商业银行战略实施或目标实现有影响的事件，它对商业银行可能是风险，也有可能是机会。事项识别需依靠商业银行内部顺畅的交流和沟通来实现，即从各种渠道及时获取可能对于增值税管理风险形成影响的事项。如事项是风险，则通过风险反应和控制活动进行及时解决；如事项是机会，则通过风险反应上报至管理层，纳入战略目标制定之中。

增值税下的事项识别可能来源于财政部、税务总局、各级财政（税

---

① 郑洪涛，张颖：《企业内部控制暨全面风险管理设计操作指南》。

收）行政机关，可能来源于市场变化，也可能来源于商业银行内部事项。具体来说事项识别可以表现为但不局限于以下几个方面：

1. 及时了解并更新财政部和国家税务总局发布的税务解释及条款和各级财政（税收）行政机关的具体操作；

2. 在业务层面，对运营方式变化可能对增值税产生的影响进行识别；

3. 对内部风险评估中发现的潜在的增值税风险进行识别与分析。

（四）风险评估

商业银行在识别风险之后，要进行风险评估，以衡量风险对商业银行运行的影响程度。风险评估通过考虑风险的可能性和影响来对其加以分析，并以此作为决定如何进行管理的依据①。增值税涉税风险评估就是商业银行对具体经营行为在增值税下的税务风险进行识别，并明确责任人。风险评估可以通过定量分析和定性分析来实现。

定性分析可以采取管理层会议、调查研究、政策分析等方式进行，主要需要考虑的方面有：（1）分析哪些经营行为涉及增值税开票、申报缴纳；（2）这些经营行为分别涉及哪些增值税纳税风险；（3）哪些是主要风险；（4）涉及哪些岗位的设置；（5）责任人是谁等。

定量分析可采用统计分析模型利用已有数据进行推算。主要常用的评估分析指标如表8.1所示。

表8.1　　　　增值税税务风险评估定量分析常用指标

风险评估项	计算方法	判断条件	用途
通用评估分析指标				
增值税税收负担率（税负率）	本期应纳税额/本期应税主营业务收入	（1）单独利用多年的税负率的数据进行对比，按照以往年度的平均税负率制定税负率的上下阈值，如计算出的税负率在阈值之外，则发起预警。（2）税负率与销售额变动率等指标进行比较，当税负率高于正常峰值而销售额低于正常峰值时，或反之情况下，应纳入预警范围。	用于评估进项税额和销项税额准确性

---

① COSO 企业风险管理——整合框架内容摘要。

267

续表

风险评估项	计算方法	判断条件	用途
通用评估分析指标			
应纳税额与银行业增加值弹性系数	应纳税额增长率/银行业增加值增长率	根据前期平均值计算出上下预警阈值,若某期弹性系数超过预警阈值范围,则发起预警。	用于评估进项税额和销项税额准确性
增加值税负分析	本期本行业增加值税负/银行业增加值税负	根据前期平均值计算出上下预警阈值,若某期平均税负超过预警阈值范围,则发起预警。	用于评估进项税额和销项税额准确性
专用评估分析指标			
低税收入突增分析	(本期低税收入/本期总收入)/(上期低税收入/上期总收入)	对此指标变动率设定预警阈值,若指标超过预警阈值范围,则发起预警。	用于评估是否有应税收入计入免税收入的情况
高税率项目突增分析	(本期高税率进项/本期总进项)/(上期高税率进项/上期总进项)	对此指标变动率设定预警阈值,若指标超过预警阈值范围,则发起预警。	用于评估是否低税率进项计入高税率进项导致多抵扣进项税额的情况
免税收入突增分析	(本期免税收入/本期总收入)/(上期免税收入/上期总收入)	对此指标变动率设定预警阈值,若指标超过预警阈值范围,则发起预警。	用于评估是否有应税收入计入免税收入的情况
出口收入对应进项税额转出分析	出口退税系统计算的免抵退税出口货物不得抵扣进项税额－转出免抵退税办法出口货物不得抵扣进项税额	若指标是正数,代表可能出现没有按照规定转出出口货物不得抵扣的进项税额的情况,因此需发起预警进一步调查。	用于评估是否按照规定转出出口货物不得抵扣的进项税额
免税收入对应进项税额转出分析	应转出进项税额－实际转出进项税额	若指标是正数,代表可能出现不按规定转出免税收入分摊的进项税额的情况,因此需发起预警进一步调查。	用于评估转出免税收入的进项税额的准确性

此外，定量分析也可以采用银行业部分银行税负的比较，评估银行税负的准确性。分析方法如下：

（1）挑选一些可比性高的银行作为行业的评估对象，并选取这些银行财务年报的应交税金及营业收入数据；

（2）计算银行业的平均税负、税负的标准差及离散系数；

（3）根据银行业的平均税负及税负的标准差，计算银行业税负的预警下限；

（4）将银行的税负与银行业税负的预警下限做对比，评估银行税负的准确性。若银行税负低于同业，而利润率却高于同业，应发起预警，进一步调查本行税负低的原因。

需要指出的是，由于同业的税负及营业收入数据无法实时获取，上述的分析法只能与上期年报中披露的行业数据做对比，因此有可能存在偏差。

（五）风险应对

在评估了相关风险后，管理层就需要确定如何应对风险。根据风险的种类、可能性和可能发生的后果、对风险的承受度等因素，选择适合自身的风险应对方案。涉税风险与其他风险的应对策略一致，主要包含对风险的规避、转移、降低、保留以及利用五种方式，具体说来应包括以下内容[1]：

1. 规避涉税风险，是指为了防范特定税收风险而杜绝从事某些经营活动的行为。例如商业银行经营过程中为了避免税法中规定的视同销售的情况，尽量减少服务提供过程中存在的免费赠送（免年费、赠送 U－key）的情况。

2. 转移涉税风险，是指通过与上下游企业进行合理、合法的商业安排，将纳税义务或开票义务向上下游企业进行转移的行为。例如银团贷款中各银行取得的利息收入，可以通过牵头行统一给客户开票的方式使其他参与行免予向客户开票。

---

① 戴琼：《企业纳税风险管控与纳税评估案例》，立信会计出版社，2013。

3. 降低涉税风险，是指通过纳税管理来调整商业银行的经营业务流程或改变经济业务性质，从而有效降低税收风险。例如由于银行业的业务涉及多个税率（贵金属买卖以及其他金融服务），宜按照不同的业务类型及收入类别分别进行核算，以分别适用不同税率，既能规避税务局核定所有未分别核算的销售额从高适用税率的风险，也是自动化核算的前提条件。

4. 保留涉税风险，也称承担涉税风险，是指商业银行自己在无法规避、转移或者降低风险时，非理性或理性地主动承担风险，即利用内部的资源来弥补损失。

5. 利用涉税风险，是指商业银行在明确风险的前提下，分析涉税风险的利弊，将风险转化为机会，从而将损失转化为收益的做法。

（六）控制活动

管理层对风险进行识别和分析后，依据商业银行战略中的风险成熟度针对这些风险发出必要的指令。控制活动即确保管理人员发出的风险应对方案能被有效执行的政策和程序。控制活动应贯穿于所有级别及部门、分支机构，一般包括：职责分离、系统的控制活动、线下的控制活动、流程标准化、复核、业绩指标等。

控制活动需要按照以下几个方面来实施：

1. 制定增值税风险控制条例和管理办法，明确风险管理部门的职责分工、控制活动涉及的方法等；

2. 制定并完善发票管理的制度及流程，确定发票领购、保管、开具、认证进行操作及复核的岗位，并明确职责分工；

3. 建立完善、标准化的增值税纳税申报流程，如可以通过系统自动完成的需在系统上加载相应的控制点以确保各项工作能够有序完成。主要流程包括以下几个方面：（1）准备材料；（2）填写纳税申报表；（3）复核纳税申报表；（4）上传申报表。

4. 建立风险控制文档并确定关键控制点。风险控制文档是确认、记录每个流程、步骤中可能存在的风险和已建立的控制的文件。关键控制点是在相关流程中对整理流程影响较大的一项或多项控制，通常是不可替代的。关键控制点是风险控制文档中的重要一部分，该部分需由相关层级进行审核通过才可以更新或修改。将包含了关键控制点的风险控制文档与实际操作情况进行对比，找出的差异即为现有控制的薄弱环节。管理层就此完善现有的控制措施，以达到防范风险的目的。风险控制文档的样例如表8.2所示：

表8.2 增值税税务风险控制文档示例

编号	固有风险描述	关键原因描述	控制描述	适当性	有效性	剩余风险描述
1	未办理增值税纳税人资格认定手续	由于认证资料准备不全，或未及时准备，导致未及时办理增值税一般纳税人或小规模纳税人认定手续	关键控制：按照税法规定，及时办理增值税一般纳税人或小规模纳税资格认定及审查相关手续（预防性）	是	是	采取各种措施已能基本控制纳税人资格认定的风险，但仍存在极少数纳税人资格认定手续不完备的剩余风险

（七）信息与沟通

信息交流和沟通是保证内部控制有效性的一个重要保障，也是事项识别实现的重要途径。企业中的信息和沟通主要体现在以下几个方面：

1. 信息系统及其设计：信息系统是帮助企业及时获取来源于企业内部或外部的工具。需要获取的信息主要有可能影响增值税纳税义务的行业、市场以及内部生产经营管理、财务等方面的信息。内部信息主要包括：（1）增值税管理制度、发票管理制度等内部制度及政策；（2）内部控制与监督政策；（3）涉税部门提供的信息，包括举报、投诉等；（4）财务变动信息等。外部信息主要包括：（1）增值税税法相关信息；（2）上下游企业的信息；（3）市场的信息等。商业银行应设专门的部门来统一收集、分析、管理、备份信息，并将信息定时下发给相关人员。

2. 沟通系统及其设计：与信息系统类似，沟通系统是指商业银行内部或外部信息传达与了解的过程。内部沟通包括人员上下层级和横向（跨部门）沟通，信息需按某种有效的方式，及时并准确无误地传送给那些需要根据这些信息来履行其责任的人员。外部沟通包括与供应商、顾客以及其他利益相关者的信息交流。

沟通的方式一方面包括可以在信息系统内（线上）实现的，例如进项发票的认证审核，销项发票开票审批信息在系统内与各相关部门信息共享等；另一方面也包括信息系统外（线下）的信息沟通，例如进项发票信息的录入等，而这方面就需要通过一些沟通机制予以管理。

（八）监控

监控是检验增值税税务风险控制措施在内部落实程度的手段，一定程度上确保了风险控制活动达到其预期的效果。管理者可以通过监控反映出的问题对控制活动进行及时更新与修改，以适应因内部或外部因素导致的控制活动没有起到其应有效用的情况。监控可通过持续的监控活动及个别评估或者两者结合来完成。

1. 持续监控

持续监控是指对环境的改变做出实时的反应。增值税下的持续监控主要表现在对销项、进项以及应税风险的持续监控。详细的指标已在风险评估部分提及，本部分不再赘述。

2. 个别评估

尽管持续监控程序可提供内部控制是否有效的信息，但针对某些特殊事件商业银行需要对其进行单独评估。个别评估不仅可以用于评估特殊事件，也可用于考核持续监督程序的有效性。商业银行需设立专员负责评估工作，制定并实时更新评估程序，选择适合的方式进行评估。

三、增值税风险管理体系框架

基于上述企业风险管理整合框架和企业风险管理体系的八个要素，根据国家税务总局的《大企业税务风险管理指引（试行）》的要求，并结合澳大利亚税务局的《大企业税务风险管控审查指南》、《大企业消费与服务税（Goods and Services Tax – GST）风险管理检查清单》以及商业银行自身的特点，总结了商业银行增值税风险管理体系框架，如表8.3所示。我们将管理职责分为董事会职责（表8.3）与管理层职责（表8.4）分别进行描述。此处的管理层职责包含银行高级管理层及中级管理层的职责，各商业银行可以根据其内部组织管理结构进行职责分配。

表 8.3　　　　　　　　　　　　　**董事会职责**

风险管理大类	具体描述
1. 税务风险管理体系的搭建	建立风险管理体系，以及在增值税下适应企业自身的风险识别、管理标准和程序。
	建立企业的风险承受度、风险上报制度等内部政策，并且应在年报中披露。
	董事会应明确各董事在税务风险管理中的职责分工，需雇佣一些懂得财务知识的董事来监督税务风险战略的搭建与修改。
	董事会（或其下设委员会）应能够清楚地将税务风险管理的预期传达给企业管理人员。
	董事会（或其下设委员会）定期开会讨论税务风险的趋势、企业税负相对经营程度的变化等。
2. 制度与控制的评估	董事会定期通过内部或外部资源对企业的内控进行测试，确保其可以有效控制增值税申报、开票过程中潜在的税务风险。

表 8.4　　　　　　　　　　　　　**管理层职责**

风险管理大类	具体描述
1. 体系搭建	高层管理人员应定期收到可能影响企业合规的增值税事务，例如大宗交易、企业重组、战略或法规变革等。
	管理人员应对识别的风险事项进行定期讨论研究，如果需要，则上报董事会。
	在增值税内控管理文件实行之前需要高级管理人员的审阅，并签字同意。
2. 流程	制定增值税操作手册，包括从识别到记录、核对和申报的流程细节来支持： 准确抓取增值税销项与进项交易数据； 整合并核实税务申报所需要的信息； 制定与操作手册相配套的流程图； 依据增值税法规的变化实时更新操作流程。

273

续表

风险管理大类	具体描述
3. 内部控制	在系统中加载严密的内控使得税务处理规则不可随意更改、增加或删除。
	在系统中加载严密的内控确保： 1. 进项以及销项交易的税额在正确的区间范围； 2. 增值税下坏账得到了正确的处理； 3. 调整项得到了正确的处理； 4. 增值税免税项目，例如出口交易得到了正确的处理； 5. 保险赔偿金得到了正确的增值税处理。
	建立对账机制，在每个申报区间结束时需将系统生成的申报表以及其他报告与原始财务数据以及发票数据核对，确保无误。
	监控申报趋势，包括各税率销项交易的配比、未事先预料到的差异等。
	对存储、处理增值税信息的系统定期进行测试，以确保生成数据的准确无误。
	定期对增值税分类、属性、记录、申报及支持文件进行审阅。
	企业利用内审以及外部服务对增值税控制进行定期检查。
4. 人员设置与培训	明确划分工作人员的岗位职责，确保增值税义务的有效管理与履行；确保职责划分相关信息记录在案。
	对税务人员进行培训，要求其在发生一笔常规交易在财务系统中输入这笔交易时可以清楚地选定交易类型（如系统可以自动判断增值税处理）或增值税类型。例如，员工可以正确判断免税、零税率、不在增值税征税范围内以及一般税率计税的交易。
	内部应设有专门的人员来分管增值税注册、增值税的准确申报以及申报表的上传及增值税的缴纳。
	准备增值税申报表与复核、上传申报信息应由不同的人员担任。
	负责增值税缴纳、退款与负责增值税会计科目（入账、调整等）应由不同的人员担任。
	负责增值税合规的人员应实时了解最新的增值税法规及相关解释对企业的影响。
	对涉及增值税交易的从发起到记录、处理、申报、审核的员工需进行定期培训。

风险管理大类	具体描述
5. 数据与信息	在系统中加载生成异常报告功能，筛选出手动交易以便进行独立审阅，以便确保使用了正确的增值税处理。
	应建立一个员工可以上传问题并由相关人员回答的共享平台，以便于信息的交流共享，提高工作效率。
	财务系统自动计算并生成数据，来确保数据的完整性以及准确性，避免手工输入造成的错误。
	在系统内设定相应的内控可以确保为增值税申报进行合并计算而从不同的数据源抓取的数据以及计算结果的准确性。
	如企业安装新的财务系统，应考虑该系统对已有的增值税系统以及处理流程的影响；在从旧系统到新系统数据导入过程中需经过严密的审核以确保数据的完整及准确。
6. 非常规交易	对业务人员进行培训，要求其可以识别非常规的或复杂的增值税相关交易，了解何时以及如何对问题进行上报，以确保进行正确的增值税处理。
	在系统中加载生成异常报告功能，来密切监控大型的、复杂的、非常规的交易，确保进行正确的增值税处理。
	当发生合并和重组时，需要全方位考虑增值税对于交易的影响，例如： ● 何时将公司注册为增值税纳税人（一般或小规模）； ● 公司分解时所涉及的增值税事宜。
7. 咨询机制	建立咨询机制，如遇到专业性极强的增值税问题，可以咨询内部专业人士、外部咨询企业或税务局。例如当企业进行风险投资，非寻常或特殊交易，企业并购、改革时面临的税务问题。
	负责税务的人员对税法含义的疑问应适时地找负责该企业的税务局专管员询问。

第四节　增值税下主要的风险点及控制描述

一、增值税纳税管理流程及主要潜在风险点概述

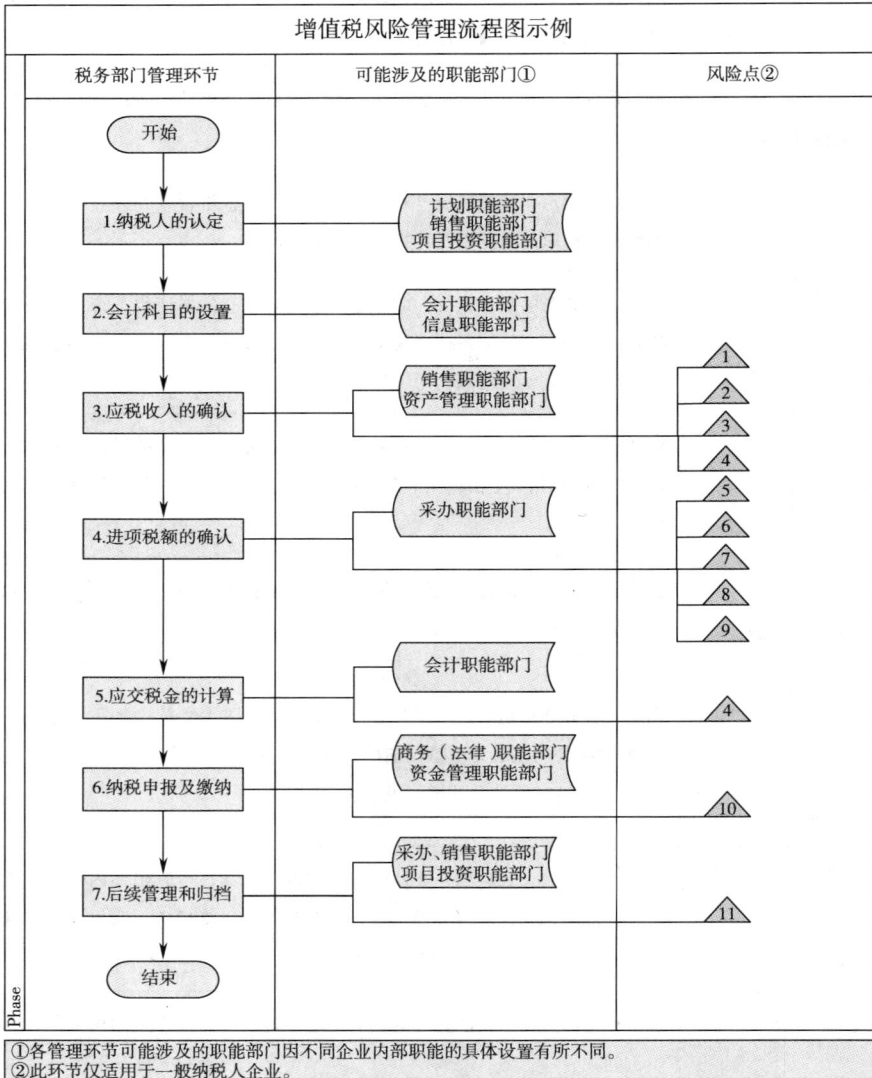

图8.2　增值税风险管理流程图

表 8.5 增值税风险管理流程图各管理环节解释说明

税务部门管理环节	具体说明
1. 纳税人的认定	财会人员应当关注本单位的年营业收入和财务核算情况，在达到一般纳税人认定标准时及时向主管税务机关申请办理一般纳税人资格认定。
2. 会计科目的设置	财会人员应当根据本单位的业务类型和运营模式，结合增值税的征税范围及税率等基本税务要素，与会计职能部门和信息职能部门共同确定涉税会计科目的设置。
3. 应税收入的确认	财会人员应当准确及时地确认本单位的应税收入。除当期会计收入外，财会人员还应基于资产管理及销售等职能部门提供的信息，确认其他应税收入。
4. 进项税额的确认	属于增值税一般纳税人的单位的财会人员应当加强进项税额的确认管理。除及时进行进项税额抵扣凭证的认证外，还应基于采办等有关职能部门提供的信息，确认本期发生的需做转出的进项税额。
5. 应交税金的计算	财会人员应当准确计算本单位当期的应纳税额。小规模纳税人应当依据不含税销售额和征收率计算当期的应纳税额；一般纳税人应当依据当期销项税额、可抵扣的进项税额和应转出的进项税额计算当期的应纳税额。同时，财会人员应与会计部门核对纳税申报表上应纳税额和会计账簿上应交税金的一致性。
6. 纳税申报及缴纳	财会人员应当准确及时地进行增值税的税务申报和税款的缴纳。纳税申报和税款缴纳须按照本单位内控制度的规定，履行分级复核及审批程序。
7. 后续管理和归档	财会人员应当在增值税的管理工作中严格执行本单位的税务档案管理规定。增值税一般纳税人认定表、增值税工作底稿、增值税纳税申报表、税款缴纳凭证、进项税抵扣凭证、退回或者作废的发票等都应该按类别妥善保管。

二、增值税重要风险点及控制措施

本节列举了增值税管理中常见的重要风险点及对应的控制措施，商业银行需根据自身的业务特点和实际情况，确定自己的风险控制点，并根据成本效益平衡原则，按照重要性和发生频率制定相应的控制措施。

风险点一：收入确认时点

风险点描述：

纳税义务发生时间与会计收入确认时点存在一定差异。如商业银行未能识别出此类情形，则可能会产生错误申报缴纳增值税的风险。

现行法规：

销售货物或者提供应税劳务的增值税纳税义务发生时间，采用收讫销售款项或取得索取销售款项凭据的当天和开具发票当天孰先的原则。其中，收讫销售款项或取得索取销售款项凭据的当天，按照不同的销售结算方式，纳税义务发生时间亦有所不同，具体规定如下：

1. 采取直接收款方式销售货物，不论货物是否发出，均为收到销售额或取得索取销售款项凭据的当天。

2. 采取托收承付和委托银行收款方式销售货物，为发出货物并办妥托收手续的当天。

3. 采取赊销和分期收款方式销售货物，为按合同约定的收款日期的当天，无书面合同的或者书面合同没有约定收款日期的，为货物发出的当天。

4. 采取预收货款方式销售货物，为货物发出的当天，但生产销售生产工期超过 12 个月的大型机械设备、船舶、飞机等货物，为收到预收款或者书面合同约定的收款日期的当天。

5. 委托其他纳税人代销货物，为收到代销单位的代销清单或者收到全部或者部分货款的当天；未收到代销清单及货款的，为发出代销货物满 180 天的当天。

6. 销售应税劳务，为提供劳务同时收讫销售额或取得索取销售额的凭据的当天。

7. 纳税人发生的除代销以外的视同销售行为，纳税义务发生时间为货物移送的当天。

应税服务的增值税纳税义务发生时间，采用如下原则：

1. 纳税人提供应税服务并收讫销售款项或者取得索取销售款项凭据的当天；先开具发票的，为开具发票的当天。收讫销售款项，是指纳税人提供应税服务过程中或者完成后收到款项。取得索取销售款项凭据的当天，是指书面合同确定的付款日期；未签订书面合同或者书面合同未确定付款日期的，为应税服务完成的当天。

2. 纳税人提供有形动产租赁服务采取预收款方式的，其纳税义务发生时间为收到预收款的当天。

3. 纳税人发生视同提供应税服务的，其纳税义务发生时间为应税服务完成的当天。

4. 增值税扣缴义务发生时间为纳税人增值税纳税义务发生的当天。

建议控制措施：

1. 参与业务合同模板中关于提供金融服务方式、收款与结息方式等涉税条款的制定，提前知晓税务和会计之间确认时点的差异，并将存在税会差异影响的业务合同类型通知运管、业务和财务等相关职能部门人员。

2. 要求运管、业务、采购等职能部门在使用标准合同模板对外签署相关合同时，涉及修改涉税标准条款的，在合同签订前征求税务管理部门的意见。

3. 对于本月尚未执行完毕并存在税会差异的业务合同，要求业务部门编制本月的业务合同汇总表，按照交易号标注每个合同的约定收款时点以及提供金融服务的时点，再传递给会计职能部门，由会计职能部门标注每个订单的实际收款时点和收入确认时点。

4. 要求会计职能部门在每月结束后一定时限内将最后完成的业务汇总表向税务管理部门备案。

5. 条件成熟时考虑建立信息自动化系统，在信息职能部门的配合下，要求系统可以按照交易号体现业务职能部门输入的合同约定收款时点、提供金融服务的时点、会计职能部门输入的实际收款时点和收入确认时点，并将以上信息的查阅权限对税务人员开放。

6. 对收到的业务汇总表进行分析，确定存在税会差异并需进行纳税调整的事项，形成工作底稿。

7. 按照工作底稿的信息，将纳税义务发生在本期的应税收入在申报表上准确填写。

8. 在准备以后各期申报表时，应充分考虑以往各期的调整事项。

风险点二：视同销售

风险点描述：

会计和税务对于收入的确认原则不尽相同，某些经营行为按照会计准则无需确认为收入，但按照税法规定则应当作为增值税视同销售行为，按照一定方法确认应税收入。如果税务人员未能辨别出此类情形，或者虽识别出视同销售的情形但视同销售的价格适用不正确，则可能会产生漏缴增值税的风险。

现行法规：

税务规定的视同销售主要有以下几种：

1. 将货物交付其他单位或者个人代销；

2. 销售代销货物；

3. 设有两个以上机构并实行统一核算的纳税人，将货物从一个机构移送其他机构用于销售，但相关机构设在同一县（市）的除外；

4. 将自产或者委托加工的货物用于非增值税应税项目；

5. 将自产或者委托加工的货物用于集体福利或者个人消费；

6. 将自产、委托加工或者购进的货物作为投资，提供给其他单位或者个体工商户；

7. 将自产、委托加工或者购进的货物分配给股东或者投资者；

8. 将自产、委托加工或者购进的货物无偿赠送其他单位或者个人；

9. 向其他单位或者个人无偿提供交通运输业、邮政业和部分现代服务业服务，但以公益活动为目的或者以社会公众为对象的除外；

10. 财政部和国家税务总局规定的其他情形。

纳税人有视同销售货物行为而无销售额者，按下列顺序确定销售额：

1. 按纳税人最近时期同类货物的平均销售价格确定；

2. 按其他纳税人最近时期同类货物的平均销售价格确定；

3. 按组成计税价格确定。组成计税价格的公式为组成计税价格 = 成本 ×（1 + 成本利润率）属于应征消费税的货物，其组成计税价格中应加计消费税额。

建议控制措施：

1. 针对银行采购的商品（例如赠品），要求业务部门在采购商品时在采购单上标明用途；

2. 针对视同销售服务，要求业务部门在合同上标出免费提供的服务；

3. 每月结束后一定时限内向业务部门收集用于非增值税应税项目、集体福利、个人消费、投资、利润分配、无偿赠送以及移送其他机构用于销售的视同销售服务或货物数量；

4. 条件成熟时建立信息自动化系统，在信息职能部门的配合下，要求采购职能部门在货物购入时按购进和自产进行分类管理；在提供服务或货物时，按用途建立直接销售、移送其他机构用于销售、非增值税应税项目、集体福利、个人消费、投资、分配利润以及无偿赠送等不同用途的分类管理，并将以上信息的查阅权限对税务人员开放；

5. 向业务部门取得最近时期同类货物或服务的平均价格；如果本期没有同类货物或服务的价格，则向业务部门取得其他纳税人最近时期同类货物或服务的平均价格；对于市场上不存在同类货物或服务价格的情况，确定主管税务机关的成本利润率，计算组成计税价格。属于应征消费税的货物，其组成计税价格中还应加计消费税额；

6. 将当期发生的视同销售行为按照业务部门提供的信息和价格或组成价格确定本期视同销售行为应确认的应税收入，并在增值税申报表上准确填写；

7. 对于企业所得税和增值税对视同销售的不同税务处理规定，以及在地方规定和实务操作中的不同的处理方式，各商业银行均应密切关注。

风险点三：确定收入是否为含税收入

风险点描述：

在实际工作中，可能会出现纳税人将销售的货物、提供的劳务或应税服务的销售额和税额合并定价，即采用含税销售额定价的方式销售货物、劳务或应税服务的情形，应当按照不含税收入确认应税收入。如果在计算应纳税额时未能识别出销售收入为含税收入，就会导致针对增值税税额本身出现的征税现象，产生多缴增值税的风险。

现行法规：

纳税人销售货物、服务或应税劳务，采用销售额和税额合并定价的，按下列公式计算销售额：

销售额 = 含税销售额 ÷ （1 + 税率或征收率）

建议控制措施：

1. 协同业务部门以及运管部门制定业务合同标准模板，在相关条款中明确合同金额是否含税；

2. 要求业务部门或运管部门在使用标准合同模板对外签署相关合同时，涉及修改涉税标准价格的，在合同签订前征求税务管理部门的意见；

3. 要求各职能部门在发生处理废品、处置固定资产等偶然性销售行为时，在合同中与买家明确约定合同金额是否含税；

4. 对于识别出的含税金额，在进行税务申报时按照公式还原成不含税金额。

风险点四：销售使用过的固定资产

风险点描述：

固定资产的购买时间以及进项税抵扣情况的差异，可能会造成资产在被处置时适用的计算方法和税率有所不同，因此，纳税人在销售自己使用过的固定资产时，应区分不同情况分别计算增值税，否则会产生错误缴纳增值税的风险。

现行法规：

已使用过的固定资产，是指纳税人根据财务会计制度已经计提折旧的固定资产。纳税人销售自己使用过的固定资产，应区分不同情形征收增值税：

1. 一般纳税人销售自己使用过的属于不得抵扣且未抵扣进项税额的固定资产，按简易办法依3%征收率减按2%征收增值税；

2. 一般纳税人销售自己使用过的2009年1月1日以后购进或者自制的固定资产，按照适用税率征收增值税；

3. 2008年12月31日以前未纳入扩大增值税抵扣范围试点的纳税人，销售自己使用过的2008年12月31日以前购进或者自制的固定资产，依3%征收率减按2%征收增值税；

4. 2008年12月31日以前已纳入扩大增值税抵扣范围试点的纳税人，销售自己使用过的在本地区扩大增值税抵扣范围试点以前购进或者自制的固定资产，依3%征收率减按2%征收增值税；销售自己使用过的在本地区扩大增值税抵扣范围试点以后购进或者自制的固定资产，按照适用税率征收增值税；

5. 小规模纳税人销售自己使用过的固定资产，依3%征收率减按2%征收增值税。

建议控制措施：

1. 要求资产管理职能部门在固定资产清单中注明固定资产名称、购买日期、购买用途、是否抵扣进项税、购进时税率等税务信息；

2. 要求资产管理职能部门在固定资产处置当月结束后一定时限内将上述信息通知税务人员；

3. 确认处置的固定资产是否属于税法规定的使用过的固定资产；

4. 条件成熟时考虑建立信息自动化系统，在信息职能部门的配合下，要求资产管理职能部门在系统中注明各固定资产的名称、购买日期、购买用途、是否抵扣进项税、购进时税率等税务信息，并将该信息的查阅权限对税务人员开放；

5. 对处置的固定资产根据不同情况分税率和计算方法填写增值税申报表。

风险点五：进项税抵扣范围

风险点描述：

税法中明确列举了不得抵扣进项税的购进货物、劳务或者应税服务。商业银行应当准确识别不得抵扣进项税的购进的货物、劳务或者应税服务。如果将不得抵扣进项税的购进货物或者应税劳务抵扣了进项税，则会产生少缴增值税的风险。

现行法规：

下列购进货物以及应税劳务相关的进项税额不得从销项税额中抵扣：

1. 用于非增值税应税项目、免征增值税项目、集体福利或者个人消费的购进货物或者应税劳务；

2. 国务院财政、税务主管部门规定的纳税人自用消费品，包括但不仅限于应征消费税的摩托车、汽车、游艇等；

3. 上述货物的运输费用和销售免税货物的运输费用。

另外，下列应税服务相关的进项税不得从销项税额中抵扣：

1. 用于简易计税方法计税项目、非增值税应税项目、免征增值税项目、集体福利或者个人消费的购进货物、加工修理修配劳务或应税服务。其中涉及的固定资产、专利技术、非专利技术、商誉、商标、著作权、有形动产租赁，仅指专用于上述项目的固定资产、专利技术、非专利技术、商誉、商标、著作权、有形动产租赁。

2. 接受的旅客运输服务。

建议控制措施：

1. 加强对采购、业务人员的税务知识培训，使其对不得抵扣增值税进项税的范围和规定有准确认识；

2. 要求采购、业务部门在采购单上标明采购用途；要求资产管理职能部门将采购的修理修配劳务在采购单上标明需要修理修配资产的使用部门；

3. 每月结束后一定期间内向采购和资产管理职能部门收集用于简易计税方法项目、非增值税应税项目、免税项目、集体福利、个人消费的购进货物、修理修配劳务或应税服务信息；

4. 条件成熟时建立信息自动化系统，在信息职能部门的配合下，要求采购、业务部门在货物购入时能够按照简易计税方法项目、非增值税应税项目、免税项目、集体福利、个人消费等用途进行分类管理；要求资产管理职能部门将采购的修理修配劳务、应税服务按照资产的使用部门进行分类管理，并将该信息的查阅权限对税务人员进行开放；

5. 对于判定有困难的，应及时向主管税务机关咨询，确认是否属于增值税可抵扣范围；

6. 将不属于增值税抵扣范围的增值税抵扣凭证单独标记，分类保管。

风险点六：进项税额的转出

风险点描述：

如果购进货物、劳务或者应税服务在已抵扣增值税进项税之后发生了非正常损失、退货、取得了销售折让，或改变用途用于简易计税方法计税项目、非增值税应税项目、免征增值税项目、集体福利或者个人消费等，税务人员应及时将对应的已抵扣进项税额转出。如果在转出事宜发生当月没有转出，则会造成少缴增值税的风险。

现行法规：

下列购进货物或者劳务应当自进项税额中转出：

1. 用于非增值税应税项目、免征增值税项目、集体福利或者个人消费的购进货物或者应税劳务；

2. 因购进货物退回或者折让而收回的增值税额；

3. 非正常损失的购进货物及相关的应税劳务；

4. 非正常损失的在产品、产成品所耗用的购进货物或者应税劳务；

5. 上述货物的运输费用；

6. 采用"免抵退"法享受出口退税的企业的当期免抵退税不得免征和抵扣税额。

下列应税服务应当自进项税额中转出：

1. 用于简易计税方法计税项目、非增值税应税项目、免征增值税项目、集体福利或者个人消费的购进货物、接受加工修理修配劳务或者应税服务；

2. 非正常损失的购进货物及相关的加工修理修配劳务或者交通运输业服务；

3. 非正常损失的在产品、产成品所耗用的购进货物（不包括固定资产）、加工修理修配劳务或者交通运输业服务；

4. 接受的旅客运输服务。

建议控制措施：

1. 要求业务部门在采购商品时在采购单上标明用途；

2. 每月结束后一定期间内从业务部门获取用于简易计税方法计税项目、非增值税应税项目、免征增值税项目、集体福利、个人消费的情况；

3. 每月结束后一定期间内从财务部门获取发生非正常损失的购进货物、或者发生非正常损失的在产品、产成品所耗用的购进货物、劳务或者应税服务的金额；

4. 要求运管部门在发生业务撤销、取得折让、免抵退税等事宜的当月结束后一定期间内通知税务管理部门；

5. 在条件成熟的时候考虑建立信息自动化系统，在信息职能部门的配合下，要求业务或采购部门在采购时能够按照提供非增值税应税项目、免征增值税项目、集体福利、个人消费等用途进行分类管理，并将以上信息的查阅权限对税务人员开放；

6. 汇总以上进项税转出事宜，并形成工作底稿；

7. 根据工作底稿准确填写增值税申报表。

风险点七：取得不合法的增值税抵扣凭证

风险点描述：

增值税抵扣采取凭票抵扣的方式，增值税抵扣凭证是指增值税专用发票、海关进口增值税专用缴款书、农产品收购发票和农产品销售发票以及运输费用结算单据。纳税人只有取得上述合法的增值税抵扣凭证才能抵扣相关进项税额。如果商业银行所取得的增值税抵扣凭证不合法，则可能导致该抵扣凭证无法被成功认证，从而产生多缴增值税的风险。

现行法规：

纳税人购进货物、劳务或者应税服务，取得的增值税扣税凭证不符合法律、行政法规或者国务院税务主管部门有关规定的，其进项税额不得从销项税额中抵扣。

建议控制措施：

1. 在内控制度中制定涉税相关条款，避免出现没有真实交易而非法取得虚开发票的情况；

2. 加强对采购和业务人员税务知识的培训，提高其对虚假发票的判断和识别能力；

3. 要求取得虚开发票和虚假发票的人员重新取得合法、合规的发票；

4. 对难以判断真实性的发票及时向当地税务机关相关部门确认。

风险点八：进项税发票未及时认证

风险点描述：

税收法规对于纳税人取得的增值税抵扣凭证的认证期限有着明确的规

定，而未经认证的增值税专用发票不得计算进项税额抵扣。如果商业银行未在规定期限内进行进项发票的认证，会引发企业多缴增值税的风险。

现行法规：

增值税抵扣凭证应在开具之日起180日内到税务机关办理认证，并在认证通过的次月申报期内，向主管税务机关申报抵扣进项税额。增值税一般纳税人取得增值税抵扣凭证未在规定期限内到税务机关办理认证、申报抵扣或者申请稽核比对的，不得作为合法的增值税扣税凭证，不得计算进项税额抵扣。

对增值税一般纳税人发生真实交易且符合下列客观原因的，经主管税务机关审核，允许纳税人继续申报抵扣其进项税额：

1. 因自然灾害、社会突发事件等不可抗力原因造成增值税扣税凭证未按期申报抵扣。

2. 有关司法、行政机关在办理业务或者检查中，扣押、封存纳税人账簿资料，导致纳税人未能按期办理申报手续；

3. 税务机关信息系统、网络故障，导致纳税人未能及时取得认证结果通知书或稽核结果通知书，未能及时办理申报抵扣；

4. 由于企业办税人员伤亡、突发危重疾病或者擅自离职，未能办理交接手续，导致未能按期申报抵扣；

对增值税一般纳税人发生真实交易但由于下列客观原因造成增值税扣税凭证逾期的，经主管税务机关审核、逐级上报，由国家税务总局认证、稽核比对后，对比对相符的增值税扣税凭证，允许纳税人继续抵扣其进项税额，客观因素包括：

1. 增值税扣税凭证被盗、抢，或者因邮寄丢失、误递导致逾期；

2. 买卖双方因经济纠纷，未能及时传递增值税扣税凭证，或者纳税人变更纳税地点，注销旧户和重新办理税务登记的时间过长，导致增值税扣税凭证逾期；

3. 国家税务总局规定的其他情形。

建议控制措施：

1. 在取得增值税抵扣凭证后由专人管理，并记录每张抵扣凭证的开票日期和认证截止日期，在规定期限内到主管税务机关进行认证；

2. 对于未在规定期限内进行认证的增值税抵扣凭证，应及时查明未在期限内完成认证的原因；

3. 如属于税法规定的由于客观原因未及时认证的，报送主管税务机关或者上报国家税务总局申请继续抵扣进项税额。

风险点九：增值税抵扣凭证丢失

风险点描述：

由于增值税抵扣采取凭票抵扣的方式。如果取得的增值税抵扣凭证因保管不善被遗失，可能会导致无法抵扣相关进项税额，从而产生多缴增值税的风险。

现行法规：

一般纳税人丢失已开具专用发票的发票联和抵扣联，如果丢失前已认证相符的，可以凭销售方提供的相应专用发票记账联复印件及销售方所在地主管税务机关出具的《丢失增值税专用发票已报税证明单》，经己方主管税务机关审核同意后，可作为增值税进项税额的抵扣凭证；如果丢失前未认证的，可凭销售方提供的相应专用发票记账联复印件到主管税务机关进行认证，认证相符的凭该专用发票记账联复印件及销售方所在地主管税务机关出具的《丢失增值税专用发票已报税证明单》，经己方主管税务机关审核同意后，可作为增值税进项税额的抵扣凭证。

建议控制措施：

1. 由专人负责增值税抵扣凭证的保管、认证等相关事宜；对已取得的增值税抵扣凭证由送票人和保管人共同签字确认，并另外复印留档；

2. 在收到采购、业务部门人员提供的增值税抵扣凭证后及时向主管税务机关进行认证；

3. 如果丢失增值税抵扣凭证，应及时联系销售方，取得销售方专用发票记账联的复印件以及销售方主管税务局出具的《丢失增值税专用发票已报税证明单》，向主管税务机关申请抵扣相关的增值税进项税额。

风险点十：进口减免税货物的监管

风险点描述：

　　企业对其进口时享受减免税优惠政策货物的使用和处置都受到一定的限制。企业进口减免税货物后未按照规定向海关报告其减免税货物状况的，海关将不再受理企业的减免税备案申请或不再办理审批手续。企业如果调整、改变减免税货物的用途或使用地点，或者进行转让、抵押、移作他用等处置，而未按规定事先在海关办理减免税货物补缴税款、解除监管、申请改变用途等手续并取得核准的，将会被海关以违反海关监管为由予以处罚。

　　现行法规：

　　在海关监管年限内，减免税申请人应当按照海关规定保管、使用进口减免税货物，并依法接受海关监管；未经海关许可，减免税申请人不得擅自将减免税货物转让、抵押、质押、移作他用或者进行其他处置。海关对进口减免税货物的监管年限自货物进口放行之日起计算，具体为：

　　1. 船舶、飞机，8 年；

　　2. 机动车辆，6 年；

　　3. 其他货物，5 年。

　　减免税申请人应当自进口减免税货物放行之日起，在每年的第一季度向主管海关递交《减免税货物使用状况报告书》，报告减免税货物使用状况。减免税申请人未按照规定向海关报告其减免税货物状况的，在向海关申请办理减免税备案、审批手续时，海关不予受理。具体变更事项的事前申请程序为：

　　1. 移作他用的申请程序

　　在海关监管年限内，减免税申请人需要将减免税货物移作他用的，应当事先向主管海关提出申请。经海关批准，减免税申请人可以按照海关批准的使用地区、用途、企业将减免税货物移作他用。除海关总署另有规定外，减免税申请人还应当按照移作他用的时间补缴相应税款；移作他用时间不能确定的，应当提交相应的税款担保，税款担保不得低于剩余监管年限应补缴税款的总额。

　　2. 用作抵押贷款的申请程序

　　在海关监管年限内，减免税申请人要求以减免税货物向金融机构办理贷款抵押的，应当向主管海关提出书面申请，按规定提供担保。经审核符合有关规定的，主管海关可以批准其办理贷款抵押手续。减免税申请人不得以减免税货物向金融机构以外的公民、法人或者其他组织办理贷款抵押。

3. 变更使用地点的申请程序

在海关监管年限内，减免税货物应当在主管海关核准的地点使用。需要变更使用地点的，减免税申请人应当向主管海关提出申请，说明理由，经海关批准后方可变更使用地点。

建议控制措施：

1. 要求资产管理职能部门在固定资产清单中标注进口货物是否享受进口减免税以及是否属于监管设备；

2. 要求资产管理职能部门在对监管期内的货物有任何变更计划时，应在变更计划确定之日起一定时限内通知税务人员；

3. 在确定减免税货物的变更计划后，及时依照变更计划所涉及的具体事项向海关办理相应的申请手续，同时提示资产管理部门在取得海关核准前不可执行变更计划。

风险点十一：进口设备的减免税备案

风险点描述：

企业在进口设备时，应先向商务部门申请办理《国家鼓励发展的内外资项目确认书》及《项目进口设备清单》，凭借相关资料到海关办理申请备案手续。如果没有在海关办理备案手续，则企业在实际办理进口手续时，即使符合进口货物减免税条件，也将无法获得海关的审批。

现行法规：

企业进口货物时，减免税申请人应当在申请办理减免税审批手续前，向主管海关申请办理减免税备案手续，并同时提交《进出口货物征免税备案申请表》、《国家鼓励发展的内外资项目确认书》、《项目进口设备清单》等相关材料。

建议控制措施：

1. 要求项目投资职能部门向税务管理部门提交设备进口的立项计划；

2. 要求项目投资职能部门搜集、整理设备进口的相关资料，协同项目投资职能部门及时向商务部门申请办理《国家鼓励发展的内外资项目确认书》及《项目进口设备清单》的批复，并及时向海关提交备案。

风险点十二：一般纳税人的认定

风险点描述：

如果纳税人销售额超过小规模纳税人标准，但未申请办理一般纳税人认定手续的，应按照销售额和适用税率计算增值税应纳税额，且不得抵扣进项税额，也不得使用增值税专用发票。

现行法规：

增值税纳税人按照年应税销售额和是否能够准确提供税务资料划分为一般纳税人和小规模纳税人。年应税销售额超过财政部、国家税务总局规定的小规模纳税人标准的，除按照税法规定可以不办理一般纳税人资格认定的特殊纳税人外，纳税人应当向主管税务机关申请一般纳税人资格认定。目前税法规定的一般纳税人认定标准如下：

1. 年应税销售额超过 50 万元（不含本数）—— 适用于从事货物生产或者提供应税劳务的纳税人，以及以从事货物生产或提供应税劳务为主（相应销售额占全年销售额 50% 以上的），并兼营货物批发或者零售的企业。

2. 年应税销售额超过 80 万元（不含本数）—— 适用于其他从事应税行为的企业。

"营改增"下从事应税服务的一般纳税人标准为：年应税销售额超过 500 万元（不含本数）。

符合一般纳税人条件的企业应当在申报期结束后 40 个工作日内向主管税务机关报送《增值税一般纳税人申请认定表》，申请一般纳税人资格认定；纳税人未在规定期限内申请一般纳税人资格认定的，主管税务机关应当在规定期限结束后 20 个工作日内制作并送达《税务事项通知书》，通知纳税人。

年应税销售额未超过小规模纳税人标准以及新开业的纳税人，可以向主管税务机关申请一般纳税人资格认定。对提出申请并且同时符合下列条件的纳税人，主管税务机关应当为其办理一般纳税人资格认定：

1. 有固定的生产经营场所；

2. 能够按照国家统一的会计制度规定设置账簿，根据合法、有效凭证核算，能够提供准确税务资料。

建议控制措施：

1. 在年应税销售额未达到一般纳税人标准时，评估企业是否符合申请一般纳税人的其他条件，并根据本单位的实际情况判断是否需要申请一般纳税人资格；

2. 根据增值税申报表的累计销售额金额统计年销售额，在年销售额达到一般纳税人标准时，及时向税务机关申请一般纳税人资格的认定。

第五节　本章小结

本章结合税务风险的一般性与增值税的特殊性总结出了增值税下商业银行在增值税管理中需要重点关注的风险点。增值税的风险点主要集中在增值税专用发票使用风险、进项税额抵扣风险、销项税额计算风险、增值税优惠政策风险、纳税申报计算风险等。由于增值税贯穿从采购到提供服务整个链条，因此在增值税正式实施前必须搭建适合于本行的增值税风险管理体系，并将其包含在税务风险管理体系乃至本行企业风险管理体系之中。

增值税风险管理体系可以借鉴 COSO 委员会的企业风险管理框架来设计，从内部环境、目标设定、事项识别、风险评估、风险应对、控制活动、信息与沟通、监控八个方面来考虑如何控制增值税下可能涉及的风险。增值税风险管理体系需要植入企业的各个层级，例如董事会需要在总体上把控风险管理体系是否符合企业的长期发展战略；高级管理层应对重大风险事项进行分析定夺；中级管理层应设计增值税纳税申报制度及操作流程；日常工作操作人员应严格按照相关规定操作。

总之，增值税风险管理体系的搭建是一项需要全行上下通力合作的工作。商业银行在建立体系时应达到有效控制增值税在各个环节中可能产生的外部或内部风险目的，同时也应考虑到风险控制对现有业务流程的改动以及对工作人员工作量的增加。因此，商业银行应有效地使用信息系统来自动化处理低附加值的工作，以不大幅增加现有工作负荷的同时达到有效风险控制的目的。这应是商业银行搭建增值税风险体系的最终目标。

第九章 商业银行"营改增" 应对分析

如前文所述，银行业"营改增"不但会直接影响金融机构的税负水平、经营绩效和经营行为，更会通过商业银行行为模式的变化对金融与实体经济关系、社会收入分配和再分配等重大利益关系产生深刻影响。对此，商业银行应对这些影响有一定的预期，并采取有效的措施应对这些影响，以实现企业价值最大化的发展目标。

第一节 产品定价应对分析

一、产品定价概述

产品定价是指商业银行的资产业务、负债业务以及中间业务产品的利率、汇率以及费率的确定。

产品定价应遵循以下基本原则：

1. 成本效益原则：产品定价要确保补偿产品的资金成本和营运成本，并使商业银行获得相应的回报。

2. 风险补偿原则：产品定价要有利于资产负债的客户结构、产品结构以及期限结构的优化，对银行承担的各类风险进行补偿。

3. 市场化原则：产品定价要与市场价格及市场供需变化趋势紧密结合，有利于保持商业银行的综合竞争力。

4. 差别化原则：产品定价要体现产品差异、客户差异以及地区差异，符合产品的市场定位、客户定位以及地区定位。

产品定价要综合考虑以下基本因素：

1. 成本因素。商业银行是以盈利为目的的金融企业，盈利性是商业银行经营的基本原则之一。这就要求商业银行业务产品获得的收入应大于其投入的成本，基本目标就是寻求利润（利差）的最大化。成本是产品定价的重要依据，主要由资金筹集成本和营运成本构成，资金筹集成本是银行筹集资金过程中付出的直接成本，营运成本是银行在提供产品和服务过程中付出的间接人力费用和经营费用。考虑到营运成本分摊，在总行、一级分行、二级分行的不同层面，产品资金成本不同，原则上应以一级分行平均资金成本作为各行产品定价的依据。

2. 风险因素。商业银行在提供产品，尤其是资产业务产品时承担了一定的风险，包括客户信用风险、期限风险、利率和汇率风险、操作风险等。这些风险都可能给银行盈利水平带来不利影响，因此客户的信用水平和业务的风险程度是商业银行确定其产品价格时不可忽视的主要因素之一，在产品价格制定中必须包含一部分风险溢价。

3. 盈利水平。产品定价要确保商业银行获得的盈利不少于最低回报，预期盈利水平的高低对产品价格有着直接的影响。商业银行对每一笔业务都必须考虑获得的最低收益，达到为银行股东提供一定的资本收益目的。

4. 客户关系。不同的客户对银行产品价格的敏感度是不同的，即客户需求的价格弹性存在差异。商业银行为每笔业务定价时，必须考虑客户与本行各项业务往来的成本和收入，给予优质客户更大的价格选择余地，根据客户的不同情况提供合适的服务和价格。产品定价要考虑客户的具体情况，对于利润贡献度小、服务成本高的一般客户，应实施标准化的定价策略；对利润贡献度大、合作前景广的优质客户，可按照客户的需求定制产品和服务，并进行个性化定价。

5. 市场竞争。由于市场并不由一家银行所垄断，而且金融业务具有产品"同质性"，客户可以选择不同的银行提供金融服务。因此，商业银行产品报价必须充分考虑市场的竞争状况及竞争对手的定价策略，定价要根据产品的市场定位，结合市场竞争态势，选择适当的定价策略。

二、商业银行产品定价策略分析

理论上，"营改增"后的定价策略分为如下三类：

第一类："营改增"后，同之前相比含税总价保持不变。即由商业银行承担增值税销项税额。例如，某些政府定价或者政府提供指导价的产品。

1. 个人跨行柜台转账汇款、对公跨行柜台转账汇款、个人现金汇款、个人异地本行柜台取现、支票、本票、银行汇票手续费、挂失费和工本费等；

2. 银监会、国务院价格主管部门确定的其他服务项目。

第二类："营改增"后，将含税总价上调适当比例，将增值税税负部分转嫁给下游客户，剩余部分由商业银行承担。

第三类："营改增"后，将含税总价上调，在税负增加的情况下，将增值税税负全部转嫁给下游客户。

"营改增"后，整个银行业的流转税体制将发生重大转变，为适应"营改增"对收入、利润总额、现金净流量带来的影响，商业银行应提前就定价策略等进行规划。

"营改增"后，如果商业银行要维持原有价格水平不变，由于增值税是价外税会导致商业银行的会计收入降低。同时如果商业银行存在大量不可抵扣的进项税，则都会计入成本，这将大大降低商业银行的利润水平。因而，如要维持原有利润水平不变，商业银行的定价策略需要进行调整。一般而言，商业银行定价策略需要服务于其总体发展战略，战略目标包括最大化获取利润、获得市场竞争优势、扩大市场占有率等。同时，还需要考虑成本、市场供求、竞争对手等因素。在可持续发展、确保商业银行正常利润水平的前提下，下文将从理性经济人的基本假设出发，采用设定和推导需求函数和利润函数的方法，探讨"营改增"之后商业银行如何通过对金融服务实行最优定价以实现自身利益最大化。

三、不同税制下的商业银行金融服务最优定价问题研究

（一）研究假设

我们可以通过设定商业银行金融服务需求函数，推导出其在不同税制下的利润函数，进而研究在一定的生产技术和市场需求约束下，商业银行

如何通过自主定价实现利润最大化。为此，需要做出以下基本假设。

1. 商业银行是理性经济人，其在提供金融服务的经济活动中，追求自身利益的最大化；

2. 商业银行对自己提供的金融服务有完全的自主定价权；

3. 商业银行金融服务的需求函数为单调递减的线性函数 $q = f(p) = \alpha - \beta p, (\alpha > 0, \beta > 0)$，$p \in [0, +\infty)$，$\alpha$ 为金融服务线性需求函数的截距①，β 为金融服务线性需求函数斜率的绝对值②。商业银行金融服务的需求曲线如图 9.1 所示。

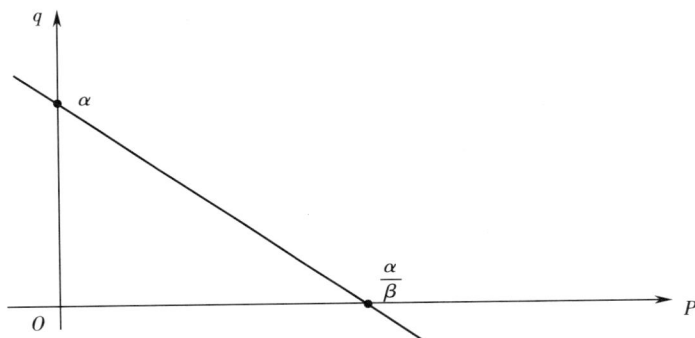

图 9.1　商业银行金融服务的需求曲线

4. 营业税附加费和增值税附加费种类及税率一致，附加率均为 12%；

5. 商业银行金融服务适用的增值税税率为 6%。

（二）营业税税制下的最优定价问题

"营改增"之前，设 p_0 为商业银行金融服务的销售价格（含营业税）；c_0 为商业银行金融服务的单位生产成本；q_0 为"营改增"之前，商业银行金融服务的销售数量；t_0 为商业银行需要缴纳的营业税及附加；π_0 为"商业银行提供金融服务产生的利润。

由假设 3，商业银行利润金融服务的需求函数为 $q_0 = f(p_0) = \alpha - \beta p_0$，$(\alpha > 0, \beta > 0)$，$p_0 \in [0, +\infty)$ 由于营业税是价内税，计算商业银行利润

---

① 线性需求函数的截距可理解为当价格是零时，消费者的最大需求。

② 线性需求函数的斜率可理解为商品价格变化导致其需求数量发生变化的程度。

时必须考虑营业税及附加的影响，而商业银行需要缴纳的营业税及附加为

$$t_0(p_0) = 5\% \times (1 + 12\%) \times p_0 f(p_0) = 0.056 p_0 f(p_0)。$$

此时，商业银行利润最大化的最优定价问题为：

$$\max_{p_0} \pi_0 = (p_0 - c_0)f(p_0) - t_0$$

$$= (0.944 p_0 - c_0)(\alpha - \beta p_0), \quad p_0 \in [0, +\infty)$$

一阶求导，得 $\dfrac{\partial \pi_0}{\partial p_0} = 0.944\alpha + \beta c_0 - 1.888\beta p_0$，

二阶求导，得 $\dfrac{\partial^2 \pi_0}{\partial p_0^2} = -1.888 < 0$，知 π_0 在 $p_0 \in [0, +\infty]$ 上为凸函数，

当且仅当 $\dfrac{\partial \pi_0}{\partial p_0} = 0.944a + \beta c_0 - 1.888\beta P_0 = 0$ 取极大值。

$$令 \frac{\partial \pi_0}{\partial P_0} = 0.944a + \beta c_0 - 1.888\beta p_0 = 0,$$

最优定价为 $p_0^* = \dfrac{a}{2\beta} + \dfrac{C_0}{1.888}$。

（三）增值税税制下的最优定价问题

"营改增"之后，考虑两种情况：一种是商业银行提供的金融服务所包含的增值税额，下游客户（客户是一般纳税人，且政策允许该金融服务抵扣）能够进行抵扣；另一种是商业银行提供的金融服务所包含的增值税额不允许客户进行抵扣（包括客户是自然人、客户是一般纳税人但政策不允许抵扣等情形）。

（1）增值税额允许下游客户进行抵扣时，设 p_1 为商业银行金融服务的销售价格（不含税）；c_1 为商业银行金融服务的单位生产成本；q_1 为商业银行金融服务的销售数量；t_1 为商业银行需要缴纳的增值税附加；π_2 为商业银行提供金融服务产生的利润。

由假设 3，商业银行金融服务的需求函数为：

$$q_1 = f(p_1) = \alpha - \beta p_1, (\alpha >, \beta > 0), p_1 \in [0, +\infty]。$$

由于增值税是价外税，计算商业银行利润无需考虑增值税本身的影响，只需考虑增值税附加费用的影响，商业银行需要缴纳的增值税附加为 $t_1 = 6\% \times 12\% \times p_1 f(p_1) = 0.0072 p_1 f(p_1)$。

此时，商业银行利润利润最大化的最优定价问题为：

$$\max_{p_1}\pi_1 = (p_1 - c_1)f(p_1) - t_1 = (0.9928p_1 - c_1)(\alpha - \beta p_1), p_1 \in [0, \infty]$$

一阶求导，得 $\dfrac{\partial \pi_1}{\partial p_1} = 0.9928\alpha + \beta c_1 - 1.9856\beta p_1$ ，

二阶求导，得 $\dfrac{\partial^2 \pi_1}{\partial p_1} = -1.9856 < 0$ ，知 π 在 $p_1 \in [0, +\infty]$ 上为凸函

数，当且仅当 $\dfrac{\partial \pi_1}{\partial p_1} = 0.9928\alpha + \beta c_1 - 1.9856\beta p_1 = 0$ 取极大值。

令 $\dfrac{\partial \pi_1}{\partial p_1} = 0.9928\alpha + \beta c_1 - 1.9856\beta p_1 = 0$ 。

最优定价为 $p_1^* = \dfrac{\alpha}{2\beta} + \dfrac{c_1}{1.9856}$ 。

（2）增值税额不允许下游客户进行抵扣时，设 p_2 为商业银行金融服务的销售价格（不含税）；c_2 为商业银行金融服务的单位生产成本；q_2 为商业银行金融服务的销售数量；t_2 为商业银行需要缴纳的增值税附加；π_2 为商业银行提供金融服务产生的利润。

由于增值税额实际上成为下游客户消费金融服务所负担的成本，其实质是金融服务的实际价格要高于不含税的名义价格（实际价格是名义价格的 1.06 倍），商业银行金融服务的需求函数发生了变化，为 $q_2 = f(1.06p_2) = \alpha - 1.06\beta p_2 (\alpha > 0, \beta > 0)$，$p_2 \in [0, +\infty)$。商业银行需要缴纳的增值税附加为 $t_2 = 6\% \times 12\% \times p_2 f(1.06p_2) = 0.0072f(1.06p_2)$ 。

此时，商业银行利润最大化的最优定价问题为：

$$\max_{p_2}\pi_2 = (p_2 - c_2)f(1.06p_2) - t_2$$
$$= (0.9928p_2 - c_2)(\alpha - 1.06\beta p_2), \quad p_2 \in [0, +\infty)$$

一阶求导，得 $\dfrac{\partial \pi_2}{\partial p_2} = 0.9928\alpha + 1.06\beta c_2 - 2.104736\beta p_2 = 0$ ，

二阶求导，得 $\dfrac{\partial^2 \pi_2}{\partial p_2^2} = -2.104736 < 0$，知 π_2 在 $p_2 \in [0, +\infty)$ 上为凸

函数，当且仅当 $\dfrac{\partial \pi_2}{\partial p_2} = 0.9928\alpha + 1.06\beta c_2 - 2.104736\beta p_2 = 0$ 时取极大值。

令 $\dfrac{\partial \pi_2}{\partial p_2} = 0.9928\alpha + 1.06\beta c_2 - 2.104736\beta p_2 = 0$,

最优定价为 $p_2^* = \dfrac{\alpha}{2.12\beta} + \dfrac{c_2}{1.9856}$ 。

(四) 研究结果分析

为方便比较不同税制和政策下最优定价的大小,可假定商业银行提供金融服务的单位生产成本不变,即令 $c_0 = c_1 = c_2 = c$ 。

比较 p_0^* 和 p_1^* 的大小,有 $p_0^* - p_1^* = \dfrac{c}{1.888} - \dfrac{c}{1.9856} \approx 0.0260c > 0$,即"营改增"之后且增值税额允许下游客户进行抵扣时,为使利润最大化,相对营业税税制下的最优定价(含营业税额),增值税税制下商业银行金融服务的最优定价(不含增值税额)应当降低 $0.0260c$ 。若考虑到含税的影响,则有 $p_0^* - 1.06p_1^* = -0.03\dfrac{\alpha}{\beta} - 0.0042c < 0$,即相对营业税税制下的最优定价(含营业税额),增值税税制下商业银行金融服务的最优定价(含增值税额)应当提高 $0.03\dfrac{\alpha}{\beta} + 0.0042c$ 。

比较 p_1^* 和 p_2^* 的大小,有 $p_1^* - p_2^* = \dfrac{\alpha}{2\beta} - \dfrac{\alpha}{2.14\beta} \approx 0.0283\dfrac{\alpha}{\beta} > 0$,即"营改增"之后,为使利润最大化,增值税额允许下游客户进行抵扣时,商业银行金融服务的最优定价(不含增值税额)要高于增值税额不允许下游客户进行抵扣时的最优定价(不含增值税额),高出的幅度为 $0.0283\dfrac{\alpha}{\beta}$ 。

比较 p_0^* 和 p_2^* 的大小,有 $p_0^* - p_2^* = (p_0^* - p_1^*) - (p_1^* - p_2^*) \approx 0.0283\dfrac{\alpha}{\beta} + 0.0260c$,即"营改增"之后且增值税额不允许下游客户进行抵扣时,相对营业税税制下的最优定价(含营业税额),增值税税制下商业银行金融服务的最优定价(不含增值税额)应当降低,降低幅度为 $0.0283\dfrac{\alpha}{\beta} + 0.0260c$ 。若考虑到含税的影响,则有 $p_0^* - 1.06p_2^* \approx -0.0042c < 0$,即相对营业税税制下的最优定价(含营业税额),增值税税

制下商业银行金融服务的最优定价（含增值税额）应当提高 $0.0042c$ 。

根据以上计算结果，有 $p_2^* < p_1^* < p_0^*$ ，不同税制和政策下，商业银行提供金融服务的利润曲线如图9.2所示。

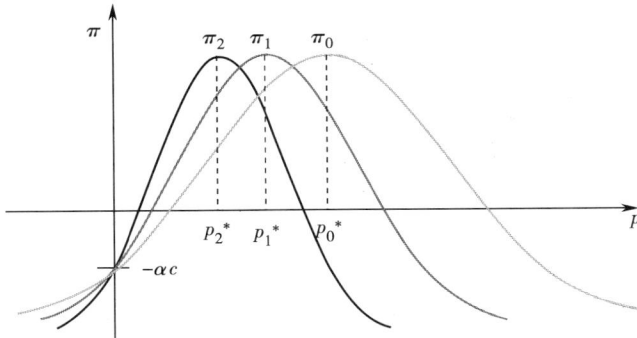

图9.2 商业银行提供金融服务的利润曲线

（五）研究结论

根据以上测算结果，作为理性经济人，"营改增"之后，商业银行会将金融服务的销售价格（不含增值税额）适当下调，但是含税价反而会上升，以此确保自身利润最大化；当金融服务的增值税额允许下游进行抵扣时，理性的商业银行对金融服务的最优定价会高于增值税额不允许下游客户进行抵扣时的最优定价，以此确保自身利润最大化。

影响商业银行金融服务最优定价的主要因素有三个：一是金融服务的单位生产成本，二是金融服务线性需求函数的截距（价格为零时，消费者的最大需求），三是金融服务线性需求函数斜率（价格变化导致需求随之发生变化的程度）。

（六）研究局限性

该测算结果的推算演绎基于一些基本假设，而这些假设与现实情况可能并不相符，导致测算结果出现偏差：

1. 前文假定商业银行金融服务的需求函数（销量和价格之间的关系）是单调递减的线性函数，但事实上金融服务有很多种类，这些金融服务的需求是否与价格之间存在一一对应的关系，若存在对应关系，是否为单调递减的线性关系，具有较大的不确定性；

2. 为方便比较不同税制和政策下最优定价的大小，假定了商业银行提供金融服务的单位生产成本不变，而这一成本实际上主要受人力成本、市场利率、资金规模等因素影响，这些因素可能会随着金融服务产量的变化而变化，在不同税制和政策下也可能会有所不同；

3. 商业银行对自己提供的金融服务并不是具有完全的自主定价权，如某些金融服务的定价会受到政府管制；

4. 营业税附加费和增值税附加率并不一定为12%，还要考虑城市维护建设税税率因纳税人所在区域而不同（不为7%）和存在其他附加费（如堤围防护费等）的情形。

第二节　业务外包以及应用案例分析

一、业务外包概述

在营业税税制下，业务环节越多，会导致税负越重。而随着税制改革重头戏"营改增"的有序推进，全行业增值税的抵扣链条逐步打通。这将有助于：第一，消除重复征税，减轻纳税人的税负；第二，促进企业主辅业务分离的专业化发展，引导企业突出主业发挥核心竞争力，实现产业升级和经济结构转型。在这样的发展趋势下，更多的企业出于管理优化或者税收筹划的需求，会主动寻求业务外包。

业务外包是指企业把内部业务的一部分承包给外部专业机构，其实质是重新配置企业的各种内部资源，将资源集中于最能反映企业优势的领域，塑造和发挥企业自己独特的、难以被同业模仿或替代的核心业务，构筑自身竞争优势，以使企业获得持续发展的能力。

业务外包具有两大显著优势：

第一，业务外包能够使企业专注其核心业务。

企业实施业务外包，可以将非核心业务转移出去，借助外部的资源优势来弥补和改善自身弱势，从而把主要精力放在其核心业务上，根据自身特点，专门从事某一领域、某一专门业务，从而形成核心竞争力。

第二，业务外包可以使企业提高资源利用率和外部应变能力，降低运营风险。

实施业务外包，企业将集中其资源到核心业务上，而外包的专业公司拥有比本企业更有效、更经济地完成某项业务的技术和知识。业务外包最大限度地发挥了企业有限资源的作用，不仅使企业可以降低不同产品的生产成本、提高效率，而且还可以推动企业不断顺应市场需求嬗变的态势，降低风险，从而营造企业高度弹性化运营的竞争优势。

同时业务外包也存在自身的缺点，由于外包经营增大了企业责任外移的可能性，也同时带来如外包过程中缺乏对业务的监控等问题，导致质量监控和管理难度增大。

在实际业务操作中，企业在外包决策时，需要考虑多种因素：例如，从整体战略发展的角度看，业务外包是否能够有力地推动企业战略目标的实现？从经济效益的角度看，业务外包是否能够提升效益优势等。

二、业务外包的类别

根据表9.1列示的内容，商业银行外包的业务类型主要分为以下三大类：

（一）业务流程类

业务流程类通常是那些相对简单而又标准化的操作，同时又是对整个银行业务的价值增值贡献较少的业务。这类业务有两大特点，其一是远离银行核心业务，不直接产生利润，不构成核心竞争力；其二是外部资源丰富，专业服务市场发达，竞争激烈，具备价格优势。因此，这部分业务"外包"的成本远低于"自制"的成本。

商业银行目前属于业务流程类的外包业务主要可分为四种：（1）安保服务，包括驻点保安、自助设备巡查、守护和押运等；（2）催收及清收服务，×银行通过聘请提供专业化催收及清收的服务供应商，合理地利用外部资源参与不良贷款的清收工作，可在一定程度上提高不良贷款清收的效率和质量；（3）其他业务，包括装卸钞、对账、邮寄、现金管理和大堂服务等内容，这类业务可以外包给物业管理公司、快递公司等，在享受专业公司一流服务的同时节省了大量的内部资源和成本。

（二）专有技术类

专有技术类业务的特点是与客户低接触、已经标准化或日趋标准化。例如财务会计、税务代理、信息处理、票据交换、银行信息技术系统运作。大多数专业公司能够为这类业务提供质优价廉的服务。

×银行虽然有专门的科技研发和技术维护部门及配套的技术人员，但就某些特定的业务，如部分软件产品的研发、非核心部分的信息系统建设、硬件产品的升级、运行维护服务以及基础设施运维服务等，仍需要使用专业的外部服务商为其构建现代化的网络，同时对旧设备进行整合管理，以便能够集中有限的科研力量开发其核心应用。

（三）管理支持类

管理支持类业务即指属于支持性的核心业务，同时还具有很强的特殊性，或者需要某些很强的技术支持、而商业银行目前尚不具备这种强大的技术支持能力。比如，在信用卡业务中一些比较特殊的业务，例如欺诈检测等业务。

商业银行属于管理支持类的外包业务，主要是网点服务监督和翻译服务：一方面，商业银行通过聘请外包商提供"神秘人"服务暗访、客户满意度调查和测评等网点服务监督，同时配合适当的奖惩激励机制，以保证网点服务的质量。另一方面，商业银行目前在不断拓展境外金融市场，涉外金融服务和管理业务发生的频率较大、涉及外语种类较多，需要通过聘请外包商为其提供会议材料、制度文件、业务产品等翻译服务，以满足国际化战略发展的需求。

表9.1　　　　　　　　　　×银行外包业务分类及描述

编号	大类	子类	项目名称	项目简要描述
1	一、业务流程类	（一）安保服务	驻点保安服务	外包商为银行营业、办公场所提供的门卫、巡逻、秩序维护、安全检查等的安全服务。
2			自助设备巡查服务	外包商为银行各类自助设备提供巡查服务。

编号	大类	子类	项目名称	项目简要描述
3	一、业务流程类	（一）安保服务	守护服务	外包商派驻人员到银行金库提供现场守护服务，或在报警监控联网中心利用技防手段对银行金库、营业网点和自助设备等提供远程守护服务。
4			押运服务	保安服务公司为银行提供现金调拨和款箱押运等服务。
5		（二）自助设备集中装卸钞服务	自助设备集中装卸钞服务	外包商为银行指定的自助设备提供现金领取、保管、清分、反假、装钞、卸钞、钞箱押运、清机装（卸）钞、余款回收清点、错账查找、交易日志查询、吞没卡处理、日常运营维护、日常环境巡检、日常卫生清洁、监控录像查看、应急处理等服务。
6		（三）催收及清收	个人贷款催收及清收	外包商为银行提供个人违约或不良贷款客户催收及清收服务。
7			信用卡违约透支合作催收	外包商为银行提供信用卡催收服务。
8			公司贷款催收及清收	外包商为银行提供公司违约或不良贷款客户催收及清收服务。
9		（四）对账	银企对账服务	外包商为银行提供银企对账打印、封装等服务。
10		（五）寄库	现金寄库服务	外包商为银行提供款箱等寄库服务。
11		（六）票据及凭证传送	票据及凭证传送	外包商为银行提供票据及凭证传递、配送等服务。
12		（七）凭证扫描	会计档案影像采集与补录	外包商为银行提供会计凭证整理、扫描、质检、人工补录、整理封装等服务。
13		（八）数据录入	业务集中处理通用文档录入	外包商为银行提供业务集中处理平台中的通用文档碎片录入与校验处理服务。

编号	大类	子类	项目名称	项目简要描述
14	一、业务流程类	（九）委托收款	委托上门收款	外包商为银行提供企业上门封包收款服务。
15		（十）银行卡业务	特约商户专业化服务	外包商为银行提供商户银行卡受理培训、商户对账清算培训、收单机具布放回收和故障处理、收单机具日常巡检维护、收单机具耗材配送、收单业务资料传递等服务。
16		（十一）现金清分整点	现金清分整点服务	外包商为银行提供现金清分整点服务。
17		（十二）电子银行业务	电话银行业务服务	外包商为银行受理不涉及客户账户信息的查询类、咨询类、建议投诉类和求助类人工电话服务。
18		（十三）国际业务	外币现钞调运服务	部分外资银行与总行签订外币现钞调运协议，为银行境内各分行提供外币现钞调入调出中国的服务。
19		（十四）电话终端服务	个人电话终端维护	外包商为银行提供灵通卡刷卡终端商户日常巡访、商户业务受理培训、商户风险调查、机具故障处理、日常巡检维护、耗材配送、业务宣传资料传递等服务。
20		（十五）现金管理客户小额现金代收	现金管理客户小额现金代收服务	外包商为银行提供现金管理客户小额现金上门代收、账务信息传递等服务。
21		（十六）票据池票据传递	票据池票据传递服务	外包商为银行提供票据池客户的票据传递、配送等服务。
22		（十七）大堂服务	大堂服务	外包商（外包人员）在银行营业网点（自助服务区、客户等候服务区等）驻场协助大堂经理开展客户服务工作。包括负责迎送及引导客户到相应的服务区接受服务；根据客户需求协助客户在排队机上取号；辅导客户使用自助设备、网上银行等自助机具；辅导客户填写业务单据；协助大堂经理做好大堂服务环境维护；配合大堂经理为客户提供一般性的业务咨询。

续表

编号	大类	子类	项目名称	项目简要描述
23	二、专有技术类	（一）软件研发	软件研发服务	外包服务商整体承担或部分参与银行软件产品研发工作，为银行提供外部研发人力资源等。
24		（二）信息系统运行维护	外购软硬件产品的升级、运行维护服务以及基础设施运维服务	1. 软件方面：外包服务商为银行外购计算机软件产品（包括：操作系统、数据库、中间件、工具软件、安全产品软件、应用软件等）提供产品后续升级、客户化及专项技术支持等服务。 2. 硬件方面：外包服务商为银行外购计算机硬件产品（包括：主机、网络、开放平台服务器、存储设备、ATM、POS、自助终端等自助设备，金融专用机具，PC 及相关外设等）、机房与配套基础设施提供后续技术维护、升级、维修、巡检、技术支持以及提供信息系统数据异地备份保存等技术服务。 注：软硬件产品采购合同中免费提供的人员服务不作为单独的外包项目。
25		（三）科技咨询服务	科技咨询服务	外包商为银行开展信息系统相关规划、设计、实施、专项检测或评估、专利事务等科技工作提供咨询、信息安全技术支持等相关服务。
26	三、管理支持类	（一）网点服务监督	网点服务监督	外包商为银行提供"神秘人"服务暗访、客户满意度调查、测评等网点服务监督。
27		（二）翻译	翻译服务	外包商为银行提供会议材料、制度文件、业务产品等翻译服务。

三、业务外包案例分析

×银行可以将不同职能部门或分支机构独立出来，设立成独立法人资质的子公司。通过变更组织形式，将某一业务外部化，将企业整体产业链向外延伸，以增加流转环节。

例如，×银行可以将部分具有研发职能的独立部门改组成独立的子公司。该分离出来的子公司可以申请成为软件研发类企业。根据财税〔2011〕100号文件规定，软件研发类企业按"增值税一般纳税人销售其自行开发软件产品，按17%税率征收增值税后，对其增值税实际税负超过3%的部分实行即征即退政策"。另外，若该公司同时向境外提供研发服务，可根据财税〔2013〕106号文件的规定享受出口零税率退税政策，不仅向境外提供研发服务可以享受销项税减免，相对应的进项税亦可正常抵扣的政策。企业所得税方面，该公司可申请成为"高新技术企业"或"技术先进型企业"，从而获得的15%的企业所得税优惠税率。相较于改组前，上述筹划可大幅降低×银行的实际税负。

下文我们将结合具体数字对上述案例做进一步说明。例如，A公司适用的企业所得税税率为25%，"营改增"后A公司将原软件研发部门拆分成为独立的B公司，并使B公司申请成为高新技术企业，适用企业所得税税率为15%，经营模式为：A公司向B公司购买软件。

未拆分前，假设A公司销售额为400，成本为100，含研发部门成本20（假设均为增值税可抵扣成本，以上数据均为不含税）。

拆分后，假设A公司销售额为400，成本为80，另购入有B公司软件150，该服务成本20（假设均为增值税可抵扣成本，以上数据均为不含税）。

表9.2　　　　　　　×银行拆分研发部门前后的纳税情况分析

	拆分前	拆分后	
	A公司	A公司	B公司
增值税	$400 \times 17\% - 100 \times 17\% = 51$	$400 \times 17\% - 80 \times 17\% - 150 \times 17\% = 28.9$	$150 \times 17\% - 20 \times 17\% = 22.1$
增值税退税（－）	0	0	$22.1 - 150 \times 3\% = 17.6$

	拆分前	拆分后	
	A公司	A公司	B公司
增值税总计	51	28.9 + （22.1 – 17.6）= 33.4	
所得税	（400 – 100）×25% = 75	（400 – 80 – 150）×25% = 42.5	（100 – 20）×15% = 12
所得税总计	75	54.5	
所得税节税	75 – 54.5 = 20.5		
增值税节税	17.6		
节税总计	17.6 + 20.5 = 38.1		

第三节　电子商务以及应用案例分析

一、电子商务发展现状

电子商务通常是指在全球各地广泛的商业贸易活动中，在因特网开放的网络环境下，基于浏览器/服务器应用方式，买卖双方不谋面地进行各种商贸活动，实现消费者的网上购物、商户之间的网上交易和在线电子支付以及各种商务活动、交易活动、金融活动和相关的综合服务活动的一种新型的商业模式。"营改增"会对商业银行电子商务的发展产生一定的影响，商业银行应当分析相关影响并采用最优的电子商务平台模式进行应对。

（一）我国电子商务总体现状

2014年，国内网络零售市场继续高歌猛进，全年网络零售额为27898亿元，同比增长49.7%，占2014年全国社会消费品零售总额的10.6%，网络零售交易额继续保持全球第一。

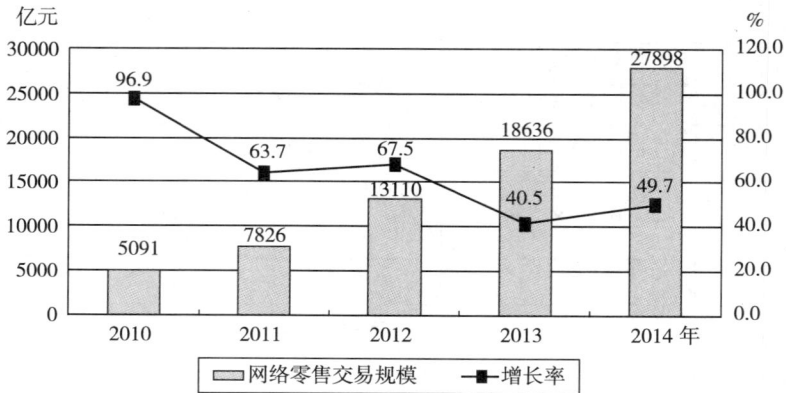

图9.3 2010～2014 年中国网络零售交易规模及增长率①

截至 2014 年底, 我国网购用户达到 3.61 亿, 较 2013 年底增加近 6000 万人, 增长率为 19.7%, 我国网民使用网络购物的比例从 48.9% 提升至 55.7%。

根据相关统计数据, 2014 年我国网购市场, 呈现出普及化、全球化、移动化的发展趋势, 其中跨境 B2C 业务的开启, 彰显中国网络零售全球化发展趋势, 2014 年天猫、京东、苏宁等各大网络零售平台开通跨境 B2C 业务。

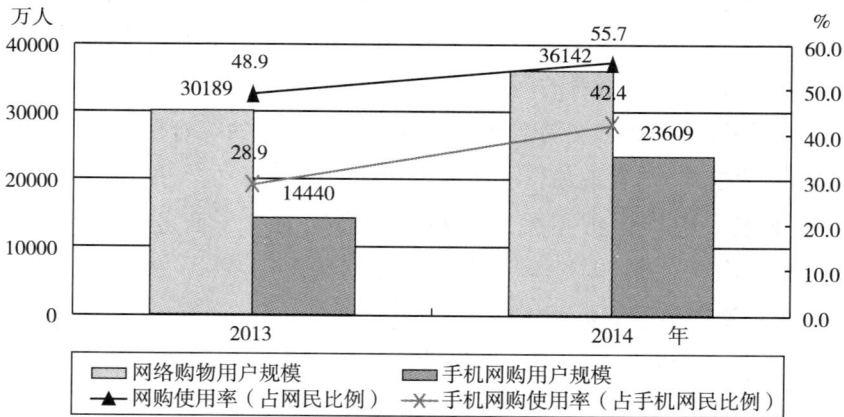

图9.4 2013～2014 年网络购物/手机网络购物用户规模及使用率②

① 资料来源:《2014 年中国网络购物市场研究报告 (2015 年 6 月)》, 中国互联网网络信息中心。

② 资料来源:《2014 年中国网络购物市场研究报告 (2015 年 6 月)》, 中国互联网网络信息中心。

阿里数据显示，2014 年"双十一"期间，217 个国家和地区在阿里巴巴平台上交易。尽管目前 B2B 在跨境电商中占据绝对优势，但随着跨境贸易主体的变化，跨境交易订单将会趋向于碎片化和小额化，跨境 B2C 的交易占比会出现提升，预计 2017 年 B2C 交易占中国跨境交易的占比将达到 11% 左右。

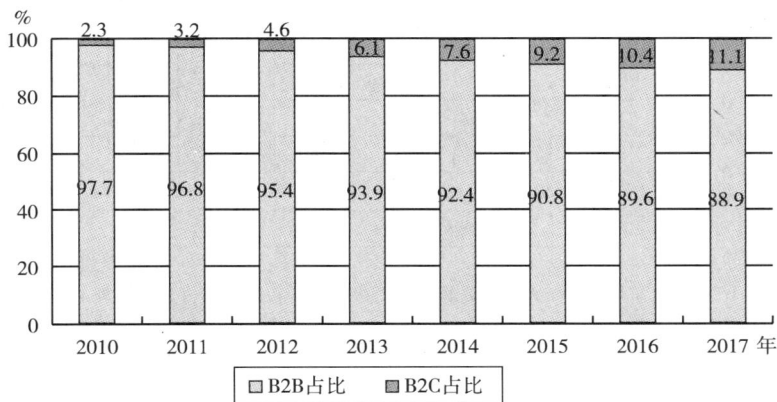

注：其中 2015 年、2016 年、2017 年数据为预测数据。

图 9.5 中国跨境电商 B2B 和 B2C 结构分布①

（二）商业银行电子商务发展现状

2014 年中国网络购物市场交易规模达到 2.8 万亿元，增长 48.7%，且仍然维持在较高的增长水平。截至 2014 年底，中国银行业金融机构净利润总额达到 1.6 万亿元，同比增长 9.3%，增速持续下滑，业务转型有待进一步加强②。"互联网＋"的时代背景下，互联网金融正是银行业转型时期能够运用的最好工具，只有运用互联网金融工具才能推动银行转型升级。

截至 2014 年底，我国网上银行交易规模达到 1304.4 万亿元，增长率为 40.2%，2014 年个人网银用户达 3.82 亿人，占整体网民规模比例达到 58.9%；企业网银用户达到 1729.5 万户，同比增长 27.7%③。商业银行的网上银行经过多年的发展已积累了较为稳定的用户群，庞大的网上银行用

---

① 资料来源：《2015 年中国跨境电商报告》，腾泰翼运营大数据中心。
② 资料来源：《中国银行业电子商务产业链趋势报告 2015 年》，艾瑞咨询。
③ 资料来源：《中国银行业电子商务产业链趋势报告 2015 年》，艾瑞咨询。

户为商业银行拓展电子商务市场奠定了坚实的基础。

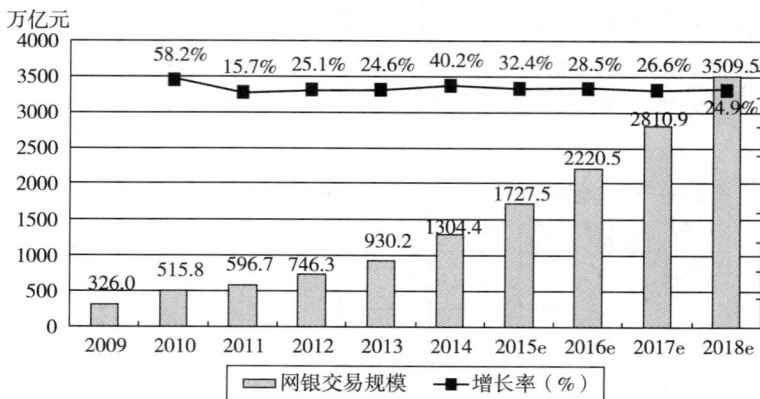

注释：1. 网银交易规模指个人和企业通过网上银行进行转账、收付、投资理财等业务所发生的交易金额；2. 网银用户规模指截至 2014 年底，开通网上银行功能的个人/企业用户，包括普通版和专业版网上银行的个人/企业用户。

图 9.6　2009～2018 年中国网上银行交易规模及增长率①

表 9.3　　　　　　2012Q3～2014Q4 银行系网上商城月均覆盖人数

	2012Q3	2012Q4	2013Q1	2013Q2	2013Q3	2013Q4	2014Q1	2014Q2	2014Q3	2014Q4
建设银行—善融商务个人商城	105.1	86.6	113.7	106.8	256.8	369.4	181.3	188	325.7	369.9
工商银行—融 e 购	—	—	—	—	—	—	146.4	150.7	139.5	318
平安银行信用卡商城	63.6	93.6	93.9	77.9	89.7	102.3	82	65.3	79.8	113.4
民生银行民生商城	13.6	22	23	18.3	15.2	11.8	27.2	32.7	43.9	35.6
中信银行中信商城	—	—	—	—	27.3	30.6	24.3	20.3	46.7	32.3

---

① 资料来源：《中国银行业电子商务产业链趋势报告 2015 年》，艾瑞咨询。

312

近年来，各商业银行开始试水电商平台，商业银行自建电商平台快速发展，月均覆盖人数超百万，对比传统电商平台，中国银行业电商市场潜力巨大。

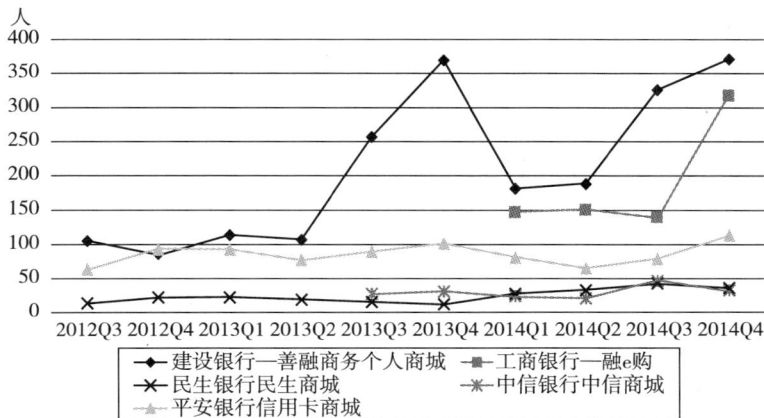

注：月均覆盖人数等于当季月度覆盖人数总和除以当季月度个数。

图 9.7 2012 年 Q3 至 2014 年 Q4 银行系网上商城月均覆盖人数①

1. 工商银行

目前工商银行的电商平台——融 e 购，主要以购物为主，并集投资理财、网络融资、消费信贷于一体。"融 e 购"电子商务平台于 2014 年 1 月 12 日正式营业，平台秉承"名商、名品、名店"的定位，目前已汇集数码家电、汽车、金融产品、服装鞋帽、食品饮料、珠宝礼品、交通旅游等十几大行业，数百个知名品牌，近万件畅销商品。经过一年多发展，"融 e 购"目前已经成为国内第三大电商平台，注册用户已达 1600 万人。2015 年 9 月 29 日上午，中国工商银行正式发布互联网金融升级发展战略，宣布构筑起了以"三平台、一中心"为主的互联网发展战略，以大银行的新业态、新生态为促进实体经济提质增效增添新动力。

2. 建设银行

"善融商务"的模式，被形容为"银行搭台，商户唱戏"，由建设银行

---

① 资料来源：《中国银行业电子商务产业链趋势报告 2015 年》，艾瑞咨询。

在幕后搭建平台，签约商户在商城做生意，目前在银行界尚属首创，从而突破了以往银行网上（信用卡和积分）商城所采用的 B2C 模式。受益于这种创新的商业模式，截至今年 6 月末，推出一年的"善融商务"注册会员数已突破 150 万，交易额接近百亿元。善融商务被业界视做传统银行开拓电商领域的先行者，同时也是互联网供应链金融业务的有效尝试。

3. 平安银行

平安银行的战略是综合金融＋线上金融，网络金融事业部将采用平台事业部形式，重点开发网络金融产品，建立产品＋平台的事业部，提升其网络金融服务。目前，其已与中国钢铁现货网、eBay 等电商进行合作，并率先开通了对公业务微信平台，意图在供应链业务方面抢占市场先机。

4. 民生电商

民生电商平台被命名为"合一行"，投资规模达 40 亿元。据了解，合一行将是一个融合 B2B 和 B2C 的电商平台。民生电商与其他众银行的不同之处在于，将人才放在第一位，如今又不惜高薪招聘专业人才。

5. 中信银行

中信银行高调推出网络金融商城，将传统的线上产品扩充至综合金融服务领域。金融商城不仅提供了各类理财产品网上购买渠道，在注册时还可以选择专业理财师，此外，信用卡和贷款都可以在此申请。中信银行这种将传统的银行服务迁移至网络平台，本质上还是深度挖掘网络渠道客户的平台，与传统金融业务相差不大。

二、商业银行电商平台的三种模式的税务分析

（一）模式一

模式说明：

1. 银行客户为购买商品在银行电商平台上使用自己在该银行积累的积分，银行客户在购买商品时除了积分外可能还需要直接支付商家一定的差价；

2. 银行电商平台将向商户支付该商品的差价；

3. 商户收到货款后，直接将商品寄至客户手中。

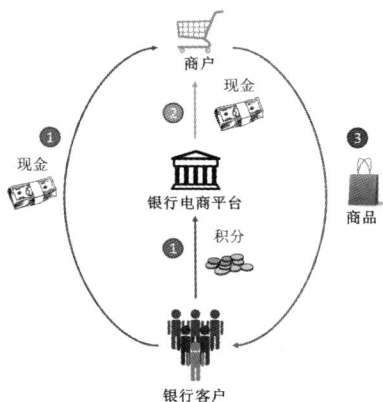

图 9.8　电商平台模式一

税务分析：

若商户为境外法人，银行支付的折价款为视同销售，因此该折价款需要计提 17% 的销项税额。加上境外商户无法提供增值税专用发票，银行因此无法取得进项税额发票并抵扣，这无形之中将提高银行电商平台的成本费用。

若商户为境外法人，由于境外商户也无法提供相应发票，银行也无法取得企业所得税税前抵扣凭证，导致企业所得税无法进行抵扣，从而增加了银行电商平台的成本费用。

若商户为境外法人，境外法人给银行客户发货可能涉及"行邮税费"。

若商户为境内电商且为小规模纳税人，由于无法开具发票或代开发票税率仅为 3%，也会导致增值税出现无法抵扣或抵扣不充分的情况，同时也会提高银行电商平台的成本费用。

若商户为境内电商，存在商户给银行开具"服务费""宣传费"等类别的发票的可能性，而不是按实际货物销售交易类别开票，因此与实际经营场景不一致，所以存在税务风险。

（二）模式二

模式说明：

1. 银行客户为购买商品在银行电商平台上使用自己在该银行积累的积分，银行客户在购买商品时除了积分外可能还需要直接支付商家一定的差价；

2. 银行电商平台将向商户支付该商品的差价；

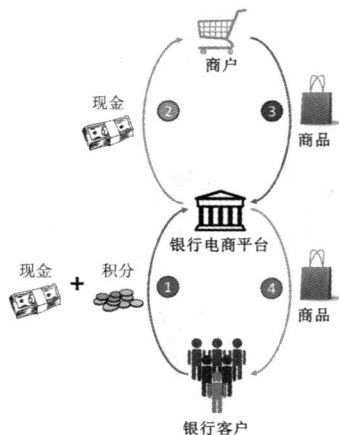

图 9.9　电商平台模式二

3. 商户收到货款后，直接将商品寄至银行电商平台；

4. 银行客户支付完积分（或现金）后，商品由银行电商平台直接寄至客户手中。

税务分析：在此模式中，银行客户在银行电商平台上用现金或积分购买或换购商品，银行也可以为客户开具增值税专用发票，同样，银行向商户直接购买商品，因此可以取得商户为其开具的增值税专用发票，从而进行进项税额抵扣。

（三）模式三

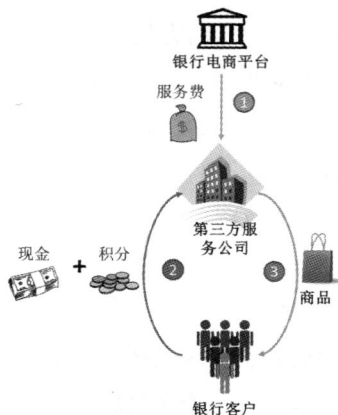

图 9.10　电商平台模式三

模式说明：

1. 银行电商平台以向第三方支付公司支付服务费的方式，全权委托第三方服务公司为银行处理客户积分；

2. 银行客户为购买商品在第三方支付公司电商平台上使用自己在该银行积累的积分，银行客户在购买商品时除了积分外可能还需要直接支付商家一定的差价；

3. 第三方服务公司收到积分（或货款）后，直接将商品寄至银行客户手中。

税务分析："营改增"之后，银行向第三方服务公司支付服务费，第三方服务公司为银行开具增值税专用发票，因此银行可以依据该发票对进项税额进行抵扣。

三、关于电子商务应否征税的难点

针对电子商务所引发的税收问题，理论界和实务界都提出了各自的观点，引发了激烈的争议。争议的焦点主要集中我国应不应该征税和可不可以征税的问题。

（一）应然之争背后的利益博弈

对于是否应该对电商征税，以下有三种不同观点：一是地方政府认为应当对电子商务进行征税；二是电子商务的交易双方——电商和网上消费者出于对价格的考虑不同意对电子商务征税；三是作为我国主管税务的官方的态度存在一定的模糊性。一方面，出于维护现有税制的权威、体现税收公平原则和保证发展中国家税收管辖权力的考虑，官方表态为不会对电子商务实行完全的免税政策。但另一方面，其又强调要支持电子商务产业的兴起，不以不适当的税收政策给其发展设置不必要的障碍。

（二）技术难题引发的实然之争

对实然问题的争议主要在于：即使已经明确了应该对电子商务征税，但事实上是否具备了可以对其课税的实质性条件？依据主体及营业规模的不同，电子商务模式可以分为三类：企业对企业（B2B）、企业对消费者（B2C）以及消费者对消费者（C2C）。前两类皆涉及有正规营业执照和经营实体的企业，故对其征税在技术上无太大难度。

应然之争和实然之争是对电商征税这一问题讨论的两个阶段，其侧重点各有不同。从本质上讲，电商征税争议的背后是当前经济发展应注重效率还是注重公平的发展方式之争，也是市场化改革中税收诸多问题争议的再次显现。国家税务总局目前正在调研实施电子商务征税，调研组相关专家达成的共识是网上交易应当收税。而从立法角度，商务部已经证实，正在牵头组织研究《电子商务促进法》，拟从总体上确立我国电子商务的法律原则和定位。根据现有形势分析可知，对电子商务征税已是大势所趋。

（三）"营改增"大背景下的电子商务税收政策

从完善我国国内税收政策的角度出发，对电子商务税收问题的探讨需注重两个基本前提：一是思维应跳出传统商业模式和传统税收制度的束缚，从电子商务本身特有的表征出发对症下药；二是在我国实行"营改增"大背景下，电子商务税收制度应驱合政策导向，不违改革大流。

尽管我国现在对于电子商务领域的税收征管，无论是政策上、立法上还是网络技术上都面临一系列难题，税务机关无法伸展拳脚。但从长远看，随着我国"营改增"政策的纵深实施与改革的不断推进，一旦电子商务中技术和政策等其他层面的问题得以一一解决，"营改增"政策入主电子商务领域也不无可能。

四、"营改增"与"电商征税"衔接的可行性

（一）不同方案之间的比较

对电子商务究竟应征何种税，目前尚无定论。综合来看，国内外学者和权威机构提出的多种不同方案可大致分为两大类。

第一大类为开征新税方案。持此类方案的一方认为对电子商务的税收政策应突破传统思维限制，全面创新税制。具体而言，此方案设计的新税主要有比特税和托宾税两种。第二大类则主张在坚持现有税制的前提下，对现行税制进行改造和扩展，使之能适应电子商务征税环境。细分而言，又有征直接税和征流转税的不同观点。

面临电子商务对传统税制体系的强烈冲击，欧盟的选择是上述方案中

的第四种——征收增值税。欧盟是普遍实行增值税体系的地区，在许多国家中增值税是第一大税种。1998 年 6 月 8 日欧盟发表了关于保护增值税收入和促进电子商务发展的报告，这使欧盟成为世界上第一个对电子商务征收增值税的地区，开创了对电子商务征收增值税的先河。欧盟的增值税政策自实施以来已经进入了实质性阶段，并取得了良好的实际效果。这对未来我国"营改增"政策进军电子商务领域，实现增值税大一统局面提供了借鉴。

（二）"营改增"视角下的电子商务税收要素

在对电子商务统一征收增值税的前提下，我国欲实现对电子商务领域的征税权，在法律层面首先要解决的问题是：如何使税的设定和征收具备法律依据，在当事人之间形成税收法律关系。

进一步而言，对于税收法律关系性质认定的核心是"税收之债"，即税收实体层面的债务关系我们从电子商务税收之债的角度入手，简要分析构成电子商务新视角下税收之债的主客体基本要素——纳税人和征税对象，以及与其密切相关的电子商务税收优惠政策的取向问题，为电子商务征税提供一点思路。

1. 纳税人与扣缴义务人

我国《增值税暂行条例》第一条对于纳税主体的规定为：增值税的纳税义务人为在中华人民共和国境内销售货物或者提供加工、修理修配劳务以及进口货物的单位和个人。但电子商务交易的虚拟化使得纳税主体的确定变得困难。所以，未来在构建电子商务税收制度这一块，主体制度的设计焦点应集中在如何确定主体身份上。

为了应对企业形态的虚拟化，强化对电子商务的税源监控，我国可建立专门的电子商务税务登记制度，要求所有法定需要进行税务登记的单位凡建有网站者都必须向税务机关申报网址、电子邮箱号码等上网资料，公司的税务登记号码和税务主管机关必须展示在其网站首页上。另外，我国可借鉴国外的纳税人识别号制度建立起我国的电子商务纳税人识别号制度，每个纳税人都拥有唯一的专属识别号，方便税务机关进行税收监管和征收。

在电子商务代扣代缴制度中，网络服务运营商和第三方支付平台发挥着关键性的积极作用。在电子商务运作环境中，网络服务运营商掌握电子交易信息，即控制着信息流；第三方支付平台提供了网上支付手段，即控制着资金流。未来对电子商务的税收征管，税务机关只要通过控制其中一条"流"向的全程，就可以通过与网络服务运营商或者第三方支付平台的合作，以代扣代缴方式实现全方位的税源监控和税收征管。

2. 征税对象

电子商务以其销售模式的离线与在线（即是否有线下实物的流转）的不同可以分为两种：直接电子商务模式和间接电子商务模式。

在间接电子商务模式下，信息流和资金流可以直接依托网络进行数据化传递，但是物流这一环节在实质上仍未脱离传统的交易模式，征税客体依然是物和行为，对其认定不存在障碍。在直接交易模式下，由于交易商品的无形化和电子化使得信息流、资金流和物流实现了完全的网络化传递，进行征税客体的认定时传统方法不再得以适用。如网络上提供的软件下载服务，在认定时就可能出现"服务"和"商品"之间的两难。

上述尴尬局面的出现是在"营改增"之前，在"营改增"政策植入电子商务领域之后，因增值税征税对象范围的扩展使得直接电子商务交易模式下客体的认定不再成为难题。

第四节 "营改增"税务案例分析

一、"营改增"过渡期的税务分析

×银行全行目前属于增值税一般纳税人，因此，即使在"营改增"之前，也可以获得增值税专用发票。在"营改增"政策实施前，×银行应以一般纳税人的身份，向上游供应商索取增值税专用发票，但是暂不作为进项税认证抵扣。只要预估好政策出台时间，即可在开票后180天内认证并抵扣增值税。

例如，若"营改增"政策于2015年底发布实施，则2015年下半年取得的增值税专用发票不会存在逾期未抵扣的情况。同时，×银行依然可以与上下游客户开展业务，因而在"营改增"之前，×银行依然以5%税率缴纳营业税。但是合同签订日期和营业收入的确认时点不同可能会影响进项税抵扣。在过渡期获得大量进项税的同时又不会增加销项税和营业税负担，可以有效地降低实际税负。

详细案例如下：

×银行于2015年8月采购一批电子设备，不含税价款1000万元，增值税17万元。

×银行同时可与客户签订合同可获得1000万元的不含税收入。

假设银行业"营改增"方案在2015年底出台，于2016年正式实施。

表9.4   ×银行在"营改增"过渡期不同情形下的纳税情况分析

	情形（一）	情形（二）	情形（三）	情形（四）
情形描述	对于采购的电子设备未取得专用发票。"营改增"前与客户签订合同并确认收入	对于采购的电子设备取得专用发票。"营改增"后与客户签订合同并确认收入	对于采购的电子设备取得专用发票暂不抵扣。"营改增"后与客户签订合同并确认收入	对于采购的电子设备取得专用发票暂不抵扣，待"营改增"全面实施后再认证抵扣。"营改增"前与客户签订合同并确认收入
进项税	无	17万元	无	17万元
销项税/营业税	1000×5%＝50万元	1000×6%＝60万元	1000×6%＝60万元	1000×5%＝50万元
实际应缴纳税额	50－0＝50万元	60－17＝43万元	60－0＝60万元	50－17＝33万元

由此可见，如前文论述的先取得增值税发票不抵扣，待政策落地后抵扣的情形（即上述情形四）是税负较低的一种税务筹划安排。

二、同一收入不同业务归类的分析

银行业不同业务的性质可能会导致未来增值税政策实施后，具体业务的税务政策有所不同。银行业很多收入类型是不清晰的，应在"营改增"落地前梳理营业收入的类型，比如，利息收入由于无法取得进项税发票而可能无法获得相应的进项税抵扣。然而手续费、佣金收入对应的进项税可以获得增值税专用发票而进行抵扣。

因此，×银行的业务部门可以考虑从业务出发，着重判断哪些业务存在将贷款利息收入重分类为手续费佣金收入的可能性。

详细案例如下：

×银行某业务部门在"营改增"之后取得收入 200 万元，此类业务在"营改增"之前被分类为信贷类业务而产生贷款利息收入，但实质上可以重分类为手续费佣金性质收入。

表 9.5　　　　　　　　　　×银行对不同的纳税情况分析

	情形（一）	情形（二）
情形描述	若 A 业务的收入认定为利息收入，收入 200 万元，吸收存款利息不含税 100 万元。	若 A 业务的收入认定为手续费佣金收入，收入 200 万元，手续费佣金支出不含税收入 100 万元。
进项税	吸收存款利息支出无法产生进项税	$100 \times 6\% = 6$ 万元
销项税/营业税	$200 \times 6\% = 12$ 万元	$200 \times 6\% = 12$ 万元
实际应缴纳税额	12 万元	$12 - 6 = 6$ 万元

由此可见，若利息收入无对应进项可抵扣，则会造成实际税负增加。因此，若将业务收入重新规划成手续费佣金收入，则会增加可抵扣的进项税额，从而降低增值税税负。

三、贵金属业务混业经营的纳税分析

由于营业税税制下商业银行的营业收入没有按照业务划分适用不同税率，商业银行没有对各类业务的性质和类型进行细分区分以适用不同税率。但是在"营改增"后，按照增值税税收政策规定，兼营同一税种中不同税率或征收率的项目应按不同项目分开核算。如果未分别核算，有可能采用从高适用税率或征收率计算缴税。

例如，对于贵金属业务，可能存在混业经营的情况，即销售贵金属按17%缴纳增值税，而贵金属租赁业务可能按6%缴纳增值税。

因此，×银行可以将两类贵金属业务分别核算按不同税率分别计算缴纳增值税。如果×银行不能分别核算不同性质的收入，则税务机关将按从高税率征收增值税，而增加银行的税负。

详细案例分析如下：

若×银行当期贵金属租赁不含税收入为 200 万元，贵金属销售不含税收入为 100 万元：

表9.6　×银行贵金属业务混业经营不同核算模式下的纳税情况分析

	情形（一）	情形（二）
情形描述	若贵金属租赁收入和贵金属销售收入不能分开核算。	若贵金属租赁收入和贵金属销售收入可以分开核算。
销项税	（200＋100）×17％＝51 万元	200×17％＋100×6％＝40 万元

由此可见，贵金属业务应区分业务实质，从而针对不同业务的类型选择对应的适用税率，这可以有效地降低增值税税负。实际上，由于银行业务的复杂性和多样性，兼营和混业经营行为是普遍存在的。而在"营改增"之后，银行业适用的增值税税率和征收率可能多种并存，如贵金属等实物销售的增值税税率为17%，利息收入和手续费佣金收入的增值税税率为6%，出口金融服务为零税率或免税，销售使用过的固定资产和旧货为3%减按2%征收。×银行有必要健全会计核算制度，对兼营和混合经营的产品和服务严格加以区分，分别核算收入，避免出现由于不能分别核算而导致税负增加的情况出现。

四、对于免税产品进项税转出的纳税分析

根据现行增值税相关规定，适用一般计税方法的纳税人，兼营简易计税方法计税项目、非增值税应税劳务、免征增值税项目而无法划分不得抵扣进项税额的，应按照下列公式计算不得抵扣的进项税额：

不得抵扣的进项税额＝当期无法划分的全部进项税额×（当期简易计

税方法计税项目销售额 + 非增值税应税劳务营业额 + 免征增值税项目销售额）÷（当期全部销售额 + 当期全部营业额）

由于目前"营改增"的政策尚未出台，参考国外增值税政策，对于"进项税税额"转出的确认方式不仅可以参考收入比重的方式确认，其他因素也可以作为进项税额转出率的计算参数，例如部门人数、建筑面积等。×银行未来将会有很多购入的产品用于增值税免税项目，需要进项税转出的金额较大。因此，可以争取立法上采纳对己较为有利的方式，而不仅限于采用现有的收入划分方式。

详细案例分析如下：

若×银行当期不含税销售收入 1000 万元，其中免税收入 200 万元，当期已认证进项税额 40 万元。

表 9.7　　　　　　×银行对免税产品进项税转出
不同核算模式下的纳税情况分析

	情形（一）	情形（二）
情形描述	按当期销售收入	按部门人数折算，全行业务部门共 1000 人，其中专门参与适用于免税收入的业务部门人数为 100 人。若按部门人员比例计算进项税转出率
进项税转出率	200/1000 = 20%	100/1000 = 10%
当期进项税	40 ×（1 - 20%）= 32 万元	40 ×（1 - 10%）= 36 万元
实际应缴纳税额	1000 × 6% - 32 = 28 万元	1000 × 6% - 36 = 24 万元

由此可见，情形（二）按照部门人数计算的进项税转出率较低，较低的进项转出，可以降低增值税税负。

后　　记

　　"宜未雨而绸缪，毋临渴而掘井"。作为国家税制改革的重头戏，"营改增"即将全面推开，届时会对各行业的经营模式、发展战略等多方面产生深远的影响。在"营改增"过程中，企业应当主动学习和掌握新的规则，抓住时机加快经营转型发展，在税制改革过程中实现自我价值的提升。

　　为对各行业的"营改增"准备与应对工作提供参考，我们编写了《"营改增"理论研究与实践》一书。本书从构思到成稿历时七个月，五易其稿，凝聚了编写组成员大量的理论思考与实践经验。该书是国内第一本从商业银行角度出发，对"营改增"进行系统性论述和分析的专著。在本书编写过程中，财政部、国家税务总局、中国银行业协会、中国上市公司协会、中国金融出版社、工商银行总行各部门和分行等单位给予了很多支持和指导，在本书即将付梓之际一并表示衷心的感谢！

　　编者从自身所处行业的角度出发，尽可能地搜集素材和总结经验，从不同角度分析和探讨"营改增"进程中的各种涉税问题和应对方法。但受时间和水平等方面的限制，仍不免出现瑕疵和纰漏问题，希望各位读者不吝指出，以便在下一版本时进行修正。